W0072056

Simone de Beauvoir

Auge um Auge

Artikel zu Politik, Moral und Literatur 1945–1955

Übersetzt, herausgegeben und mit einem Nachwort von Eva Groepler

Rowohlt

Die deutsche Übersetzung folgt den in «Les Temps Modernes»
Nr. 2, 1945; Nr. 3, 1945; Nr. 5, 1946; Nr. 7, 1946; Nr. 112–113, 1955
und Nr. 114–115, 1955, erschienenen Artikeln.
Umschlaggestaltung Klaus Detjen
(Foto Simone de Beauvoir 1954 von Gisèle Freund)

1.–8. Tausend März 1987
9.–12. Tausend Juni 1987
Copyright © 1987 by Rowohlt Verlag GmbH,
Reinbek bei Hamburg
Copyright © «L'existentialisme et la sagesse des nations» 1948
by Les Éditions Nagel, Paris
«La pensée de droite, aujourd'hui» in «Privilèges» Copyright © 1955
by Éditions Gallimard, Paris
Alle deutschen Rechte vorbehalten
Quellennachweis siehe S. 225
Satz Bembo (Linotron 202)
Gesamtherstellung Clausen & Bosse, Leck
Printed in Germany
ISBN 3 498 00513 8

Inhalt

Moralischer Idealismus
und politischer Realismus

Das Drama der Antigone, die den menschlichen Gesetzen Kreons die himmlischen Gesetze ihres Herzens entgegensetzt, ist das antike Symbol eines nach wie vor aktuellen Konflikts. Antigone ist der Prototyp jener unnachgiebigen Moralisten, die, weil sie die irdischen Güter verschmähen, die Notwendigkeit bestimmter ewiger Prinzipien verkünden und um jeden Preis – sei es um den ihres Lebens oder des Lebens anderer – darauf versessen sind, die Reinheit ihres Gewissens zu bewahren. Kreon verkörpert den realistischen Politiker, dem es einzig und allein um die Interessen der Polis geht und der entschlossen ist, diese mit allen Mitteln zu verteidigen. Dieser Konflikt hat sich durch die gesamte Geschichte fortgesetzt, ohne daß eine der beiden Parteien je in der Lage gewesen wäre, die andere zu überzeugen: beide sind im eigenen Wertesystem eingeschlossen und leugnen in dessen Namen das jeweilige andere. Vergebens preist der Realist die Effizienz seiner Methoden, die Nützlichkeit seiner Ergebnisse; für den Moralisten, der allein auf ewige Prinzipien schwört, wirkt sein Handeln immer nichtig, indifferent; der politisch Handelnde mag noch so sehr auf seine Erfolge pochen, das wirklich Gute zu erreichen, ist er nicht fähig; Entstehen und Untergehen von Königreichen, die Entdeckung der Erde, die Erfindung der Maschine, die wachsende Zahl von Menschen, Städten und Fabriken – nichts kann die stolze Verachtung der Seele, die sich dem Kult der Tugend verschrieben hat, erschüttern. Aber vergebens hält der Moralist dem Menschen der Tat die Sünden, mit denen er sich befleckt, die Nichtigkeit seiner Ziele vor; denn dieser schätzt die Zwecke, die er verfolgt, als bedingungslos wünschenswert ein; und er weiß, daß allen erbaulichen Kinderfabeln zum Trotz die Tugend sich auf dieser seiner Welt nicht auszahlt; das herrschende Gesetz ist das der Stärke; Moralvorträge sind für ihn leeres Gerede, Skrupel taktische Schwäche.

Dieser Dualismus basierte lange auf der Überzeugung, daß der Mensch gleichzeitig zwei Welten angehöre. Zur Zeit Antigones verstand sich der Grieche einerseits als Sohn der Polis und andererseits als Nachkomme der Urlarven; als Erdbewohner, der zugleich künftiger Gast der Hölle war; sowohl der irdischen Obrigkeit wie den unterirdischen Mächten schuldete er Gehorsam: das zwang ihn gelegentlich, zwischen zwei unvereinbaren Wertordnungen zu wählen; eine Verständigung zwischen der dem Totenkult ergebenen Antigone und dem der Zukunft Thebens zugewandten Kreon war nicht möglich. Der Christ des Mittelalters gehörte zugleich dem Reich Gottes und seiner Epoche an und geriet dadurch gewöhnlich in Konflikte zwischen seinen geistlichen und seinen weltlichen Interessen; wollte er seine Seele wirklich retten, war es das klügste, der Welt zu entsagen; engagierte er sich in irdischen Unternehmungen, nahm er unerschrocken die Sünde auf sich, wohl wissend, daß er für seine Schuld später würde büßen müssen; die Bedeutung, die man der Buße gab, zeigt deutlich, daß Politik und Religion meist voneinander getrennt wurden: handelte man für irdische Zwecke, war man sich des Verlustes seiner Seele so gut wie sicher; um Vergebung zu erlangen, mußte man unbedingt anderes Terrain betreten, das der Gebete, Almosen, Pilgerfahrten, das der selbstlosen und symbolischen Gesten.

Heute, wo ein Großteil der Menschen weder an die Hölle noch an den Himmel glaubt, hat der Konflikt zwischen Moralisten und Idealisten einen völlig anderen Sinn. Früher war der Mensch zwar zwischen zwei Welten hin und her gerissen, doch in der irdischen Welt war seine Situation klar: er war eingeschlossen in den Grenzen einer Stadt, einer Provinz, einer Nation oder einer Zivilisation, und abgesehen von seltenen Ausnahmen, war die Lenkung der öffentlichen Angelegenheiten ohnehin einigen wenigen Spezialisten vorbehalten. Heute hat fast jeder eine politische Existenz, fast jedem stellt sich die Frage des Handelns; und noch nie war dieses Problem so vielschichtig; denn jedes Individuum gehört nicht nur einem bestimmten Land an, sondern auch einer Klasse, die sich ihrer selbst bewußt ist, einer über nationale Grenzen hinausgehenden Zivilisation, ja, der gesamten Welt, deren Teile eng miteinander verzahnt sind; der heutige Mensch weiß, daß sein Handeln die Zukunft ebenso betrifft wie die Gegenwart, daß es ebenso durch die Folgen, die es auslöst, wie durch sich selbst existiert; seine Projekte sind umfassender als früher, sie sind vielfältig und oft widersprüchlich. Muß die Klasse der Nation oder die Nation der Klasse geopfert werden? Oder die Generation von heute der Generation von morgen? Oder die Zukunft einem provisorischen Frieden? Was soll man wollen? Und was muß man tun, um zu erreichen, was man will? Die Menschen zögern mit der Antwort; die Vorstellung, diese Fragen ohne Hilfe lösen zu müssen, ängstigt sie; sie haben sich noch nicht daran gewöhnt, allein auf der Erde zu herrschen, ihre Freiheit erschreckt sie. Darum suchen viele von ihnen Zuflucht bei einer dieser beiden entgegengesetzten, doch sie zugleich von sich selbst befreienden Haltungen: dem unnachgiebigen Moralismus oder dem zynischen Realismus; im ersten Fall entscheiden sie sich dafür, einer inneren Notwendigkeit zu gehorchen, und schließen sich in die reine Subjektivität ein; im zweiten Fall beschließen sie, sich der Notwendigkeit der Dinge zu unterwerfen, und verlieren sich in der Objektivität. Beide tadeln jedoch jene, die Politik und Moral miteinander vereinbaren wollen, und so wird die Kluft zwischen den zwei Lehren von Tag zu Tag größer. Wird die Moral am Ende keinerlei Einfluß mehr auf die reale Welt haben und diese jeder moralischen Bedeutung beraubt sein? Oder können diese beiden Bereiche menschlicher Aktivität womöglich miteinander verbunden werden und verschmelzen? Um darüber entscheiden zu können, müßten sich Moral und Politik ihrer selbst, ihres Wesens und ihrer Ziele bewußt werden.

Man muß zugeben, daß sich die Moral, so wie sie die Mehrzahl der Moralisten sieht, ihren verbalen Beteuerungen zum Trotz, immer mehr in Mißkredit bringt. Die traditionelle, klassische Moral, von der die heutige Gesellschaft zu zehren vorgibt, ist ein mehr oder weniger verfälschtes Erbe der Kantischen Moral. Sie ermahnt die Menschen, universelle, zeitlose Imperative zu befolgen, ihr Handeln nach großen Idolen auszurichten, die in einem intelligiblen Himmel eingeschrieben sind: Gerechtigkeit, Recht, Wahrheit; sie setzt ihre Prinzipien als Absoluta und begreift sich als Selbstzweck. Jedes Individuum, das sich für irdische Ziele einsetzt, stellt sich von daher von vornherein außerhalb der Moral; es kann nur entweder vermeiden, die höchsten Gesetze zu übertreten, oder aber sich ihnen widersetzen; im ersten Fall wird sein Handeln deswegen noch lange nicht gebilligt werden, es bleibt indifferent, während es im zweiten Fall als sträflich gilt. Da der politische Mensch nicht die geringste Chance hat, jemals das Gute zu erreichen, riskiert er, Böses zu tun: die tugendhafte, auf ihre Reinheit bedachte Seele tut also gut daran, sich aus allem herauszuhalten; allenfalls wird sie durch symbolische Gesten ihre Verbundenheit mit den hohen Prinzipien bezeugen: sie wird Zeugin, Märtyrerin sein; das ist genau der Sinn von Antigones Hartnäckigkeit; aber sie wird sich nicht in Kämpfe einmischen, deren Gegenstand für sie keinen Wert hat. Eine derartige Moral kann für den politischen Menschen nicht den geringsten Nutzen haben; sie verachtet die Ziele, die er verfolgt, und bietet ihm nur einen Katalog negativer Vorschriften an; im übrigen ist sie schon auf der Verallgemeinerungs- und Abstraktionsebene negativ. Es ist unmöglich, das wurde Kant oft vorgeworfen, aus der universellen Form der Maxime eine präzise Anwendung abzuleiten. Die Idee der Gerechtigkeit, die Idee des Rechts zeichnen noch keine Karte der zukünftigen Welt. So wie die allgemeinen Gesetze der Schwerkraft dem Erfinder keinen Plan für eine Flugmaschine eingeben, sondern ihm lediglich ihre Möglichkeitsbedingungen zeigen, können die allgemeinen abstrakten Vorschriften der Moral nur das Handlungsfeld des politischen Menschen abstecken, ihm aber bei der Suche nach der Lösung seiner spezifischen Probleme nicht helfen. Diese sterile Moral, die sich darauf beschränkt, ihm bestimmte Mittel zu untersagen, ist in seinen Augen nur ein Hindernis; und da es seine Rolle ist, das Antlitz der Erde zu verändern, das Gegebene zu überschreiten, versucht er natürlich, diese Barriere zu durchbrechen; denn er sieht keinen Grund, sie zu respektieren; die Anmaßung der Moralisten scheint ihm ungerechtfertigt. Der in der Gegenwart engagierte, mit dem Entwurf der Zukunft beschäftigte politische Mensch ist mit der Geschichtlichkeit und Kontingenz der menschlichen Angelegenheiten konfrontiert und streitet der Moral jegliche Absolutheit und Zeitlosigkeit ab; sie versucht zwar, sich aus der Zeit herauszuhalten, aber damit verweist sie sich selbst nur in die Vergangenheit, sie erweist sich als nutzloses Erbe verflossener Zeiten. Da sie absolut sein will, kappt sie ihre irdischen Wurzeln, so daß der in der Erde verwurzelte Mensch der Tat überhaupt kein Fundament mehr in ihr entdeckt. Sie behauptet, das Gute objektiv definieren zu können, aber diesem Guten, das ihm fremd ist, stellt der politische Mensch die Evidenz seiner eigenen Absichten und seiner eigenen Ziele entgegen. Letztlich spricht die Moral diese erhabene Sprache im Namen der Menschen: Aber ist er nicht auch ein Mensch? Weshalb sollte er verjährten Traditionen und einer diffusen öffentlichen Meinung den Vorzug geben? Es ist übrigens auffallend, wie schwach sich die öffentliche Meinung über die Rebellion des Menschen der Tat gegen die etablierte Moral empört: sie weiß sehr wohl, daß eine Moral, die nicht auf die Welt einwirkt, nichts anderes ist als ein Komplex toter Konstruktionen; die Moral, die sie proklamiert, überzeugt sie selber nicht; sie sieht ein, daß an dem Grundsatz «Der Zweck heiligt die Mittel» viel Wahres ist, daß das Mittel nicht unabhängig vom verfolgten Zweck beurteilt werden kann; Mittel und Zweck gehören zu ein und demselben Prozeß; erst im Licht der abgeschlossenen Handlung erhält das Mittel seine Bedeutung; und schließlich fragt sie sich zögernd, ob die wirkliche Moral nicht auf der Seite der Wirksamkeit zu suchen ist.

So erscheint die Moral, die in Taten von den gleichen Leuten verraten wird, die sie in Worten weiterhin behaupten, nur noch als feierliches leeres Ritual einiger Spezialisten. Zahlreiche politische Menschen wenden sich entschlossen von ihr ab; sie mißachten die subjektiven Sorgen der tugendhaften Seele und suchen die Lösung ihrer Probleme und die Seelenruhe in der Objektivität. Der Realist verachtet sowohl den Utopisten, der die Hindernisse in der Welt verkennt, als auch den Idealisten, der durch seine sinnlosen Skrupel überflüssige Hindernisse in die Welt einführt; er meint, eine exakte Kenntnis der Dinge zu haben und ohne zögernde Wahl der Mittel auf sie reagieren zu können. Es gibt unterschiedliche Arten von Realisten, doch gleichen sie sich alle, insofern sie ihre Aktivitäten allein der Realität unterordnen wollen und sich weigern, die menschliche Freiheit in diese Realität einzubeziehen, deren beunruhigendes Vorhandensein sie ja gerade verschleiern möchten. In welchem Maße ist eine solche Haltung tauglich?

Wir werden hier nicht über Politiker reden, das heißt über Menschen, für die Politik lediglich eine persönliche Karriere bedeutet und deren Aktivität weder durch Prinzipien noch durch Ziele definiert wird, sondern über den authentisch politischen Menschen, der die künftige Welt gestalten will. Ein solcher Mensch ist nicht sich selbst, sondern den Dingen zugewandt, und daher liegen für ihn auch seine Ziele inmitten der Dinge; er glaubt, seine Zwecke würden sich ihm von außen ohne sein Zutun aufdrängen und sich als Zweck behaupten, so wie ein

Stein sich als Stein behauptet. Als Ludwig XI., als Richelieu das französische Königreich vereinigen bzw. bewahren wollten, als Karl V. das Wiederauferstehen des Heiligen Römischen Reiches Deutscher Nation anstrebte (mit einer solchen Leidenschaft, daß er nicht vor lutherischen Bündnissen zurückschreckte, um den Sieg der Kirche zu ermöglichen), zweifelten sie nicht an der Notwendigkeit ihrer großen Pläne: Frankreich, das Kaiserreich bestimmte ihr Handeln. Hätten sie nur einen Augenblick nachgedacht, hätten sie erkannt, daß weder das französische Königreich noch das Heilige Römische Reich, die sie aufzubauen versuchten, ein Existenzrecht einklagen konnten, einfach weil sie noch gar nicht existierten. Es steht außer Frage, daß die Realität selbst keinen Zweck enthält; ein Zweck existiert *per definitionem* nicht: er hat zu sein; er setzt die Spontaneität eines Bewußtseins voraus, das über das Gegebene hinausgeht und sich in die Zukunft wirft. Historische Traditionen, geographische Strukturen oder ökonomische Fakten, die richtungweisend wären, gibt es nicht; sie bilden nur Situationen, aus denen sich die unterschiedlichsten Entwürfe ergeben können. Ob der Mensch die Ideale seiner Ahnen, einer Faktion, einer Partei übernimmt, ob er sich dem Ungestüm der Leidenschaft hingibt, ob er von einem Mythos fasziniert wird, immer ist er es, der die Vorstellungen entwickelt, denen er sein Leben widmet. So daß man ohne Paradox sagen kann, jede kohärente, taugliche Politik ist zunächst eine idealistische, weil sie einer Idee entspringt, die verwirklicht werden soll. Ob man für die Unabhängigkeit seines Landes, für seine Integrität, für sein Prestige, für seine Prosperität kämpft oder für das menschliche Glück, für den Frieden, für die Gerechtigkeit, für den Wohlstand, für die Freiheit: das angestrebte Ziel ist immer irreal.

Der Realist muß zwar zugeben, daß der Zweck nicht der Handlung vorausgeht, aber er meint, daß die Voraussetzung, ihn zu verwirklichen, auf jeden Fall in der Realität enthalten ist. Er widerspricht dem Utopisten, der unerreichbare Ziele anstrebt oder sich über die dazu nötigen Mittel Illusionen macht; er selber glaubt, die Bedingungen seiner Handlungen und die entsprechenden Mittel klar eingrenzen und einschätzen zu können. Er wirft zum Beispiel Wilson vor, ein Utopist gewesen zu sein; Wilson strebte ein, zumindest 1918, unmögliches Ziel an – den Weltfrieden; die Mittel, die er dazu empfahl, gingen von einer falschen Vorstellung der menschlichen Natur aus. Dagegen bewundert der Realist, daß die drei Großmächte, um die Wiederholung eines ähnlichen Fehlers zu vermeiden, eine entschieden realistische Politik verfolgen: sie verweigern den Menschen und den Nationen das Vertrauen und versuchen, ein stabiles Gleichgewicht der Kräfte herzustellen.

Fest steht, daß der Utopist *per definitionem* zum Scheitern verurteilt ist und eine taugliche Politik vor allem eine erfolgreiche Politik sein muß. Bei näherem Hinsehen zeigt sich jedoch, daß die Grenzen zwischen Utopie und Realismus nicht so scharf sind, wie es auf den ersten Blick erscheint. Denn man kann zwar beweisen, daß die Quadratur des Kreises oder das Perpetuum mobile nicht möglich sind, aber der Mensch ist nicht das, was er ist, wie ein Kreis, dessen Radius immer gleich bleibt, sondern er ist das, was er sich sein macht, was er wählt zu sein. Wie auch immer die vorgegebene Situation ist, sie impliziert nie mit Notwendigkeit eine bestimmte Zukunft, weil die Reaktion des Menschen auf seine Situation frei ist. Wie soll man im voraus bestimmen, ob Krieg, Revolution, Gerechtigkeit, Glück, Niederlage oder Sieg möglich sind oder nicht? Als Lenin in der Schweiz den Aufbau einer neuen Ordnung vorbereitete, hätte man ihn für einen Phantasten halten können; und wenn niemand die Kühnheit besessen hätte, die russische Revolution zu wollen, wenn Lenin und alle Revolutionäre sich selbst als Verrückte betrachtet hätten, dann wären sie es auch tatsächlich gewesen, denn die Revolution hätte nicht stattgefunden.

Darum erklärt der Konservative jede vorgeschlagene Reform zunächst immer für unmachbar; er weiß, daß er damit dazu beiträgt, sie unmachbar zu machen. Zur Verhinderung des Krieges genügte es zwar nicht, wie unsere Pazifisten glaubten, zu erklären: «Der Krieg wird nicht stattfinden»; aber es steht fest, daß die Haltung, die wir gegenüber einer sich anbahnenden Zukunft einnehmen, dazu beiträgt, diese auch zu schaffen. Daher akzeptieren wir nicht die Entschuldigung der Kollaborateure, lediglich Opfer eines Denkfehlers gewesen zu sein; sie hielten eine deutsche Niederlage für völlig unwahrscheinlich, so lautete ihre Selbstverteidigung: das bedeutet, daß sie einem deutschen Sieg zustimmten; in Wirklichkeit haben sie damit für die deutsche Vorherrschaft optiert, die sie angeblich nur anerkannt hatten; der Begriff Anerkennung ist bereits an sich doppelsinnig: eine Regierung anerkennen heißt ihre Existenz zulassen; eine Bewußtwerdung kann nie rein kontemplativ sein; sie ist Engagement, Zustimmung oder Ablehnung. Im Namen des Realismus haben bestimmte Franzosen 1940 mit Deutschland kollaboriert; damit haben sie allerdings den eklatanten Beweis für die Schwäche einer Haltung geliefert, die die Realität, auf die sie sich beruft, verstümmelt und verfälscht, weil sie das Faktum der menschlichen Freiheit nicht einbezieht. Hätten sich alle Nationen mit Hitlers Sieg abgefunden, dann hätte Hitler gesiegt; doch sie konnten ihn ablehnen, sie haben ihn abgelehnt; der Kollaborateur war unfähig, diese Ablehnung vorherzusehen; darauf bedacht, seine eigene Freiheit zu leugnen, wollte er sich vom Strom der Geschichte tragen lassen und vergaß dabei, daß die Geschichte von Menschen gemacht wird. Natürlich war die Besetzung Frankreichs durch Deutschland eine Realität, genauso real aber war es, daß die Franzosen über den Sinn, den sie diesem Ereignis gaben, frei entscheiden konnten; hätten alle kollaboriert, wäre aus Deutschland ein Verbündeter geworden; übten sie Widerstand, blieb es ein Gegner. Eine Niederlage ist erst dann eine, wenn der Besiegte sie als solche hinnimmt. Der erste Irrtum des Realisten ist, daß er die Existenz und das Gewicht seiner eigenen Realität verkennt; und diese ist nicht vorgegeben, sie ist das, was zu sein sie beschließt. Der klarsichtige Politiker, der wirklich auf die Dinge einwirkt, ist sich der Macht seiner eigenen Freiheit wie der Freiheit anderer bewußt.

Die Zwecke der Handlung sind also weder von der Realität vorgegeben noch auch nur vorgezeichnet; man muß sie wollen. Sosehr sich der Realist auch in der reinen Objektivität verlieren will, kann er sich doch der Frage nicht entziehen: Was will ich? Aber er versucht, auf der Ebene der Werte die Objektivität wiederzufinden, die sich ihm auf der Ebene des Seins entzieht.

Je bewußter sich die Politik ihrer selbst wird, um so klarer wird ihr, daß das Hauptproblem, das sich ihr stellt, das Erreichen von tauglichen Zielen ist; das Ziel zu erreichen genügt nicht, das Ziel muß als solches gerechtfertigt sein; wir sehen in der Geschichte Kriege und Revolutionen einander folgen, die uns als sterile Gärungen erscheinen, weil ihre Zwecke nichtig waren; wenn die erreichten Ergebnisse dem Menschen nicht nutzen, ihm nichts bedeuten, sind sie, absolut gesehen, ein Nichts; ein Gebiet annektieren, ohne es verwalten zu können, heißt nichts schaffen; die Produktion erhöhen, wenn das Lebensniveau der Menschen nicht verbessert wird, heißt nichts schaffen. Die Menschen sind sich langsam der Wahrheit bewußt geworden, daß sie ihr eigener Zweck sind. Was Marx so formulierte: «Die einzig praktisch mögliche Befreiung... ist die Befreiung auf dem Standpunkt der Theorie, welche den Menschen für das höchste Wesen des Menschen erklärt.»[1] Der sich realistisch nennende Politiker kann versuchen, in dieser Behauptung die objektive Rechtfertigung für seine Unternehmungen zu finden; er weiß, was er wollen soll; er soll dem Menschen dienen wollen. Und da es keinen Wert außer diesem gibt, sind die verwendeten Mittel gleichgültig: es gibt kein Tabu. Der Realist setzt den Zweck als Absolutes, die Mittel als relativ zum Zweck, und so entkommt er dem moralischen Zweifel: der Zweck steht fest, und die Mittel werden vom Zweck bestimmt. Der Politiker wird damit zum einfachen Techniker; mit Moral braucht er sich nicht intensiver abzugeben als der Maurer, der ein Haus baut; seine einzigen Probleme sind taktische Probleme.

Das ist die modernste und bewußteste Form des politischen Realismus. Doch je nach Menschenbild können sich gleichermaßen realistische Formen der Politik stark voneinander unterscheiden. Man kann heute im großen und ganzen zwei Arten von Realismen erkennen: einen konservativen Realismus, den eine bestimmte Bourgeoisie als Defensivwaffe anwendet, und einen revolutionären Realismus, der im Gegensatz dazu bemüht ist, geeignete Kräfte zum Aufbau der Zukunft zu gewinnen und sich zunutze zu machen.

Der Konservative vereint die Interessen der Bourgeoisie mit der Bewahrung der geistigen Werte, deren Hüterin zu sein sie behauptet; dagegen unterstellt er den Interessen der Arbeiterklasse einen primitiven, rein materiellen Charakter. Im positiven Bereich seiner Anschauung ist er Idealist und Spiritualist, doch wenn er sich gegen die Forderungen des Proletariats zur Wehr zu setzen hat, wird er zum verbissenen Realisten; er wendet die alten Traditionen des Naturalismus und des Utilitarismus an und bildet sich ein, sämtliche Verhaltensweisen der Arbeiterklasse seien vom Wunsch nach dem Nützlichen diktiert und das Nützliche sei durch die elementaren Bedürfnisse der menschlichen Natur definiert. Er stützt sich auf diese Postulate, einerseits um dem Proletariat seinen «schäbigen Materialismus» vorzuwerfen, andererseits um es der «Inkonsequenz» zu bezichtigen, wenn es andere Sorgen zu haben scheint als Kleidung oder Essen. Im Namen seiner geistigen Überlegenheit meint der Bourgeois, besser als die Arbeiterklasse selbst die ihr angemessenen Lebensbedingungen bestimmen zu können; so kann er in völliger Seelenruhe für ein autoritäres Regime eintreten, das einerseits dem Arbeiter sichert, was er verlangt, nämlich die Befriedigung seiner materiellen Instinkte, und andererseits der Elite die Ausübung der Freiheit und die damit verbundenen Vorteile ermöglicht. So wird der Konservative triumphierend aufzeigen, daß eine Verärgerung über die exzessiven Reichtümer der Großkapitalisten kindisch sei; denn würde man ihre Reichtümer an alle Arbeiter verteilen, käme jedem von ihnen eine lächerliche Summe zu; er wird erklären, daß es reiner Wahn sei, durch Streiks oder blutige Revolutionen Vorteile zu erstreben, die das Opfer eines Menschenlebens nicht aufwiegen und geduldig mit friedlichen Mitteln errungen werden könnten. Seiner Meinung nach sind Barmherzigkeit und Fürsorge wirksame Mittel gegen die Misere: Brot ist Brot, gleichgültig ob es aus Erbarmen gegeben, durch Arbeit erworben oder mit Gewalt erobert wird. Wenn die Verhaltensweisen des Proletariats diese rudimentäre Philosophie widerlegen, sucht man in der mechanistischen Psychologie nach Erklärungen. Wird zum Beispiel festgestellt, daß in der Mehrzahl der Fälle die Arbeiterklasse nicht um ihr Überleben kämpft, sondern bestimmte Lebensbedingungen verteidigen oder erreichen will, dann wird behauptet, der Arbeiter leide an einem Minderwertigkeitskomplex. Auf diese Weise werden die Forderungen der Arbeiter jeglicher moralischen Bedeutung beraubt; man weigert sich, in ihnen den Elan der menschlichen Transzendenz zu sehen.

Doch allein die Tatsache, daß die Forderungen der Arbeiter politisch sind, verbietet es, sie als reine Instinktsache zu interpretieren. Ebenso wie der Empirismus auf der Ebene der Erkenntnis falsch ist, weil Wissenschaft erst dort beginnt, wo das Besondere zum Allgemeinen hin überschritten wird, ist jede naturalistische Interpretation einer politischen Haltung falsch, weil Politik erst dort beginnt, wo sich die Menschen auf allgemeine menschliche Werte hin überschreiten. Wer sich auf eine politische Ebene stellt, reißt sich von seiner individuellen Situation los und überschreitet sich selbst zu den anderen hin und überschreitet die Gegenwart auf die Zukunft hin. Ein Mensch, der nur bemüht ist, selbst am Leben zu bleiben, hat keine politische Existenz, und das

Entsetzliche seiner Situation ist ja gerade, daß er, ganz damit beschäftigt, nicht zu sterben, seiner Existenz nicht dadurch einen Wert geben kann, daß er sie auf etwas anderes hin überschreitet. Menschen aber, die gemeinsam Forderungen erheben, und sei es nur nach einem Stück Brot, können nicht eines «schäbigen Materialismus» bezichtigt werden, denn jeder erhebt die Forderung für die anderen, und der verfolgte Zweck geht weit über die unmittelbare Befriedigung eines animalischen Verlangens hinaus. Ein Stück Brot, das ist auch Leben, das Recht auf Leben, für sich und für die anderen, in der Gegenwart wie in der Zukunft. Zwischen der Materie und der sie verkörpernden Idee, zwischen dem Ding und seiner Bedeutung existiert keine Trennung. Das Lebensniveau, auf das der Arbeiter Anspruch erhebt, wird weder auf Grund seiner unmittelbaren Bedürfnisse gefordert noch durch Kompensierungsträume herbeigewünscht: es ist die Verwirklichung, der Ausdruck der Idee, die sich der Arbeiter von sich selbst macht, so wie unser Körper der Ausdruck unserer Existenz ist; es ist die objektive Form der Transzendenz. Deshalb ist es nicht absurd, wenn ein Mensch in einem Streik, in einem Krieg sein Leben zur Erhaltung oder Erringung einer bestimmten Lebensqualität einsetzt; es ist nicht die Lohnerhöhung als Bruttosumme, die der Streikende anstrebt; es ist die von ihm durchgesetzte Lohnerhöhung; sie ist der Beweis, daß er selber die Macht besitzt, seine Situation zu verbessern. Das ist es, was der borniertе Verstand des Konservativen nicht verstehen will. Wie Pascal amüsiert er sich darüber, daß der Jäger sich nicht für den Hasen, sondern für die Jagd interessiert: tatsächlich interessiert er sich für den Hasen, den *er* jagt: es handelt sich hier um eine unauflösbare Totalität. Im August

1944 fragten sich vorsichtige Leute, die sich auf jene berühmte realistische Weisheit beriefen: «Warum sollten wir Paris selber befreien? Paris wird doch ohnehin bald befreit sein.» Das Ziel war aber nicht ein befreites Paris, sondern die Befreiung als solche; denen, die kämpften, genügte es nicht, daß Paris befreit werden würde; sie wollten es selber befreien. Ebenso löst sich der Begriff Revolution auf, wenn nur den erreichten Ergebnissen Bedeutung zugemessen wird oder, um es genauer zu sagen, wenn man meint, man könnte die Bewegung von dem Ergebnis, das sie herbeigeführt hat, trennen; unsere staatstreuen Historiker geben sich Mühe nachzuweisen, daß der König und seine Minister die Reformen der Revolution von 1789 ohne Blutvergießen hätten herbeirufen können: sie vergessen, daß damit jene Reformen einen radikal anderen Sinn erhalten hätten, daß unser System, unsere Institutionen durch das Ereignis, aus dem sie entstanden sind, zutiefst geprägt wurden: die besondere Form der französischen Demokratie, die Parteiengruppierung und das Parteienspiel erklären sich allein aus diesem Ursprung. Und ebenso strebt der Revolutionär nicht nur den Morgen nach der Revolution an: er will die Revolution um der Revolution willen; durch sie will er seine Freiheit und seine Transzendenz behaupten. Dem Menschen kann das Wohl nicht von außen geschenkt werden, es hängt allein vom Ausmaß seines Engagements ab. Wieder stoßen wir auf diesen eklatanten Widerspruch innerhalb des Realismus: aus Respekt vor der Realität leugnet er jene Realität, aus der alle anderen ihren Wert und ihren Sinn beziehen: die menschliche Realität. Das ist nicht weiter erstaunlich. Dieser Abwehrrealismus ist absolut unaufrichtig, genaugenommen tendiert er zu nichts anderem als zur Leugnung einer ganzen Klasse von Menschen. Faschismus, Paternalismus, sämtliche Formen autoritärer Systeme fußen auf einer Lüge.

Die Linksrealisten haben diese Unaufrichtigkeit, diese Lüge oft beim Namen genannt; sie selbst, sagen sie, kämpften nicht für materielle Güter, sondern für die Verwirklichung des Menschen als Transzendenz und als Freiheit. Was man ihnen vorwerfen kann, ist, daß sie sich weigern, daraus die nötigen Schlußfolgerungen zu ziehen, und das führt sie zu einer gravierenden Inkonsequenz: wenn das Wohl des Menschen durch den Elan der menschlichen Transzendenz geschaffen wird, wenn das Ergebnis eins ist mit der Bewegung, die dazu geführt hat, dann ist es unmöglich, Zweck und Mittel voneinander zu trennen. Das Mittel versteht sich nur im Lichte des Zwecks, den es ansteuert, aber umgekehrt ist der Zweck mit dem Mittel zu seiner Verwirklichung solidarisch, und es ist eine Täuschung, zu meinen, das zur Erreichung des Zwecks eingesetzte Mittel sei unerheblich. Der Realist macht sich eine falsche Vorstellung von der Beziehung zwischen Mittel und Zweck: er hält den Zweck für ein erstarrtes, über sich geschlossenes Ding, getrennt vom Mittel, das ebenfalls als ein Ding, als ein simples Instrument definiert wird; zwischen beiden existiert ein rein mechanisches Verhältnis, ein Ursache-Folge-Verhältnis. Aber ebenso wie unser Körper eine mechanische Kraft ist, die bestimmte Folgen in der materiellen Welt hervorbringt, und gleichzeitig doch Ausdruck unserer Existenz, ebenso fügen sich unsere Handlungen in die Serie materieller Phänomene ein und sind gleichzeitig sinnvolle Realitäten; der angestrebte Zweck ist immer eine menschliche Situation, mithin ein sinnvolles Faktum; die Handlungen, die diese konstituieren, haben also gleichzeitig ein Ding zu schaffen und diesem einen Sinn zu geben; wenn das Ding sinnlos ist oder wenn der Sinn sich nicht verkörpern konnte, ist das Scheitern gleichermaßen total.

In seiner *Histoire de la révolution française* berichtet Michelet von einer Stadt im Osten, die, von den Österreichern belagert, am Ende ihrer Kräfte war und einen Moment lang überlegte, ob sie die Greise, Frauen und Kinder aus den Mauern der Stadt hinausjagen sollte, aber der Kommissar der Republik widersprach und meinte: «Wir wollen die Freiheit für alle.» Das Ziel war nämlich nicht allein, die Stadt vor den Österreichern zu retten, sondern ihr Wert lag gerade darin, daß sie die neuen Prinzipien von Gleichheit und Freiheit verkörperte; ein Sieg um den Preis, dieses Ideal aufzugeben, wäre die schlimmste aller Niederlagen gewesen. Während der deutschen Besatzung ist oft beklagt worden, einige Widerstandsgruppen hätten sich ungeschickt gegen Spitzel, gegen Verräter geschützt; bestimmt war auch Ungeschicktheit dabei, denn die Organisierung einer Geheimgesellschaft ist keine leichte Sache; doch vor allem widerstrebte es zahlreichen Widerstandskämpfern, untereinander Polizeimethoden wie Denunziationen und Verdächtigungen anzuwenden; sie kämpften für die Achtung vor dem Menschen, für Solidarität, für menschliche Freundschaft, sie bezeugten diesen Respekt und diese Freundschaft in ihrem gesamten Verhalten, selbst wenn sie dieses Vertrauen mit dem Leben bezahlen mußten. Der Realist verspottet solche Skrupel; er ist bereit, zynisch zu lügen, zu diffamieren; wenn man aber, um den Sieg des Menschen zu sichern, zur Denunziation, zur Lüge greift, dann wird dieser Sieger ein Wesen sein, dem man jeden Respekt verweigert, ein Mensch, den zu täuschen, diffamieren und verraten legitim ist; Vertrauen und Freundschaft werden ihm versagt bleiben, man wird ihn um den Preis seiner Verstümmelung gerettet haben. Nicht aus leeren idealistischen Skrupeln zögert der Antifaschist, sich gegen die Faschisten zum Faschisten zu machen, zögert der Pazifist, sich gegen die Krieger zum Krieger zu machen: wozu kämpfen, wenn man im Kampf alle Gründe, die einen zum Kämpfen bewogen haben, aufgibt? Zweifellos haben unsere Pazifisten dem Frieden in der Zeit zwischen den Weltkriegen schlecht gedient: aus Respekt vor den Werten, denen man zum Sieg verhelfen möchte, deren sichere Niederlage in Kauf zu nehmen ist absurd; nicht weniger absurd ist, einer Idee abzuschwören, unter dem Vorwand, daß man dadurch ihren Durchbruch sichere. Dazu gibt sich der Politiker oft her, und das verleiht der Politik häufig ihren inkohärenten und enttäuschenden Charakter. Einer katholisch-mystischen Idee wegen wollte Karl V. das Heilige Römische Reich wiederauferstehen lassen und ging dazu Bündnisse mit den Lutheranern gegen den Papst ein, während er in Flandern und Spanien alle Ketzer verbrennen ließ; durch diesen groben Opportunismus untergrub er aber innerhalb der christlichen Welt die geistigen Überzeugungen, die zur Vollendung seines Werks notwendig gewesen wären. Die Vichy-Leute, die Frankreich angeblich mittels der Kollaboration mit Deutschland retten wollten, weigerten sich zu begreifen, daß ihre Unterwerfung all das, was die Bedeutung und den Wert der französischen Realität ausmachte, vernichtete; sie standen mit leeren Händen da; es gab nichts mehr zu retten. Oft maskieren Menschen mit dem Begriff Opportunismus ihre Zustimmung zur Niederlage; man hat Liberale gesehen, die aus Opportunismus eine

Tyrannei unterstützten, Sozialisten, die sich dem Faschismus anschlossen, Nationalisten, die mit dem Ausland paktierten, Revolutionäre, die die bestehende Ordnung verteidigten; und das führte zur Zerrüttung der Freiheit, der Gerechtigkeit, der Nation, der Revolution. Wenn bei diesem Spiel von Mittel und Zweck der Zweck immer weiter zum Horizont hin zurücktritt, dann wird das Mittel scheinbar zum Zweck, zu einem allerdings völlig sinn- und bedeutungslosen Zweck. Unter dem Vorwand, entschlossen voranzuschreiten, schreitet der Realist letztlich nirgendwo mehr hin.

Dieser Gefahr ist sich der Realist durchaus bewußt. Er hofft ihr zu entgehen, indem er die Antinomie von Mittel und Zweck auf die von Gegenwart und Zukunft oder Teil und Ganzes zurückführt; jede politische Aktion ist Überschreitung des Individuums zur menschlichen Totalität, der Gegenwart zur Zukunft hin; diese Totalität betrachtet der Realist als fertig und unteilbar, die Zukunft ist für ihn ein Gegebenes. Ebenso wie man sich in der Antike den Himmel als eine Decke vorstellte, die von einem entsprechend hohen Turm berührt werden könnte, schieben sich in der Tiefe der Zeiten die Augenblicke und die Jahrhunderte ineinander; die Zukunft ist eine große, erstarrte, unbewegliche Wasserfläche: eine weltliche Ewigkeit. In ihrer ausgeprägtesten Weise erzeugt diese Illusion die großen Mythen: das goldene Zeitalter, das gelobte Land, das wiedergefundene Paradies. Dann erscheint es normal, der Gesamtheit der Menschheit ein paar Individuen, einem sich endlos fortsetzenden Erfolg den vergänglichen Augenblick, dem Ewigen das Provisorische, dem Absoluten das Kontingente zu opfern.

In Wirklichkeit existiert das Individuum nur als Überschreitung seiner selbst zu dem anderen, die Gegenwart als Bewegung zur Zukunft. Eine in sich selbst eingesperrte menschliche Existenz wäre nur noch ein Vegetieren; deswegen wundert man sich nicht, daß der Gemeinschaft Individuen und noch nicht Geborenen lebende Generationen geopfert werden. Damit eines Tages alle Menschen im Besitz der Wahrheit sind, darf ich heute noch ein bißchen lügen; damit eines Tages auf Erden endgültig Friede herrscht, darf ich heute ein paar Menschen töten (eine Million sind wenig, gemessen am Unendlichen). So rechtfertigt sich der Realist. Doch diese Lösung, die ihn beruhigen soll, ist nicht so sicher. Die Kollektivität ist aus keinem anderen Stoff als die Individuen, die sie bilden, so wie die Zukunft aus keinem anderen Stoff ist als die Gegenwart, die sie verlängert; die Kollektivität ist ein Ensemble von Individuen, von denen kein einziges realer ist als das andere; die Zukunft ist nur eine Aufeinanderfolge von Augenblicken, die nacheinander Gegenwart werden, mithin vergänglich sind. Wenn der Realist seelenruhig das Ganze dem Teil vorzieht, so deshalb, weil er einen materiellen, quantitativen Gesichtspunkt einnimmt; betrachtet man die Menschen als quantifizierbare Größen, sind tausend mehr als einer. Aber Quantität ist nicht gleich Wert; um Gegenstände, die selbst einen Wert haben, zu erwerben, sind tausend Francs mehr als ein Franc; in der Wüste sind tausend Francs oder ein Centime das gleiche; für den Verdurstenden ist ein Wasserfall nicht mehr wert als ein bescheidenes Flüßchen; nur aus einer mathematischen Verblendung geben wir den Wörtern «mehr» oder «weniger» einen absoluten Sinn. Wenn der Mensch sein eigener Zweck ist, *für wen* sind dann tausend Menschen *mehr* wert als ein einziger? Eine einzige Antwort ist möglich: für ihn selbst. Diese numerische Überlegenheit liegt also nicht in der Realität, sie ist kein gegebenes Faktum, sie hängt wiederum von einer menschlichen Entscheidung ab. Wenn also der Mensch erklärt, in bestimmten Fällen sei das Opfer eines einzigen Menschen schwerwiegender als der Sieg von zehntausend anderen, steht es ihm frei, dieses Opfer abzulehnen: er hat zu wählen und zu entscheiden, das nackte Faktum diktiert ihm nichts.

Außerdem müssen wir uns fragen, woher der Wert stammt, den wir der Zukunft beimessen. Die Gegenwart zu verachten fällt leicht, wenn man sie von der Zukunft abschneidet und auf sich selbst reduziert; damit trennt man allerdings ebenfalls sämtliche Augenblicke der Zukunft voneinander, reduziert sie auf sich selbst, und auch sie verlieren dann jeglichen Wert. Der tatsächliche Wert der Zukunft ist, daß sie die Zukunft meiner Gegenwart, die Verwirklichung meines Entwurfs ist; in der Einheit des Entwurfs gehören Zukunft und Gegenwart zusammen; mein Entwurf ist leer, wenn er nicht verwirklicht wird; aber ehe er verwirklicht wird, muß er dasein, muß er aus mir hervorbrechen, und dieses Hervorbrechen definiert meine Gegenwart. Nicht also auf Grund seiner zeitlichen Situation erscheint das Ergebnis als wünschenswert, sondern weil es Ergebnis ist, weil in ihm sich mein ganzer Elan zu ihm konkretisiert und sammelt. Auch hier ist es nicht die Realität, die mir irgendeine Wahl vorschreibt, es ist allein die Wahl, von der die Realität ihren Wert bezieht. Die menschliche Totalität und die Zukunft bestimmen mein Handeln nur in dem Maße, wie dieses sie setzt; es sind aber keine von mir getrennten Dinge, ich neige ihnen nur insofern zu, als ich in ihnen die Bewegung meiner Transzendenz wiederfinde, und daher ist es mir unmöglich, ihnen diese Bewegung unterzuordnen. Das bedeutet, daß der politische Mensch der Entscheidung und der Wahl nicht ausweichen kann; weder im Sein noch in den Werten oder den Dingen findet er eine fertige Antwort vor. In jeder neuen Situation muß er sich neu über seine Zwecke befragen, muß er sie wählen und ohne Hilfe begründen. Aber eben in diesem freien Engagement liegt die Moral. Heute ist die Moral deshalb diskreditiert, weil sie zögert, sich in ihrer Wahrheit zu behaupten. Aus gutem Grund wird die sterile Haltung des in der eigenen Subjektivität eingeschlossenen Moralisten verachtet. Der politisch Handelnde, der kühn genug ist, seine Zwecke selbst zu wählen und sich durch kein Tabu von ihrer Erreichung abhalten zu lassen, behauptet den Vorrang der Zukunft gegenüber der Vergangenheit; er behauptet die Unabhängigkeit des Subjekts gegenüber der angeblichen Objektivität der fertigen Werte, er behauptet sich als Transzendenz und als Freiheit; er ist auf authentischere Weise moralisch als der Theoretiker, der den Menschen abstrakten Prinzipien unterwerfen möchte. Würde sich aber die Moral ihrer wesentlichen Bedeutung bewußt, müßte man feststellen, daß es keinen Bereich gibt, der ihr nicht untergeordnet werden muß.

Die Moral ist kein Ensemble konstituierter Werte und Prinzipien, sie ist konstituierende Bewegung, die Werte und Prinzipien schafft; der authentisch moralische Mensch muß diese Bewegung für sich übernehmen. Die großen Moralisten waren keine Betschwestern, die sich fügsam einem festgelegten Sittenkodex unterworfen hätten: sie haben ein neues Universum der Werte geschaffen, mit Worten, die Taten waren, mit Taten, die auf die Welt einwirkten; und sie haben das Antlitz der

Erde tiefgreifender verändert als Könige und Krieger. Moral ist nicht negativ, sie verlangt nicht vom Menschen, einem erstarrten Selbstbildnis die Treue zu halten: moralisch sein heißt versuchen, unser Sein zu begründen, aus unserer kontingenten Existenz eine notwendige zu machen; das Sein des Menschen ist allerdings ein «In-der-Welt-sein»; es ist untrennbar mit der Welt verbunden, die es bewohnt, ohne die es nicht existieren oder sich auch nur definieren kann; es ist ihr durch Taten verbunden, und diese Taten müssen begründet werden. Als im Juni 1940 die Franzosen über ihre Haltung gegenüber dem Besatzer zu entscheiden hatten, konnte kein erprobtes System ihnen eine Richtschnur bieten; sie mußten frei entscheiden, und mit der praktischen Wahl einer Aktionslinie haben sie die Werte festgelegt, die diese Wahl notwendig machten. Wenn es den Kollaborateuren in den Prozessen, in denen sie sich zu verteidigen hatten, gelungen ist, eine Atmosphäre der Verlegenheit zu verbreiten, liegt das daran, daß sie sich die Ambivalenz dessen, was die Gesellschaft heute Moral nennt, geschickt zunutze machen konnten; der Nachweis, gegen keine der großen ewigen Maximen verstoßen zu haben, fiel ihnen leicht; denn diese enthielten keine Gebote für die besondere Situation, in der sich Frankreich 1940 befand. Die Moral verlangt, daß man seinem Vaterland dient; sie besagt aber nicht, welche Idee von Vaterland man sich zu eigen machen soll; sie sagt auch nicht, was ihm dienlich sei. Alle Kollaborateure haben sich damit verteidigt, daß sie Frankreichs Wohl wollten; nur wurde jenes Frankreich, dessen Wohl sie wollten, durch ihr Handeln so definiert, daß es nicht mehr unseres war. Sie verteidigten sich auch damit, daß sie dem Frieden, der Gerechtigkeit, der Ordnung dienen wollten; aber die wirkliche Frage ist doch, welcher Frieden, welche Gerechtigkeit, welche Ordnung gültig sind. Die Kollaborateure können nur im Namen der neuen Werte verurteilt werden, die in diesen Zeiten geschaffen und durchgesetzt wurden; oder genauer gesagt, ihre Verurteilung ist einer jener Vorgänge, durch die sich diese Werte behaupten. Aber selbst die Richter wagten nicht, die traditionellen Vorurteile beiseite zu fegen und zu sagen, daß Moral allein Ausdruck menschlichen Willens sei. Die Unzulänglichkeit der klassischen Moral ist jedem klar, doch wagen nur wenige, sich entschlossen von ihr zu befreien. Daher rührt die tiefe Malaise, unter der das Bewußtsein der Menschen von heute leidet; man glaubt nicht mehr an die Moral, deren Prinzipien man noch hochhält; die Moral, die man praktiziert, an die man also glaubt, traut man sich nicht deutlich zu formulieren und bis in letzter Konsequenz zu befolgen. Deswegen gibt es soviel Konfusion, Heuchelei, Unaufrichtigkeit, Zweifeln und Zögern. Obwohl es an der Zeit wäre, daß sich der Mensch seiner menschlichen Aufgaben bewußt wird und daß er seine Situation vollständig annimmt. Dann wird die Moral ihr wahres Gesicht finden; sie ist nichts anderes als die konkrete Handlung, insofern diese sich zu rechtfertigen versucht. Das bedeutet, die authentische Moral ist realistisch; der Mensch realisiert sich durch sie, indem er seine gewählten Zwecke realisiert. Man kann sogar sagen, daß der authentisch moralische Mensch realistischer ist als jeder andere, denn es gibt keine vollendetere Realität als die, die ihre Rechtfertigung in sich trägt. Da der politische Mensch nicht umhin kann, sich über die Rechtfertigung seines Handelns zu befragen, und da eine Politik nur Wert hat, wenn die Ziele frei gewählt werden, sind für uns Moral und Politik eins. Der Mensch ist eins, die Welt, die er bewohnt, ist eins, und in den Handlungen, die er in der Welt begeht, engagiert er sich in seiner Totalität.

Moral und Politik versöhnen heißt also den Menschen mit sich selbst versöhnen und behaupten, daß er sich in jedem Augenblick total annehmen kann. Das erfordert allerdings, daß er auf jene Sicherheit verzichtet, die er sich von der Einschließung in die reine Subjektivität der traditionellen Moral oder in die Objektivität der realistischen Politik erhoffte.

Giraudoux' Elektra sagt, ohne sich um die Katastrophen, die sie auf Argos heraufbeschwört, zu kümmern: «Ich habe mein Gewissen, ich habe die Gerechtigkeit, ich habe alles.» Diese stolze Selbstsicherheit ist es, die der Idealist erstrebt, er will sich die Hände nicht schmutzig machen, ein ruhiges Gewissen haben, er behauptet, jeder irdischen Besudelung entgehen zu können. In einer realistischen Moral ist ein solcher Traum von Reinheit nicht möglich. Wenn der Mensch der allerhöchste Zweck jedes Handelns ist, müßte folgerichtig der Mensch, wie es die kantische Moral verlangt, immer der Endzweck sein. Die Antinomie Teil-Ganzes, Gegenwart-Zukunft verlangt aber Opfer: ebenso wie man den Zweck nicht verraten darf, um ihn zu erreichen, so darf man auch nicht, aus Angst ihn zu verraten, darauf verzichten, ihn zu erreichen; beim Handeln, kommt der Mensch nicht umhin, in bestimmten Augenblicken bestimmte andere Menschen als Mittel zu behandeln. Das Drama einer luziden politischen Aktion ist, daß sie einerseits auf die menschliche Freiheit zielt, andererseits aber nur auf Gegebenheiten, auf körperliche Präsenzen einwirken kann. Die Interiorität, die Subjektivität des Menschen, seine Freiheit, durch die er sich als absoluter

Wert behauptet, entgehen jedem Zugriff; man kann nur auf Menschen einwirken, insofern sie gegeben sind, insofern sie koexistierende Objekte in einer gemeinsamen Welt sind. Manche dieser Objekte sind für meine Pläne Instrumente, andere Hindernisse; doch kein einziger der einzelnen Menschen, über die sich der politische Mensch zum «Menschen» hin transzendiert, ist jemals selbst ein Zweck. Den Menschen als Mittel benutzen heißt jedoch ihm Gewalt antun, widerspricht der Idee seines absoluten Werts, der allein die Handlung vollständig begründet. Tötete ich auch nur einen einzigen Menschen, um Millionen andere zu retten, wäre das ein absoluter Skandal in der Welt, ein Skandal, den kein Erfolg aufwiegen kann, den man weder überwinden noch wiedergutmachen, noch in die Totalität des Handelns integrieren kann. Der Moralist, der sowohl handeln wie mit sich selbst im Einklang stehen will, möchte immer nur Mittel anwenden, die in sich selbst moralisch sind, das heißt, deren Sinn mit dem Sinn des Zwecks übereinstimmen; doch dieser Traum ist unmöglich, und wenn er daran festhält, schwebt er nur zwischen Himmel und Erde, ohne eines tatsächlichen Engagements in der Welt fähig zu sein. Auf die Erde herabsteigen heißt Besudelung, Scheitern, Schrecken hinnehmen und zugeben, daß unmöglich alles gerettet werden kann; was verloren ist, ist unwiderruflich verloren.

Heißt das, daß wir doch darauf zurückkommen müssen, die Mittel durch den Zweck zu rechtfertigen? Nein; man muß begreifen, daß Zweck und Mittel eine unteilbare Totalität bilden; der Zweck definiert sich durch die Mittel, die ihrerseits ihren Sinn aus dem Zweck beziehen; eine Handlung ist ein sinnvolles Ganzes, das sich in der Welt, in der Zeit entfaltet und dessen Einheit nicht zerbrochen werden kann. Diese spezifische Totalität muß immer neu hergestellt und gewählt werden. *Wir* müssen entscheiden, ob ein Mensch getötet werden muß, um zehn zu retten, oder ob wir zehn sterben lassen, um nicht einen zu verraten; die Entscheidung steht weder am Himmel noch auf Erden geschrieben. Was immer ich wähle, ich bin meinem tiefen Wunsch, das menschliche Leben zu respektieren, untreu; und doch bin ich zu wählen gezwungen, und keine mir äußerliche Realität zeichnet mir meine Wahl vor.

Der Mensch muß also die Hoffnung verlieren, sich in seine innere Reinheit zurückziehen oder aber im fremden Objekt aufgehen zu können; die zeitliche Dispersion, die Trennung der Bewußtseine verbieten ihm, von einer endgültigen Versöhnung mit sich selbst zu träumen; die Zerrissenheit ist sein Los, der Preis für seine Anwesenheit auf der Welt, für seine Transzendenz und seine Freiheit. Versucht er zu fliehen, verliert er sich endgültig; er schafft nichts, oder das, was er schafft, ist nichts. Er muß darauf verzichten, die Ruhe kennenzulernen, er muß seine Freiheit auf sich nehmen. Nur um diesen Preis wird er fähig sein, das Gegebene tatsächlich zu überschreiten – und das ist die authentische Moral – und den Gegenstand, in den er sich transzendiert, real zu begründen – und das ist die einzig gültige Politik; um diesen Preis wirkt er konkret auf die Welt ein, und diese Welt, in der er handelt, ist eine Welt, die einen Sinn birgt, eine menschliche Welt.

---

[1] Karl Marx, *Zur Kritik der Hegelschen Rechtsphilosophie. Einleitung* in: Karl Marx/Friedrich Engels, *Werke*, Bd. 1, Dietz Verlag, Berlin 1961, 391 bzw. 385. *Anm. d. Übers.*

Der Existentialismus und
die Volksweisheit

Wenige kennen die Philosophie, die etwas zufällig Existentialismus genannt worden ist; viele greifen sie an. Man wirft ihr unter anderem vor, ein Selbstbild des Menschen und seiner Lage zu liefern, das ihn in die Verzweiflung treibt. Der Existentialismus (wir werden der Einfachheit halber bei diesem Namen bleiben) verkenne angeblich die Größe des Menschen und schildere nur sein Elend; man wirft ihm sogar «Miserabilismus» – ein kürzlich entstandener Neologismus – vor; man sagt, er sei eine Theorie, die Freundschaft, Solidarität und alle Formen der Liebe leugne; sie schließe das Individuum in eine egoistische Einsamkeit ein; sie schneide es von der realen Welt ab und verurteile es dazu, in seiner reinen Subjektivität zu verharren, denn sie verweigere den menschlichen Unternehmungen, den vom Menschen gesetzten Werten und von ihm verfolgten Zwecken jegliche objektive Rechtfertigung. Entspricht der Existentialismus tatsächlich diesem Bild? Die Kritiker beschäftigen sich nicht eingehender mit dieser Frage, und ihre Leser übernehmen folgsam ihre Interpretationen; das braucht uns nicht zu wundern. Verwunderlich ist, daß dieses richtige oder falsche Bild so viel Skandal erregt. Es gab seit jeher Denkschulen und Autoren, die nicht besonders zartfühlend mit dem Menschen umgingen: sie sind oft wohlwollend aufgenommen worden. Woher stammen die so besonderen Widerstände, denen wir hier begegnen?

Man könnte meinen, es habe den Menschen stets widerstrebt, ihren Schwächen ins Auge zu sehen; sie verlangen von den schönen Künsten, daß sie ihnen ein retuschiertes, verschönertes Porträt ihrer selbst bieten. Und es stimmt ja: sie lieben sentimentale Lieder, heroische Filme, heldenhafte Romane, erbauliche Reden, die ihren Gefühlen, ihren Handlungen, ihrem Leben jene ergreifende Fülle verleihen, die auch auf Grabinschriften und -denkmalen zu lesen ist. Besonders wenn sie sich in ihren Privilegien bedroht fühlen, empfinden anständige Leute das Bedürfnis, sich angesichts der Horde der Unanständigen – Anarchisten, Revolutionäre, Kriminelle, Ganoven – gegenseitig die Hand zu reichen, um sich auf ein Podest zu hieven; ebenso bemüht sich der Orden der Erwachsenen, den Respekt der Neuankömmlinge, der Kinder mit ihrem naiven Blick, über sorgfältig ausgewählte Anekdoten und Texte zu gewinnen und das einschüchternde Bild des Menschen, wie er sich selbst erträumt, vor ihnen aufzurichten: geduldig und bescheiden wie Pasteur, leidenschaftlich und selbstlos wie Bernard Palissy, heldenhaft wie Bara[1], der kleine Trommler. Gedenkfeiern, Artikel auf den Titelseiten der Zeitungen, Bücher gewisser darauf spezialisierter Autoren sind ganz besonders dazu bestimmt, jenen laizistischen Glauben zu erhalten. So wie der Megalomane als Opfer seines Wahns in Wut gerät, wenn man ihm direkt ins Gesicht sagt: «Sie sind nicht Napoleon», wird der Mensch, der auf seiten der etablierten Wahrheiten steht, über den kleinsten Verdacht von Feigheit, Egoismus oder Schwäche empört sein. Ein Anwalt, der dem Gerichtsvorsitzenden erklärte, daß die einsame, arme Frau eines Häftlings zahlreichen Versuchungen ausgesetzt ist, erhielte die würdevoll-entrüstete Antwort: «Sie beleidigen alle Frauen Frankreichs!» Dennoch weiß der Psychiater, daß der angebliche Napoleon auf die beiläufige Frage: «Was machen Sie sonst?» schlicht antworten wird: «Ich bin Friseur»; genauso würde der Gerichtsvorsitzende in der Intimität seines Salons herzlich lachen, wenn ein Naivling in seiner Gegenwart behauptete, sämtliche Häftlingsfrauen seien Lukrezias. Sobald sich Menschen nicht mehr gezwungen fühlen, ein öffentliches Zeugnis abzugeben, und ihren privaten Überzeugungen freien Lauf lassen, bekennen sie sich gern zu ihren Schwächen. Sie nehmen das entwürdigendste Selbstbildnis ruhig hin, sofern es ihnen nur im Ton komplizenhafter Gutmütigkeit geboten wird. Nachdem sie sich bei der Lektüre von Rostands *Cyrano de Bergerac* oder beim Hören der Lieder von Déroulède begeistert haben, genießen sie, was sie die menschliche Wahrheit des *Voyage de Monsieur Perrichon* von Labiche oder der Novellen von Maupassant nennen. Aus ihren Unterhaltungen und ihren Sprichwörtern entsteht ein so düsteres Bild vom Menschen, daß man sich fragt, welcher Miserabilismus sie noch erschrecken könnte.

Das Thema der menschlichen Misere ist nicht neu. Die Kirchenväter, Pascal, Bossuet, Massillon, die Prediger und die Priester, eine ganze christliche Tradition hat sich jahrhundertelang bemüht, den Menschen von seiner Verkommenheit zu überzeugen; zwar kann der Gläubige von der Erbsünde, die die menschliche Natur verdirbt, durch die Gnade erlöst werden; aber unter denen, die immer wieder sagen, das Herz des Menschen sei voller Fäulnis, sind viele, die entweder an das Übernatürliche nicht glauben oder sich kaum darum scheren; jedenfalls streiten sie ab, daß es eine natürliche Unschuld oder Tugend gebe; der Mensch sei ein Tier, dessen grobe Gelüste ihn zu den schlimmsten Exzessen trieben, wenn ihn nicht die Furcht vor der Hölle und vor der Gesellschaft zügelte. Es ist zum Beispiel bekannt, daß für die meisten Priester und frommen Frauen eine aufrichtige Freundschaft zwischen Mann und Frau völlig undenkbar ist; die Reinheit eines Mädchens, die Keuschheit einer Frau erscheinen ihnen zu anfällig, als daß sie auch nur eine Stunde beim Tête-à-tête mit einem, natürlich, lüsternen Mann standhaft bleiben könnte. Ich habe eine sehr fromme Generalswitwe kennengelernt, die von der männlichen Lüsternheit eine dermaßen schreckliche Vorstellung hatte, daß sie der Existenz der organisierten Prostitution Beifall zollte, denn ohne sie könnte ihrer Meinung nach eine anständige Frau nie auf die Straße gehen. Die Vorsicht christlicher Eltern und Lehrer gegenüber ihren Kindern zeigt deutlich genug, welche tiefe Neigung zu allen möglichen Perversionen sie den jungen Seelen zutrauen.

Sinnlichkeit und Lüsternheit: der christliche Pessimismus betont vor allem das Elend des Fleisches. Die laizistischen Moralisten haben sich eher den sozialen Verhaltensweisen zugewandt. La Rochefoucauld, La Fontaine, Saint-Simon, Chamfort, Maupassant haben bis zum Überdruß Schäbigkeit, Leichtsinn und Heuchelei angegriffen; ihrer Ansicht nach ist die menschliche Seele eine primitive Maschine, die einzig und allein vom Eigennutz angetrieben wird. Weit davon entfernt, sich über eine so schäbige Sicht zu empören, haben die Menschen sie eifrig übernommen; es gibt keinen tiefer verwurzelten Allgemeinplatz als: «Der Mensch denkt immer an sich selbst zuerst.» Auf diese simple Psychologie wurde sogar eine Moral gegründet: man erfand den Utilitarismus, der das Bemühen um das Allgemeinwohl mit einer illusionslosen Auffassung von der menschlichen Natur zu versöhnen ermöglicht. Keinen Tadel, sondern nur eine Prise Ironie enthält das Sprichwort: «Wohlverstandene Barmherzigkeit beginnt immer bei einen selbst.» Der Gedanke enthält sogar etwas Beruhigendes: er ermöglicht, jede menschliche Tat mit dem gleichen Maß zu messen, er bietet eine einfache und eindeutige Erklärung. Immer wenn sich eine Tat als selbstlos darstellt, wird der Mensch besorgt und sucht voller Mißtrauen nach ihren heimlichen Gründen. «Von nichts kommt nichts», behauptet er und ist verlegen; er vermutet irgendwelche Machenschaften, von denen er vielleicht getäuscht werden könnte. «Ich verstehe das nicht», sagt er schockiert. Wenn er aber klar erkennt, welchen faßbaren Nutzen ein Individuum daraus gezogen hat, und sei es auch aus Verrat oder Niedertracht, ist er ganz und gar bereit, das zu entschuldigen; über zynischen Egoismus empören sich die Menschen nicht, den Kampf ums Leben erkennen sie an; die einzigen Fehler, die sie erschüttern, sind diejenigen, die ihnen sinnlos, unbegründet vorkommen. Über Weidmann, über Hitler entrüsten sie sich vor allem, weil die Verbrechen dieser Menschen sinnlos gewesen sind; sie brachten ihnen nichts ein (ein siegreicher Hitler hätte ganz gewiß weitaus weniger Skandal erregt als der besiegte Hitler); vor allem auch, weil ihre Unternehmungen extravagant waren; sie entfalteten eine gewisse Großzügigkeit im Bösen, einen Luxus an Grausamkeit, die das Durchschnittsbewußtsein in Staunen versetzt. Auch hier begreift der Mensch nicht; sein Vorwurf an große Verbrecher wie an verkannte Helden, an die einen wie die anderen, lautet: «Das sind Verrückte.» Der Vampir, der einer Frau den Bauch aufschlitzt, ist verrückt; auch Bernard Palissy wäre als verrückt angesehen worden, wenn er beim Möbelverbrennen erwischt worden wäre, ehe er zur offiziellen Statue gemacht worden war. Die öffentliche Meinung begreift nur Verhaltensweisen, deren Beweggrund der Eigennutz ist; über Habsucht, Neid, Verleumdung, Gemeinheit sagt man, sobald man begreift, welchen Nutzen diese Niederträchtigkeiten haben, mit Nachsicht: «Das ist menschlich!» Mit dieser Entschuldigung demonstriert man, daß man es aufgegeben hat, irgendeine Größe oder Großzügigkeit vom Menschen zu erwarten; und dem Naivling, der sich eine weniger schäbige Zukunft erhoffte, antwortet man: «So ist der Mensch nun mal.» Es ist zum Beispiel sehr aufschlußreich, die Chroniken und kleinen Leserbriefsparten aus den Frauenzeitungen durchzusehen, wo idealistische, aber kundige Damen und Herren ihren jungen Leserinnen die Schätze ihrer Erfahrungen darbieten. Sie sagen warnend, alle Männer seien arme Kreaturen, ihr eigener Ehemann bilde keine Ausnahme, sie sollten gegenüber seinen Schwächen Milde walten lassen, mit seiner Eitelkeit umzugehen wissen, seiner kindischen Tyrannei Zugeständnisse machen, seinen Stolz schonen, ihm mit kleinen Lügen und Winkelzügen begegnen; sie empfehlen ihnen, mit seinen Fehlern geschickt zu spielen und nicht zu versuchen, ihn bessern zu wollen. «Einen Mann zu nehmen wissen» ist die höchste weibliche Weisheit, das heißt, ihn zu behandeln wissen wie eine Maschine, deren Bedienung die Frau beherrscht, ihn in seiner unwiderruflichen Armseligkeit akzeptieren und ihm gleichzeitig die Illusion der Freiheit lassen. Die Menschen lassen sich in satirischen Zeitungen, in sogenannten «schmutzigen» Liedern, angeblich witzigen Geschichten, Karikaturen, Komödien bereitwillig als hemmungslos, egoistisch, heuchlerisch, hinterhältig und eitel porträtieren; darüber sagen sie bewundernd: «Wie gut getroffen! Wie menschlich!» Und beeilen sich vielleicht, über diese Porträts zu lachen, aus Angst, sie könnten sonst darüber weinen: jedenfalls lachen sie. Ist eine solche Resignation nicht in Wirklichkeit eine schamhafte Form der Verzweiflung?

Eine Psychologie des Eigennutzes wird sich natürlich mit Liebe, Freundschaft, Solidarität nicht allzusehr beschäftigen. In Hochzeitsreden oder auf Grabinschriften, in Fortsetzungsromanen, Opern oder Filmen nimmt die Liebe eine gleich große Rolle ein wie die menschliche Größe; aber in der Wirklichkeit des Alltags betrachtet man beide allenfalls als rührende Illusion der Jugend oder sträflichen Wahn. Fügt sich die Liebe in soziale Rahmen ein, belächelt man sie mit Nachsicht; im umgekehrten Fall streitet man ihr jegliche Realität ab und versucht, die Verblendung durch luzide Analyse zu bannen. Bei einem Liebespaar stellt man sich zum Beispiel gern vor, daß einer den anderen aus Geldgründen oder aus Eitelkeit manipuliert hat, daß dieser andere sich von dem Partner, der schlau seine Schwächen oder seine Laster auszunutzen wußte, hat verführen, einfangen, verhexen lassen; wenn keine solche Manipulation vorstellbar ist, dann wird man von einer Verwirrung der Sinne reden. Nie wird man in der Liebe das Engagement einer Freiheit anerkennen; man wird in ihr nur das Produkt eines mechanistischen Kräftespiels sehen. Dieselbe mechanistische Zwangsläufigkeit verdammt die Liebe auch dazu, nur ein Strohfeuer zu sein, das gelöscht werden muß; die Zeit stumpft die Sinne ab; «Der Besitz tötet die Liebe» und zerstört die Illusionen: «Alles neu, alles Gold.» Gefühle halten weder dem Alltag noch der Abwesenheit stand: «Aus den Augen, aus dem Sinn.» Flüchtig, kapriziös, wie sie ist, gibt es die Leidenschaft also gar nicht wirklich. Es gibt allerdings Fälle, wo ein Mann und eine Frau sich darauf versteifen, einander lange und treu zu lieben; auch für diese Beharrlichkeit findet man eine mechanistische Erklärung: sie sind Opfer der Routine, der trägen Gewohnheiten; das bringt man dadurch zum Ausdruck, daß man von ihrer Beziehung sagt: «Sie kleben aneinander.» Mit mehr Respekt wird über die legitime Zuneigung gesprochen, die die Bande der Ehe garantieren; aber es ist die Ehe als Institution, die respektiert wird, und zwar nur in dem Maße, wie sie eine Art sicherer Garantie gegen die Liebe bedeutet; als individuelle Beziehung wird die Ehe ins Lächerliche gezogen. Seit dem Mittelalter sind Ehemänner und Ehefrauen geradezu die klassischen Witzfiguren in Schwänken, Operetten, Vaudevilles, Erzählungen und Komödien – zur größten Wonne des Publikums. Als ausgemacht gilt, daß es keine gute Ehe gibt, daß auch die glühendste Liebe der Belastung des Ehealltags nicht standhält, daß sämtliche Ehefrauen untreu oder zänkisch, sämtliche Ehemänner Betrüger oder Betrogene sind.

Man könnte die Liebe deshalb verachten, weil man ihr andere Formen der menschlichen Zuneigung vorzieht. Aber an Freundschaft glaubt die Öffentlichkeit auch nicht stärker; sie sieht darin nur eine Jugendillusion, die das Leben bald zerstört; ein Mann braucht nur zu heiraten, eine Karriere zu beginnen, und schon sind unüberwindliche Distanzen zwischen ihm und seinen ehemaligen Freunden geschaffen. Das Ungleiche der Situation trennt ebenso wie die Unterschiedlichkeit der Interessen; ein erfolgreicher Mann wird beim Zusammentreffen mit einem in eine Notlage geratenen Kindheitsfreund verlegen sein; enthusiastische und kompromißlose junge Männer werden, sobald sie eine gewisse behäbige Reife erreicht haben, nur egoistische Gleichgültigkeit füreinander empfinden: das sind schon tausendmal behandelte Themen. Wenn einige Freundschaften überdauern, liegt es daran, daß sie auf gegenseitigem Vorteil beruhen; sie würden aber schnell auseinanderbrechen, wenn auf einer der beiden Seiten diese Vorteile verschwänden. *Si tempora erint nubila, solus eris*[2], sagt der lateinische Dichter, der schon hundertfach übersetzt worden ist. La Fontaine läßt die wahre Freundschaft in Monomotapa spielen; die Prinzessin Mathilde fragte: «Wie viele Freunde würden mich noch besuchen, wenn ich auf einem Dachboden wohnte?» Eine solide Freundschaft nennt man eine Gewohnheit, die auf einer robusten Gleichgültigkeit beruht; sie schließt weder Eifersucht noch Bösartigkeit aus – vor allem nicht bei Frauen, deren Zuneigungen kapriziös und perfide sind. So lauten jedenfalls die gewöhnlichen Allgemeinplätze zu diesem Thema.

Es ist also nicht die Freundschaft, die die menschliche Einsamkeit durchbrechen wird, in die der Mensch eingesperrt ist; einem Individuum sei es immer unmöglich, Freud und Leid eines anderen zu teilen oder auch nur zu verstehen. «Die Menschen sind undurchdringlich, die Bewußtseine kommunizieren nicht miteinander»; ob in der Liebe, in der Freundschaft, in allen Spielarten der Zuneigung, jeder bleibe für den anderen ein geheimnisvoller Fremder. Ob in seinem Heim, unter seinen Freunden oder bei seiner Arbeit, der Mensch könne immer nur eine «gemeinsame Einsamkeit» erfahren. Die Tücken der Sprache, die Höflichkeit, der Anstand, die Routine verhinderten jede echte Kommunikation. Vor allem bemühten sich die Menschen kaum, einen wirklichen Kontakt zueinander herzustellen; sie seien in ihren eigenen Sorgen und Beschäftigungen eingeschlossen; für das, was sich in anderen Sphären abspiele, interessierten sie sich nicht. «Wenn ein Graf einen anderen Grafen trifft, erzählen sie sich Grafengeschichten», sang Maurice Chevalier. Jeder erzähle gern von sich, aber den Geschichten des anderen zuzuhören langweile ihn; man arrangiere sich schnell mit dem größten Unglück, wenn es den Nachbarn getroffen hat und nicht einen selbst; es komme sogar oft vor, daß man es mit Schadenfreude zur Kenntnis nimmt: *suave marimagno . . .*³, während das Glück des anderen einen leicht reizt; die Menschen seien hart zueinander, entweder aus zynischem Egoismus oder weil sie unterschiedliche Interessen verfolgten: *Homo homini lupus*; oder auch aus Mangel an Phantasie und Herzenskälte und Leere. Deswegen, so lautet die Weisheit, könne man nur sich selber trauen: «Jeder ist sich selbst der Nächste.» Man soll also im Leben dafür sorgen, daß man nie auf jemanden angewiesen ist, daß man nie jemanden um etwas zu bitten braucht, was wiederum einem selber erlaubt, nie etwas geben zu müssen. Etwas Güte steht jedem gut; schließlich ist man kein Unmensch; aber zuviel davon wird schnell zu Schwäche und Dummheit; ein zu guter Mensch gibt ein schlechtes Beispiel ab; man tadelt ihn; er ist beinahe ein Übeltäter. Als van Gogh in der Borinage den Auftrag erhielt, die offiziell ausgegebenen Hilfsmittel zu verteilen, wurde er von seinen Vorgesetzten getadelt und seiner Ämter enthoben, weil er mit seinen Schützlingen auf gleichem Fuß verkehrte und alles mit ihnen teilte. Man soll sich sowenig wie möglich um die Angelegenheiten anderer kümmern, Scherereien aus dem Weg gehen, diskret im Hintergrund bleiben, um sich unnütze Verantwortungen zu ersparen. Man erteile nicht zu viele Ratschläge: sie könnten einem übelgenommen werden. Man sei nicht zu hilfsbereit; es wird einem nicht gedankt, vielleicht errege man gar Ärger. So werden zwischenmenschliche Verhältnisse für gewöhnlich betrachtet.

Bei einer solchen Auffassung vom Menschen und von den menschlichen Beziehungen kann man sich keine sehr begeisternde Vorstellung vom Leben machen; die Menschen haben nicht auf den «Mythos des Sisyphos» gewartet, um zu denken, daß das Leben, wie Shakespeare sagt, «ein Märchen ist, erzählt von einem Dummkopf»[4], anders ausgedrückt, ein absurdes Theater. Und tatsächlich, wenn die Psychologie des Eigennutzes zutrifft, dann ist jede Existenz ein radikales Scheitern, denn das einzige Ziel des Menschen ist es, sein eigenes Glück zu sichern, und dieses Glück ist nicht möglich. «Die Liebe ist nur Trug, das Glück nur ein Traum»: diese alte Leier wird auf tausend verschiedene Weisen mit fast denselben Worten gesungen. Das Glück ist wie ein Schmetterling, dessen leuchtende Farben bei der ersten Berührung verblassen; es gibt keine anderen Paradiese als das verlorene; die Realität reicht nie an den Traum heran; nichts ist enttäuschender, als zu erhalten, was man begehrt; alles vergeht, alles zergeht. Oder ganz definitiv: «Das Glück ist nicht von dieser Welt.» Das wird auch um eine Nuance strenger formuliert: «Man lebt nicht zum Vergnügen.» «Das Leben ist kein Roman.» Man soll also vom Leben sowenig wie möglich verlangen, damit man nicht enttäuscht wird; in dieser Welt tut man nie, was man will, man ist Spielball von meist widrigen Umständen. Weise ist, dem Pech sowenig Angriffsfläche wie möglich zu bieten, was zu einer Moral der Mittelmäßigkeit führt. «Wer glücklich leben will, lebt im Verborgenen.» Fallen wir nicht auf, tanzen wir nicht auf zu vielen Hochzeiten. «Wer zuviel anfängt, bringt nichts zustande.» Begnügen wir uns mit einer anständigen Mittelmäßigkeit; nicht zuviel und nicht zuwenig; bestellen wir friedlich unseren Garten. Jeder Ehrgeiz ist gefährlich, sogar die moralische Ambition: versuchen wir, weder Helden noch Heilige zu sein, sondern einfach das, was man einen anständigen Menschen nennt; die Tugend liegt im *juste milieu*, wer den Engel mimt, wird zum Tier. Im übrigen ist es sinnlos, sich ein außergewöhnliches Schicksal zu wünschen; es ist eine Chimäre, sich manche Leben als erstrebenswerter als andere vorzustellen; im Grunde gleicht sich alles; auch der Wissenschaftler, der Künstler, der Dichter, über den bei Preisverleihungen und in Abituraufsätzen mit so viel Hochachtung gesprochen wird, sind nur armselige Menschen, die menschlichen Schwächen ausgeliefert sind; sie werden von ihren Frauen betrogen, haben Krankheiten und Geldsorgen. «Für seinen Diener gibt es keinen großen Mann.» Der persische Dichter Ferdousi war weise, als er in einem einzigen Vers das lange Gedicht zusammenfaßte, in dem er zwanzig Jahre lang die Geschichte der Menschheit zu fassen versuchte: «Die Menschen wurden geboren, haben gelitten, sind gestorben.» Auf alten Steinguttellern können Rätsel mit derselben Philosophie entziffert werden: «Man tritt ein, und man schreit, und das ist das Leben; man schreit, man geht hinaus, und das ist der Tod.» Da alle Menschen sterben, da alles schließlich ein Ende nimmt, ist nichts, was geschieht, von Bedeutung: ob hoffen, ob verzweifeln, das eine ist so falsch wie das andere.

Nicht erst der Existentialismus hat den Menschen enthüllt, daß sie irgendwann sterben müssen; das wußten sie schon immer, und auch die Leichtfertigsten vergessen es kaum; ob sie an ein Weiterleben glauben oder nicht, der Tod breitet auf jeden Fall seinen Schatten über ihre irdische Existenz aus. Wenn man sterben muß, wozu wurde man dann geboren? Was haben wir auf der Erde zu suchen? Wozu leben und leiden? Müde Greise und überarbeitete Hausfrauen ergehen sich dazu in langen verbitterten oder besorgten Fragen; in den Liedern von Damia oder Yvonne Georges nehmen diese Fragen pathetische Akzente an. Aber viele finden auch eine Art Frieden in jener Bedeutungslosigkeit, die der Tod dem Leben verleiht. Da man ja stirbt, ist nichts von Bedeutung; Resignation wird legitim und jedes Unternehmen provisorisch und relativ, leidenschaftlicher Eifer ist eine Torheit. Man muß die Dinge von der guten Seite nehmen. «Sich über nichts ärgern.» Gäbe es absolute Zwecke, wäre dieser Opportunismus nicht möglich; einem Mißerfolg könnte nichts Gutes abgewonnen, eine Niederlage nicht frohen Mutes hingenommen werden. Aber der Tod, der dem Leben einen Geschmack von Asche und Staub beimischt, macht es einfach und leicht zu ertragen, weil er dem Leben jeden objektiven Wert nimmt. Der Tod wird zum bequemen Alibi, das dem Menschen ein Beharren in seiner Subjektivität erlaubt, ihn der Aufgabe enthebt, leidenschaftlich etwas zu wollen, jede Art von Resignation rechtfertigt. Eingesperrt im engen Kreis seiner Interessen, eingesperrt in ein vom Tod begrenztes Leben, dem er jeden Sinn entzieht, so sieht sich der Mensch gerne. Ist ein schwärzerer Pessimismus vorstellbar? Gibt es eine Theorie, die der Hoffnung weniger Tore öffnet? Wie können Menschen, die sich eine solche Vorstellung von ihrer Situation machen, dem Existentialismus einen Mangel an Optimismus vorwerfen?

«Jedes richtige Denken ist immer beleidigend», sagte Stendhal treffend. Die Leute bekommen Angst bei eindeutigen Meinungen, endgültigen Wahrheiten. Irgendein Mensch ist eitel, egoistisch, bösartig, habgierig, und man wird Ihnen selbstgefällig seine Fehler aufzählen; wenn Sie aber daraus schließen: das ist ein schlechter Mensch, wird Ihr Gesprächspartner protestieren: das habe ich nicht gesagt; und vielleicht wird er hinzufügen: trotz allem, es steckt ein guter Kern in ihm. So ist der Mensch bereit, sich selbst mit kleinen grausamen Pinselstrichen zu malen, wenn Sie ihn aber zwingen, etwas zurückzutreten, damit er sein ganzes Porträt betrachten kann, entzieht er sich: er will keine Zusammenfassung, keine Schlußfolgerung. Sicher geschieht das zum Teil deshalb, weil er ahnt, daß die Realität alle Beschreibungen, die man versuchen könnte, übersteigt; deswegen wäre es irreführend, einen Strich, eine Summe zu ziehen, die Rechnung abzuschließen. Vor allem widerstrebt es ihm, Partei zu ergreifen: Gott weiß, zu welchen Konsequenzen ihn eine allzu strenge Logik führen könnte. Er hört sich gern reden; er fühlt sich gern denken, weil er damit die Überlegenheit des Menschen gegenüber dem Tier behauptet, aber unter der Bedingung, daß ihn seine Gedanken zu nichts verpflichten und ihn immer in einem günstigen Halbdunkel bleiben lassen. Die Menschen glauben nicht wirklich, was sie sagen, und das erlaubt ihnen, ohne Schwierigkeiten von einer

48

Wahrheitsebene zur anderen zu springen; in Wirklichkeit legen sie sich aber überhaupt nicht fest. Das Bild vom generösen, heroischen Menschen, das man an öffentlichen Plätzen entwirft, und das Bild vom tierischen, eigennützigen Menschen, das man in der Bitternis des Alltags zeichnet, sind absolut unvereinbar; deswegen sucht man auch nie nach einer Synthese. Je nach Anlaß verwendet man das eine oder das andere Bild, aber man glaubt weder an die Wahrheit von Trauerreden und Propagandafilmen noch an die Wahrheit von ernüchternden Sprichwörtern und Allgemeinplätzen, die man weise zum besten gibt. Das übliche Verhalten der Leute zeigt, daß es ihnen ebenso wesensfremd ist, sich schonungslos aufzuopfern, wie sich ohne jede Großmut zurückzuhalten. La Rochefoucauld pflegte die Freundschaft, Swift vergötterte Stella, der blasierte Skeptiker setzt gegen seine Interessen, gegen seine egoistische Weisheit, gegen den Tod Kinder in die Welt. Würfe man ihnen diese Widersprüche vor, würden sie sicher antworten, die Ausnahme bestätige die Regel, und jeder hält sich für eine Ausnahme. Was aber die Menschen vor allem schockiert, ist die Forderung nach einer vollständigen Kohärenz. Sie wissen sehr wohl, daß ihre Gedanken weder zweckfrei sind noch absolut ehrlich; sie fassen nicht das Ganze ins Auge; es sind umstandsbedingte Gedanken, die praktischen Zwecken unterworfen sind; nimmt man sie beim Wort, regen sie sich auf. Um zu verhindern, daß ihr Sohn sich in eine stupide Ehe stürzt, sagt beispielsweise seine Mutter ihm, Liebe sei nur Trug; aber sie selbst ist davon überzeugt, ihren Mann aus Liebe geheiratet zu haben; der Greis schickt zur Verteidigung seiner Interessen munter Jugendliche in den Tod und behauptet, es gebe kein schöneres Los, als für das Vaterland zu sterben – was ihn persönlich betrifft, so hängt er an seinem Leben. Idealismus und Skepsis sind lediglich Waffen, die die Menschen je nach Bedarf benutzen; allerdings, ihre Reaktion auf eine besondere Situation heute soll keine Folgen für ihre Zukunft bedeuten. Eine der Voraussetzungen dafür, daß man sich mit diesem düsteren Pessimismus arrangiert, ist, daß man ihn sich nicht restlos zu eigen macht. Und der erste Vorwurf, den man dem Existentialismus macht, ist, daß er ein kohärentes, strukturiertes System, eine philosophische Haltung sei, die danach verlangt, als Ganzes übernommen zu werden. Übernehmen Menschen eine zu genau definierte Weltanschauung, dann fürchten sie, sich mit allzu schwerer Verantwortung zu belasten.

Denn der Mensch fürchtet die Verantwortung über alles, er liebt keine Risiken, er hat so große Angst davor, seine Freiheit einzubringen, daß er sie lieber leugnet. Und das ist der eigentliche Grund für seinen Widerwillen gegen eine Theorie, die die Freiheit an die erste Stelle setzt. Betrachtet man die Kritik am Existentialismus, ist man frappiert über einen offenkundigen Widerspruch: diejenigen, die ihn des Subjektivismus beschuldigen, sind die gleichen, die sich an Montaigne, La Rochefoucauld, Maupassant ergötzen; sie sind entschiedene Befürworter einer Psychologie der reinen Immanenz, wo die Entwürfe und Gefühle des Individuums sich letztlich gegen es selbst wenden. Dagegen behaupten die Existentialisten, daß der Mensch Transzendenz ist; sein Leben ist Engagement in der Welt, eine Bewegung zum Anderen, ein Überschreiten der Gegenwart auf eine Zukunft hin, die auch der Tod nicht begrenzt. Wie kann man ihnen dann vorwerfen, daß sie der Subjektivität zuviel Bedeutung beimessen? Deshalb weil es eigentlich in der Moral des Eigennutzes kein Subjekt gibt: das Ich, von dem man uns erzählt, ist ein Gegenstand in der Welt; wenn man sein Ich lieben, es als Richtschnur seines Verhaltens nehmen kann, so deshalb, weil es in der Art eines Dinges existiert; man unterstellt ihm Triebe, die man zu befriedigen, Leeren, die man auszufüllen hat; allein auf Grund seiner Existenz zwingt mir mein Ich objektive Zwecke auf, in denen meine Freiheit versinkt; ich habe ihm die Lust zu verschaffen, die es wünscht, es vor Schmerzen zu schützen; damit werden meine Energien ausgelastet; bevor sie überhaupt da sind, ist ihr Einsatz schon festgelegt; es steht überhaupt nicht zur Diskussion, mich zu fragen, wie ich sie lenken soll. Im Existentialismus dagegen ist das Ich nicht; ich existiere als authentisches Subjekt in einem immer neuen Hervorbrechen, das sich der erstarrten Realität der Dinge entgegenstellt; ohne Hilfe, ohne Führung werfe ich mich in eine Welt, in der ich nicht von jeher einfach auf mich wartete: ich bin frei; meine Entwürfe sind nicht durch schon existierende Interessen bestimmt; sie setzen ihre Zwecke selbst. Innerhalb der Philosophie der Immanenz ist der Endpunkt meiner Handlungen gegeben: wenn ich von ihm zu ihrem Ausgangspunkt zurückgehe, ist er für mich dort schon vorgegeben, er ist gewissermaßen eine Projektion des Ich als Objekt auf die Ebene der Interiorität. Innerhalb der Philosophie der Transzendenz existiert das Subjekt allein als Ausgangspunkt; ich kann seine Gegenwart nicht maskieren; ich kann nicht vor mir selbst verschleiern, daß alle meine Handlungen ihren Ursprung in meiner Subjektivität haben. Der Vorwurf der Subjektivität gegenüber dem Existentialismus ist in Wirklichkeit der Vorwurf, daß er Subjektivität und Freiheit gleichsetzt.

Den Menschen als Freiheit definieren ist schon immer Sache der optimistischen Philosophen gewesen. Deshalb ist es auch falsch, den Existentialismus als Theorie der Verzweiflung zu bezeichnen. Er ist weit davon entfernt. Er verurteilt den Menschen nicht zu unheilbarem Elend; wenn der Mensch nicht von Natur aus gut ist, so ist er auch nicht von Natur aus böse; er ist zunächst nichts; ihm allein obliegt es, sich gut oder böse zu machen, je nachdem, ob er seine Freiheit annimmt oder leugnet; Gut und Böse erscheinen erst jenseits der Natur, jenseits alles Gegebenen; deswegen kann man die Realität völlig unparteiisch beschreiben; es besteht kein Anlaß, sie zu bejammern, sie ist weder trist noch heiter, Fakten sind Fakten und weiter nichts; was zählt, ist die Art, wie der Mensch seine Situation überschreitet. So ist die Trennung der Bewußtseine ein metaphysisches Faktum, doch kann der Mensch sie überwinden; er kann sich überall in der Welt mit anderen Menschen verbinden; die Existentialisten sind weit davon entfernt, Liebe, Freundschaft, Solidarität zu leugnen; in ihren Augen kann ein Individuum nur in diesen menschlichen Beziehungen die Begründung und die Erfüllung seines Seins finden; aber sie betrachten diese Gefühle nicht als vorgegeben, sondern sie müssen erobert werden. Der Tod ist ein weiteres Faktum, über das zu klagen oder sich zu freuen ebenfalls kein Anlaß besteht; er dementiert die menschlichen Unternehmungen keineswegs, denn diese gewinnen ihren Wert aus der in sie eingebrachten Freiheit; die Freiheit allein setzt die Zwecke, die sie sich setzt, und keine äußere Macht, auch nicht die des Todes, könnte zunichte machen, was sie begründet hat. Der Mensch ist alleiniger und souveräner Herr seines Schicksals, sofern er es nur sein will; das ist es, was der Existentialismus behauptet: genau das ist Optimismus. Und in Wirklichkeit ist es auch genau dieser Optimismus, der die Leute beunruhigt; wenn man sich über bestimmte unparteiische Beschreibungen der Welt und der Menschen aufregt, so liegt das nicht daran, wie behauptet wird, daß sie deprimierend wären; die Bücher Maupassants sind es viel mehr; es liegt daran, daß das Böse, das sie enthüllen, von der Freiheit des Menschen herrührt; die *Salauds* aus dem *Ekel* haben sich als solche gewählt; es hinge nur von ihnen selbst ab, ob sie luzide und redlich sein wollten und die Lüge verabscheuen, hinter der sie sich verschanzen; die Vorstellung von einer solchen Verantwortung ängstigt den Leser. Dieser anspruchsvollen Moral zieht er einen Pessimismus vor, der dem Menschen zwar keine Hoffnung läßt, aber auch nichts von ihm verlangt.

Wenn die Moral des Eigennutzes, wenn die naturalistische Tristesse sich so großer Gunst erfreut, dann deshalb, weil die darin zum Ausdruck kommende Verzweiflung den Charakter von Wohligkeit und Behaglichkeit besitzt; sie setzt einen Determinismus voraus, der dem Menschen die Last seiner Freiheit abnimmt. Der Mensch ist eine Maschine, deren Hauptantrieb Eigennutz und Lüsternheit sind; seine Gefühle reduzieren sich auf mehr oder weniger subtile Kräftespiele; die Volksweisheit bejaht dieses einzige Postulat in den verschiedensten Formen. Wenn der Mensch sein Wesen nicht verändern kann, wenn er über sein Schicksal keine Macht besitzt, bleibt ihm nur, sich mit Nachsicht so zu akzeptieren, wie er ist: das erspart ihm die Anstrengung des Kampfes. Der Existentialismus, der dem Menschen sein Schicksal wieder in die eigenen Hände legt, stört seine Ruhe.

Die Menschen denken gern, Tugend sei einfach; in erbaulichen Geschichten sterben junge Männer lächelnd für ihr Vaterland; lächelnd reiben sich Mütter und Väter auf, um ihre Kinder zu ernähren; lächelnd opfern sich Kinder für ihre altgewordenen Eltern auf. Ebenso finden sie sich mühelos damit ab, daß Tugend unmöglich sei. Doch der Gedanke, daß sie möglich und schwierig ist, widerstrebt ihnen. Wenn man proklamiert, das Leben sei ein wunderbares Abenteuer, ist man jede Sorge los: indem wir essen und schlafen, sind wir schon Halbgötter; jeder Herzschlag läßt uns mühelos am großen Menschenabenteuer teilhaben. Oder man gibt zu, daß das Leben nur eine Farce sei; dann ist nichts von dem, was wir tun, von Bedeutung, wir können unbekümmert schlafen und essen. Wenn aber das Spiel weder von vornherein verloren noch gewonnen ist, muß Minute für Minute gekämpft und riskiert werden: das stört unsere Faulheit. Die Menschen sind höchstens bereit, ein oder zwei Kämpfe zu führen; aber dann wollen sie sich in ihrem Sieg oder ihrer Niederlage ewig ausruhen können. Der Ingenieur, der einen Staudamm baut, und die Frau, die Kinder gebärt: beide möchten, daß der Staudamm, die Kinder ihre Existenz ewig rechtfertigen; sie möchten, daß sich die Zwecke, die sie verfolgen, als absolut nützlich erweisen. Wenn aber ein Mensch in seinen Unternehmungen gescheitert ist, dann wiederholt er gern mit Salomo: alles ist eitel. Wird dagegen behauptet, ich selber begründe durch die Wahl meiner Ziele ihren Wert, dann ist das ein Verzicht auf jedes Alibi. Kein einziger Erfolg erlöst mich: damit er mir weiterhin als Erfolg erscheinen kann, muß ich ihn weiterhin wollen, und dieser Wille muß sich notwendigerweise in neuen Handlungen ausdrücken; und kein Scheitern enthebt mich der

Aufgabe, den Kampf fortzusetzen; es gibt keinen mir äußeren Gesichtspunkt, von dem aus ich meine Absichten verachten könnte. Ein Mensch, den die Umstände zum Helden gemacht haben, wird gern glauben, er trüge einen Stern auf der Stirn, er täte alles als Held, ob er ißt, trinkt oder schläft; er könne von nun an immer sicher sein, sich in Gefahr und unter Folter seinem heldenhaften Wesen entsprechend zu verhalten; diese Vorstellung erspart ihm die Ängste des wahren Heldentums. Andererseits ist der Feigling gar nicht so unglücklich, ein Feigling zu sein; er ist eben so, er kann nichts dafür; er richtet sich in seiner Feigheit ein mit der Seelenruhe jener Diener der Komödie, die sich dazu beglückwünschen, daß sie keine Ehre zu verteidigen haben. Es ist viel beunruhigender, davon auszugehen, daß Mut immer neu erkämpft werden muß, ohne damit rechnen zu können, ihn jemals zu besitzen.

Wenn der Existentialismus beunruhigt, liegt das also nicht daran, daß er am Menschen verzweifelt, sondern daß er von ihm eine permanente Anstrengung verlangt. Man kann sich allerdings die Frage stellen: Wozu ein solches Verlangen? Weshalb sich bemühen, Menschen von Positionen abzubringen, in denen sie sich geborgen fühlen? Und das ist tatsächlich eine Frage, die die Kritiker schon oft gestellt haben: Was hat man davon, Existentialist zu sein?

Diese Frage wird jedem Philosophen seltsam erscheinen. Weder Kant noch Hegel haben sich jemals gefragt, was man davon hat, Kantianer oder Hegelianer zu sein; sie sagten, was sie für die Wahrheit hielten, nichts weiter; sie hatten kein anderes Ziel als die Wahrheit selbst. Aber vielleicht hat der Philosoph unrecht; vielleicht ist er Opfer einer Berufskrankheit: ist es richtig, die Wahrheit zu sagen? Wenn sie nutzlos oder schädlich ist, muß man sie dann nicht eher verheimlichen? Eine solche Vorsicht hat nur Sinn, wenn man die Wahrheit als etwas der Realität Äußeres betrachtet, als ein Licht von einem fremden Firmament; dann könnte man sich fragen, ob es opportun ist, daß sie unsere Finsternis erleuchtet; aber diese Vorstellung ist radikal falsch; die Wahrheit ist nichts anderes als die Realität; man kann ablehnen, sie über Wörter oder Sätze wahrzunehmen, das heißt, sie systematisch auszudrücken; man kann ihr aber nicht entkommen; selbst die Anstrengung, ihr zu entkommen, ist bereits eine Weise, sie sichtbar zu machen. Das zeigen deutlich die Entdekkungen der Psychoanalyse. Es könnte unnütz, ja schädlich erscheinen, einem Jugendlichen zu enthüllen, daß er seinen Vater haßt; selbst wenn er sich diesen Haß nicht mit Wörtern eingestanden hat, so hat er ihn doch in seinen Gefühlen, Verhaltensweisen, Träumen, Ängsten behauptet; der Psychoanalytiker beschließt nicht willkürlich und brutal, eine ignorierte Wahrheit aufzudecken; er will seinem Patienten helfen, die Verhaltensweisen, mit denen er auf die Realität reagiert, zu verändern; anstatt seine Kräfte darauf zu verwenden, sich seinen Haß zu verbergen, soll er sich davon befreien, nicht indem er ihn leugnet, sondern indem er ihn annimmt und überschreitet: und das setzt voraus, daß er diesen Haß explizit erkennt und begreift. Auch der Existentialismus will dem Menschen nicht das verborgene Unglück seiner Situation enthüllen; er will ihm nur helfen, diese Situation, die er unmöglich leugnen kann, anzunehmen. Weil der Mensch der Wahrheit nicht ins Gesicht sieht, erschöpft er sich darin, sich gegen sie aufzulehnen. Wir haben gesehen, daß er sich abwechselnd auf zwei Ebenen stellt, die er nicht miteinander vereinbaren kann, aber es gelingt ihm auch nicht, auf einer der beiden Ebenen zu verharren. Von Jugend an lacht er über die zu schönen Bilder der Morallehrer und der erbaulichen Reden; er wird illusionslos, was bedeutet, daß er sich zuerst getäuscht fühlte. Er stürzt sich dann gern in den Zynismus; er ist mit Nachdruck Pessimist, was ihn nicht daran hindert, zu handeln, zu lieben, zu leben; zwischen dem, was er tut, und dem, was er sagt, was er durch sein Handeln behauptet, in Worten glaubt, besteht ein Abgrund. Die meisten Menschen verbringen ihr Leben unter der erdrückenden Last von Allgemeinplätzen. Entschlössen sie sich zu einem klaren Bewußtsein ihrer Situation in der Welt, würden sie sich mit sich und der Realität im Einklang fühlen.

Es gibt bestimmte Bereiche, wo die Menschen von heute sich entschieden um Aufrichtigkeit bemühen; keiner wird abstreiten, daß sie dadurch wichtige Fortschritte gemacht haben. Dank der Psychoanalyse ist die sexuelle Heuchelei zum Teil aufgelöst worden; da die Psychoanalyse von der Existenz bestimmter Triebe ausgeht, bestreitet sie den Sinn von Formeln wie «Die menschliche Natur ist pervers» oder «Die menschliche Natur ist unschuldig und gut»; der Mensch kann ohne Scheu in sich hineinsehen; nichts von dem, was er dort antreffen wird, ist monströs, denn die sexuelle Moral entsteht jenseits der Neigungen und Komplexe, die sein spezifisches Temperament ausmachen; keine Art von Gleichgewicht oder Gesundheit ist an sich moralisch, keine einzige Besonderheit ist unmoralisch. Hier beginnt man zu akzeptieren, daß Moral nicht das Privileg von irgend jemandem ist und daß alle sie erlangen können.

Seit dem Krieg von 1914–1918 entstand auch eine andere Auffassung vom Mut, die sich stark von der der vergangenen Jahrhunderte unterscheidet. Turennes[5] Satz: «Du zitterst, Gerippe» wurde natürlich immer respektvoll zitiert, doch mußte man damals Turenne heißen, um sich das erlauben zu können; Angst haben war Sache der Feigen; jeder Soldat war ein Berufsheld, und ein Held lacht über Kugeln und Granaten. Im Jahr 1914 kam dieser Gemeinplatz zu vollem Glanz. Danach wagten die Generationen in Frankreich, England und Amerika, die einen tiefen Haß gegen den Krieg hegten, die Soldatentugenden zu verachten; die Kämpfer von 1940 waren eher nüchtern als begeistert; als Soldaten blieben sie Menschen; Mut war in ihren Augen eine menschliche, keine militärische Tugend. Das ist es, was so viele Zeugnisse aus Frankreich, England und Amerika so ergreifend macht; die jungen Fallschirmjäger, Piloten, Infanteristen nahmen keinen Heroismus, wie man es früher nannte, für sich in Anspruch; sie erzählten uns davon, daß ihr Herz schneller schlug, daß sie einen Klumpen im Hals spürten, daß sie Angst hatten, und gegen die Angst haben sie schlicht getan, was sie zu tun hatten. Sie wußten jedesmal, daß die Partie noch nicht gewonnen war; daß sie morgen vielleicht wieder Angst haben würden, daß sie Gefahr liefen, ihrem Körper zu erliegen und sich selber verachten zu müssen; aber sie wußten auch, daß es allein ihre Sache war, ihre Ängste zu überwinden.

Der Wert solcher Beispiele liegt darin, daß sie es niemandem erlauben, sich unwiderruflich zum Feigling zu erklären; sie ersparen vielmehr dem Menschen die Desillusionierung, das «Zusammenbrechen», die meistens die Quittung für zu billiges Lügen sind; diese Beispiele bewegen uns aber vor allem deshalb, weil wir sehen, wie hier die menschliche Situation voll angenommen wird; und indem sie angenommen wird, rechtfertigt sie sich.

Genau dies ist das Ziel, das der Existentialismus verfolgt: er will dem Menschen die Enttäuschung und das mißmutige Schmollen ersparen, das der Kult falscher Idole mit sich bringt: er will den Menschen davon überzeugen, authentisch ein Mensch zu sein, und er behauptet den Wert dieser Vollendung. Eine solche Philosophie kann es sich leisten, den Trost der Lüge und der Resignation mutig abzulehnen: sie vertraut dem Menschen.

[1] Joseph Bara hatte sich 1793 als Kind der Revolutionsarmee angeschlossen. Als er gefangengenommen wurde und: «Es lebe der König!» rufen sollte, rief er: «Es lebe die Republik!» und wurde erschossen. *Anm. d. Übers.*

[2] «Wenn schlechte Zeiten kommen, stehst du allein.» Ovid, *Tristia* II, I, 40. *Anm. d. Übers.*

[3] Suave, mari magno...: «Süß ist's, anderer Not bei tobendem Kampfe der Winde / Auf hochwogigem Meer vom fernen Ufer zu schauen...» Lukrez, De rerum natura. Zweites Buch, Vers I ff. (In der Übersetzung von Karl Ludwig von Knebel) *Anm. d. Übers.*

[4] Macbeth, V, V. *Anm. d. Übers.*

[5] Turenne, berühmtester Marschall Frankreichs im 17. Jahrhundert. *Anm. d. Übers.*

Auge um Auge

Unsere Henker haben uns ziemlich schlechte Sitten beigebracht», schrieb Gracchus Babeuf[1] bedauernd. Auch wir haben erlebt, wie unter der Naziunterdrückung in unseren Herzen giftige Gefühle gegen die verräterischen Komplizen entstanden, die wir nie zuvor gespürt hatten. Vor dem Krieg hatten wir keinem einzigen unseresgleichen Böses gewünscht, Rache und Sühne, diese Begriffe hatten für uns keinen Sinn. Unsere politischen oder ideologischen Gegner verachteten wir eher, als daß wir sie haßten. Und jene Individuen, die die Gesellschaft für schädlich hielt, die Mörder und Diebe, erschienen uns nicht als Feinde; ihre Verbrechen waren für uns lediglich Unfälle, durch ein Gesellschaftssystem hervorgerufen, das nicht jedem seine Chance gibt; sie stellten nicht einen einzigen Wert in Frage, dem wir verbunden waren. Wir wären nicht bereit gewesen, wegen eines Diebstahls Anklage zu erheben, denn wir meinten, über kein Eigentumsrecht zu verfügen; ein Mord konnte uns Abscheu einflößen, aber nicht Ressentiment; wir hätten nicht gewagt, von Menschen, die durch ihre Geburt und ihr Elend aus der menschlichen Gemeinschaft ausgeschlossen worden waren, Respekt vor unserem Leben zu verlangen; unserer eigenen Privilegien bewußt, versagten wir uns, über sie zu urteilen. Und außerdem wollten wir uns nicht mit Gerichten solidarisieren, die darauf bestanden, eine Ordnung, die wir mißbilligten, zu verteidigen.

Seit dem Juni 1940 haben wir die Wut und den Haß kennengelernt. Wir haben uns die Demütigung und den Tod unserer Feinde gewünscht. Und heute, jedesmal wenn ein Gericht einen Kriegsverbrecher, einen Denunzianten, einen Kollaborateur verurteilt, fühlen wir uns für das gefällte Urteil verantwortlich. Weil wir diesen Sieg ersehnt haben, weil wir diese Sanktionen gefordert haben, wird in unserem Namen verurteilt und bestraft; wir sind diese öffentliche Meinung, deren Ausdruck sich in Zeitungen, auf Plakaten und Veranstaltungen wiederfindet und die spezialisierte Institutionen zufriedenzustellen haben; wir empfanden Genugtuung über Mussolinis Tod, über das Aufhängen der Henker von Charkow, über Darnands[2] Tränen: genau dadurch haben wir an ihrer Verurteilung mitgewirkt. Ihre Verbrechen hatten uns in unserem Innersten getroffen; in ihrer Bestrafung drücken sich unsere eigenen Werte, der Sinn unseres Lebens aus.

Es versteht sich von selbst, daß sich unsere Haltung gegenüber den Kriminellen des sogenannten «gemeinen Rechts» nicht verändert hat; in unseren Augen gelten für sie noch die gleichen Entschuldigungen, weil auf dieser Ebene die Gesellschaftsordnung nicht gerechter geworden ist. Aber insofern diese Gesellschaft Ablehnung von Tyrannei bedeutet und die Würde der Menschen wiederherstellen will, ist sie die unsrige; wir fühlen uns mit ihr solidarisch und tragen ihre Entscheidungen mit.

Sich plötzlich als Richter oder gar Henker entdecken ist keine Kleinigkeit. Während der Besatzungsjahre forderten wir diese Rolle mit Begeisterung: damals fiel Haß leicht. Wenn wir die Artikel aus *Je suis partout*[3] lasen, wenn wir Ferdonnets oder Herold Paquis' Stimme im Radio hörten, wenn wir an die Mörder von Oradour, an die Folterer von Buchenwald, an die Naziführer und an das deutsche Volk, ihren Komplizen, dachten, sagten wir uns voller Wut: «Sie werden zahlen.» Und unsere Wut schien uns die Verheißung einer so großen Freude zu sein, daß wir meinten, sie kaum ertragen zu können. Sie haben bezahlt, sie werden zahlen, sie zahlen täglich. Und Freude in unseren Herzen hat sich nicht eingestellt.

Sicher rührt unsere Enttäuschung zu einem Teil von den Umständen her: die Säuberung war nicht eindeutig; viele große Kriegsverbrecher sind in einer so jähen Katastrophe untergegangen, daß sie kaum noch etwas mit Sühne zu tun hatte; andere bleiben ungreifbar; die Haltung des deutschen Volkes verwirrt unseren Haß. Doch all das kann nicht erklären, weshalb eine so erbittert ersehnte Revanche jenen sumpfigen Geschmack in unserem Mund hinterließ: es ist die Idee der Strafe selbst, um die es geht. Jetzt, wo wir in ihrer ganzen konkreten Wahrheit die Gefühle, die Haltungen erfahren, die die Worte Rache, Justiz, Vergebung und Milde bezeichnen, haben sie für uns einen neuen Sinn erhalten, der uns verwundert und beunruhigt. Sanktionen erscheinen uns nicht mehr wie eine einfache Polizeimaßnahme, die noch einen Schimmer vergangener Mystik in sich trüge. Wir haben mehr oder weniger alle das Bedürfnis gespürt, zu strafen, uns zu rächen, und wir möchten besser verstehen, was das für einen Menschen heute bedeutet: Ist dieses Bedürfnis gerechtfertigt? Ist es möglich, es zu befriedigen? Wenn wir versuchen wollen, darauf zu antworten, müssen wir unsere Umgebung fragen und uns selbst prüfen.

Zuerst zeigt sich eindeutig, daß das Verhältnis der beiden anwesenden Parteien in dem Moment des Strafens kein Kampfverhältnis ist. Während des Kampfes wird der Feind als etwas rein Äußerliches erfaßt, er ist lediglich ein Hindernis, das man bezwingen muß, ein menschliches Material; seine Liquidierung wird nicht als Selbstzweck gewünscht, sondern als notwendiges Mittel für den Sieg. Was man «Repressalien» nennt, ist auch eine Kriegshandlung; Mord und Vernichtung sind zwar in diesem Fall nicht unmittelbar wirksam: erschossen werden Geiseln, die sowieso keine Chance mehr hatten; vernichtet werden Bevölkerungen, deren Tod den Ausgang des Krieges nicht näher rückt; doch haben solche Maßnahmen einen indirekten Nutzen, sie schüchtern den Feind ein; die Behandlung, die den Opfern zugefügt wird, gilt nicht ihnen selber: sie ist Druckmittel. In allen Fällen, in denen Exekutionen exemplarischen Charakter haben oder Ergebnis ohnehin feststehender Beschlüsse sind, wird man nicht von Strafe sprechen. Was die Strafe kennzeichnet, ist, daß sie ausdrücklich jenes Individuum meint, das sie verbüßt. Man will diesen Menschen nicht an der Ausübung neuer Verbrechen hindern, denn wenn es möglich ist, ihn zu bestrafen, ist er dazu bereits nicht mehr in der Lage; es geht auch nicht darum, ein Exempel zu statuieren: die Annahme, man habe Mussolini erschossen, um spätere Diktatoren einzuschüchtern, wäre absurd. Es sind also nicht realistische Erwägungen, die die Rache rechtfertigen; im Gegenteil, der Pragmatismus empfiehlt oft einen Verzicht auf Rache: gegenüber Italien, sogar gegenüber Deutschland wäre es eine absurde Politik, lieber Rache üben zu wollen, als ein dauerhaftes europäisches Gleichgewicht wiederherzustellen; Rache scheint eine Luxusbeschäftigung zu sein. Sie entspricht jedoch einem so grundlegenden Gefühl, daß sie sich über praktische Interessen hinwegsetzen kann; hätte die Regierung beschlossen, bestimmte Männer anzustellen, die dem Land zwar hätten nützen können, aber durch die Kollaboration zu stark kompromittiert gewesen wären, hätte sie einen schwerwiegenden Skandal hervorgerufen. Denn der Mensch lebt nicht vom Brot allein; er sehnt sich nach geistiger Nahrung, die ihm nicht weniger wichtig ist als die physische; und dazu gehört der Durst nach Rache: er entspringt einem metaphysischen Verlangen des Menschen.

Die eigentliche Bedeutung des Dursts nach Rache kann allerdings nicht aus den festgelegten Formen abgelesen werden, in die die Gesellschaft ihn einzwängt; man muß ihn in seiner Spontaneität begreifen. In der revolutionären Periode, die wir am Morgen nach der Befreiung erlebt haben, wurden individuelle oder kollektive, jedenfalls nie kodifizierte Racheakte toleriert: es hat die «geschorenen Frauen» gegeben, das Lynchen von Heckenschützen, die Exekution von Milizangehörigen, das Umbringen von SS-Wächtern durch befreite Häftlinge. In allen diesen Fällen hatte die Strafe kein anderes Ziel als sich selbst; durch den Tod, durch den Schmerz sollten Individuen getroffen werden, die man bestimmter Taten für schuldig oder mitschuldig hielt; ihre Behandlung wurde allein mit dem Haß begründet, den sie hervorgerufen hatten, und das schien auszureichen. Haß ist keine kapriziöse Leidenschaft; er verweist auf eine skandalöse Realität und verlangt gebieterisch nach ihrer Tilgung. Weder Hagel noch Pest werden gehaßt; gehaßt werden immer nur Menschen, und zwar nicht als materielle Ursachen eines materiellen Schadens, sondern als bewußte Urheber eines realen Übels. Man haßt deshalb keinen Soldaten, der im Kampf tötet, weil er Befehlen gehorcht und weil es zwischen seinem Gegner und ihm eine wechselseitige Situation gibt; weder Tod noch Schmerz, noch Gefangenschaft sind an sich Skandale, die man haßt. Skandal gibt es erst in dem Moment, wo ein Mensch seinesgleichen als Objekt behandelt, wo er ihm durch Folter, Demütigung, Versklavung, Ermordung seine menschliche Existenz abstreitet. Der Haß, das ist der Zugriff auf die Freiheit des anderen, insofern er das absolute Böse – und das ist die Degradierung des Menschen zum Ding – verwirklichen will. Und er ruft sofort nach Rache, die den Ursprung des Bösen zu vernichten sucht, indem sie die Freiheit des Schuldigen trifft.

«Dafür wird er zahlen»; das Wort ist bezeichnend: zahlen heißt ein Äquivalent für das liefern, was man genommen oder bekommen hat. Noch genauer äußert sich der Wunsch nach Äquivalenz in dem bekannten Vergeltungsgesetz: «Auge um Auge, Zahn um Zahn». Sicher haftet jenem Gesetz noch heute ein magischer Beigeschmack an, es soll irgendeinen finsteren Gott der Symmetrie befriedigen; vor allem aber entspricht es einem tiefen menschlichen Verlangen. Ich hörte einen Untergrundkämpfer davon sprechen, wie er einem Milizionär, der eine Frau gefoltert hatte, mit gleicher Münze heimgezahlt hatte: «Er hat begriffen», schloß er einfach. Dieser oft so elliptisch und gewalttätig verwendete Satz zeigt uns die tiefe Intention der Rache. Hier handelt es sich nicht um ein abstraktes Erklären, sondern genau um das, was Heidegger «Verstehen» nennt: ein Vorgehen, mit dem unser gesamtes Sein eine Situation realisiert; man versteht ein Instrument, indem man es benutzt, man versteht eine Folter, indem man sie erleidet. Doch selbst wenn der Henker nun seinerseits spürte, was das Opfer gespürt hat, könnte es dennoch kein Mittel gegen das Böse sein, das er schuf; über den wiedererweckten Schmerz hinaus muß auch die Totalität einer Situation wiederhergestellt werden: der Folterer, der sich einbildete, souveränes Bewußtsein und reine Freiheit gegenüber einem jämmerlichen gefolterten Ding zu sein, ist jetzt selbst gefoltertes Ding und erfährt die tragische Zwiespältigkeit der menschlichen Existenz; was er verstehen muß, ist, daß das Opfer, dessen Verkommenheit er teilt, auch die Privilegien mit ihm teilte, die er sich allein anmaßen zu können glaubte; und das versteht er nicht über das Denken, in spekulativer Weise: er realisiert konkret die Umkehrung der Situation; real und konkret stellt er jenes Wechselverhältnis zwischen menschlichen Bewußtseinen wieder her, deren Leugnung die fundamentalste aller Ungerechtigkeiten ist. Jeder Mensch ist für den anderen Objekt und für sich Subjekt, und er verlangt verbissen, als solches anerkannt zu werden: man weiß, wieviel Zank und Streit in einer Menschenmenge wegen eines Rippenstoßes oder eines Fußtritts entstehen können: das Individuum, das man aus Unachtsamkeit gestoßen hat, ist nicht nur ein Körper, und das beweist es, indem es den andern mit der Stimme, dem Blick herausfordert und ihn schlägt. Diesen Respekt, den jeder für sich fordert, fordert er auch für seine Nächsten und letztlich für alle Menschen: die Bejahung der Wechselseitigkeit zwischenmenschlicher Beziehungen ist die metaphysische Grundlage der Idee der Gerechtigkeit; die Wechselseitigkeit ist es, die gegen die Tyrannei einer angemaßten souveränen Freiheit durch die Rache wiederhergestellt werden soll.

Allerdings stößt dieses Vorhaben auf eine wesentliche Schwierigkeit: es handelt sich um nicht weniger als um *Nötigung einer Freiheit*: diese Begriffe widersprechen sich. Dennoch ist eine wirkliche Rache nur um diesen Preis möglich. Wenn der Henker ohne Druck von außen beschlösse, sein Vergehen zu sühnen, und selbst wenn er sich in Reue-Eifer Vergeltung auferlegte, würde er vielleicht die Rache entwaffnen, stillen würde er sie aber nicht: denn er bliebe Herr seiner Reue, seines Schicksals, reine Freiheit, und auch im Schmerz noch, den er sich selber willentlich zufügen könnte, würde er sein Opfer verhöhnen; er muß sich als Opfer erfahren, er muß Gewalt erleben. Aber Gewalt allein genügt nicht; sie hat nur die Aufgabe, den Schuldigen seine wahre Lage erkennen zu lassen; doch kann sie sich auf Grund des Wesens der Freiheit ihres Erfolgs keineswegs sicher sein: sie kann immer nur Versuchung, nie absolute Nötigung sein. Was man sich wünscht, ist eine Verhexung der feindlichen Freiheit, wie sie jemand versucht, der zur Liebe verführen will: dieses fremde Bewußtsein soll in den Inhalten seiner Handlungen frei bleiben, es soll frei seine vergangenen Fehler erkennen, sie bereuen und verzweifeln; aber eine äußere Notwendigkeit muß es zu dieser spontanen Bewegung zwingen. Es muß von außen dazu gebracht werden, selbst Gefühle zu entwickeln, die man ihm nicht ohne seine Zustimmung aufzwingen kann. Und wegen dieses widersprüchlichen Charakters können Racheabsichten nie befriedigt werden. Sind die zugefügten Schmerzen exzessiv, dann versinkt das Bewußtsein des Verbrechers darin; ganz mit seinem Leiden beschäftigt, ist er nur noch zuckendes Fleisch, und die Folter verfehlt ihr Ziel. Erspart man ihm jedoch den physischen Schmerz, wird das Bewußtsein wieder verfügbar und autonom; sogar in der Gefangenschaft, im Exil kann man ein gewisses Glück wiederfinden; man kann beides mit Ironie, mit Auflehnung, mit Grandezza oder mit einer reuelosen Resigniertheit ertragen; auch dann ist die Strafe gescheitert. Darum haben durch die gesamte Geschichte hindurch Menschen, die wirklich Rache wollten, ihre ganze Phantasie aufgeboten, um ihre Feinde zu bestrafen: ich weiß nicht mehr, welcher italienische Tyrann das «Große Fasten» erfunden hat, das vierzig Tage langsamer Folter umfaßte, die mit dem allmählichen vollständigen Nahrungs- und Flüssigkeitsentzug aufhörten; das Abwechseln von schrecklichen Schmerzen mit langen, hoffnungslosen Pausen ist eins der besten Mittel, ein Bewußtsein zu bezwingen. Nun hörte aber das «Große Fasten» mit dem Tod auf; und für den Rächer ist der Tod des Verbrechers eine Enttäuschung; durch seinen Tod schlüpft er aus dieser Welt, entzieht er sich der Strafe; man kann seine Leiche schlagen, sie bespucken, an den Füßen aufhängen und damit beweisen, daß dieser stolze Tyrann auch nur ein Ding aus Fleisch und Blut war. Doch hätte man sich gewünscht, daß diese Wahrheit dem Tyrannen selber aufgegangen wäre. Hitlers Tod hat uns frustriert, man wünschte, er lebte, damit er sich seines Scheiterns bewußt würde, damit er «verstünde». Die ideale Rache ist jene, die Ludwig XI. an La Balue, die Judex an dem bösen Bankier vollzog, den er lebenslänglich in einer Zelle einsperrte: hier ist das Bewußtsein vorhanden und in der Situation gefangen, die man ihm aufzwingt, man läßt es in der Verzweiflung erstarren; eins bleibt allerdings noch unsicher, ob es sich nicht letztlich in den Wahn flüchten wird. Jedenfalls kann man heute höchstens noch in Trivialromanen die Voraussetzungen finden, die die Verwirklichung einer solchen perfekten Rache ermöglichen; mangels einer unbegrenzten Verfügungsgewalt über den gehaßten Feind muß man sich dazu entschließen, ihn zu töten; denn der Rächer muß auch noch die zeitliche Dimension berücksichtigen, die seinen Zugriff auf das andere Bewußtsein begrenzt. Der Moment, wo Mussolini vor dem Exekutionskommando: «Nein, nein» schreit, befriedigt den Haß sehr viel stärker als der Moment, in dem er unter den Kugeln zusammenbricht; aber wie will man ihn verlängern? Ein lebender Mussolini würde diesen Moment außer Kraft setzen. Die Rache mag für Augenblicke ihrem Ziel nahekommen, wenn Paul Chack[4], wenn Darnand weinend sagen: «Ich hatte nicht verstanden!», Rache kann aber kein Bewußtsein ein Leben lang in Unterwerfung halten; also beschließt sie, es zu beseitigen, in der Hoffnung, daß das Entsetzen der letzten Augenblicke durch den Tod verewigt werden wird – aber das ist eine Notlösung; denn die konkrete Wiederherstellung des Wechselverhältnisses zwischen Henker und Opfer würde die lebendige Anwesenheit des nun zum Opfer gewordenen Henkers erfordern.

Und wird dieses Verhältnis selbst in dem Augenblick, in dem das Bewußtsein des Henkers dem physischen oder moralischen Leiden nachgibt, jemals wirklich wiederhergestellt? Es ist ein Ausnahmefall, wenn sich das Opfer selbst rächt: als die Konzentrationslagerinsassen in der Stunde der Befreiung ihre SS-Wächter umbrachten, war diese Rache für sie die konkreteste, die einleuchtendste Sache der Welt; hier war die Situation von Opfer und Henker tatsächlich ins Gegenteil verkehrt worden. Wenn aber andere gerächt werden, wenn Tote gerächt werden, wenn die eine Partei sich weigert, den Sinn der Strafe zu verstehen, während die andere gar nicht anwesend ist, woher wird sie dann ihre Bedeutung gewinnen? Ein Außenstehender kann nur insofern eingreifen, als er an der universellen menschlichen Wesenheit teilhat, die beim Opfer verletzt worden ist; er stellt also die Strafe auf die Ebene des Universellen: er macht sie zur Ausübung eines Rechts. Doch er ist nicht zur Verteidigung der universellen Menschenrechte befugt; dazu müßte er sich als souveränes Bewußtsein aufspielen: er wäre dann selber Tyrann. Genau darum hat die private Rache immer etwas Beunruhigendes. Je konkreter der Haß, der sie begründet, um so reiner ist sie: ich glaube nicht, daß jemand über die Haltung der Deportierten, die ihre Peiniger umbrachten, empört gewesen ist. Die Rache wird aber suspekt, sobald der Rächer sich zum Richter aufschwingt. Sie ist eine zwischenmenschliche Beziehung, ebenso konkret wie der Kampf, die Liebe, die Folter, der Mord oder die Freundschaft; sie muß ihr wahres Wesen verantworten und nicht nach universellen Rechtfertigungen suchen. Daß der Ku-Klux-Klan, daß die «Vigilants» uns empören, liegt ebensosehr an ihrer Grausamkeit wie an ihrer unerschütterlichen Arroganz, mit der sie über Schuld und Sühne befinden. Und selbst da, wo die Rache am authentischsten ist – wie kann man sicher sein, daß der Rächer sich nicht durch den Machtwillen hinreißen läßt, der in jedem Menschen schlummert? Der Haß kann auch zum Vorwand werden; um den einen Skandal auszuräumen, provoziert man einfach einen neuen Skandal. Rache ruft nach Rache, das Böse erzeugt Böses, und Ungerechtigkeiten summieren sich, ohne sich gegenseitig aufzuheben.

Aus diesem Grunde läßt die Gesellschaft die private Rache nicht zu; sie duldet sie nur als Ausnahme und ohne sie jemals offiziell zu legitimieren; schon am Tag nach der Befreiung wurden individuelle Gewalttaten per Erlaß streng verboten. Die Gesellschaft beauftragt spezielle Organe mit der Aufgabe der Bestrafung; der Begriff der Rache wird durch den der Sanktion ersetzt, die, losgelöst von ihren emotionalen Grundlagen, zur Institution erhoben wird: man erklärt, es müsse ohne Haß gestraft werden, im Namen universeller Prinzipien. Wenn Rache unvermeidlich scheitern muß, wird dann die gesellschaftliche Justiz erfolgreicher sein?

Ihr geht es nicht mehr darum, eine unmögliche Wechselseitigkeit wiederherzustellen. Die physische Folter wird zwar als Polizeimaßnahme toleriert, hat aber unter den Sanktionen keinen Platz: Gefängnis, Verbannung, Degradierung, Entzug der bürgerlichen Ehrenrechte, Tod, sie alle tragen ein gemeinsames Kennzeichen: sie beabsichtigen, den Schuldigen aus der Gesellschaft auszuschließen. Die Richter wenden sich von einer Vergangenheit ab, auf die sie keinen Zugriff haben: in Wirklichkeit rächt man Tote ebensowenig, wie man sie auferstehen läßt; man hat die Zukunft im Sinn. Man will eine menschliche Gemeinschaft wiederherstellen, die ihrem eigenen Selbstverständnis entspricht, man will die Werte aufrechterhalten, die das Verbrechen geleugnet hatte, man lehnt in der Gegenwart für die Zukunft im Namen der gesamten Gesellschaft jenes Verbrechen ab, das man nicht mehr ungeschehen machen kann. Eine solche Ablehnung kann nicht bloß eine verbale Demonstration bleiben: es gab nichts Lächerlicheres als die machtlosen Proteste der Demokratien vor 1939 gegen allzu reale Verbrechen; die Ablehnung muß sich durch Taten beweisen. Die Gesellschaft stößt feierlich den Menschen aus ihrer Mitte, der für Vergehen, die sie verdammt, Verantwortung trägt, und wenn diese besonders schwerwiegend gewesen sind, können sie nur von einer einzigen Strafe aufgewogen werden: dem Tod. Er entspricht hier nicht dem Vergeltungsgesetz; denn das wird von der organisierten Justiz nicht anerkannt: im übrigen haben weder Brasillach[5] noch Pétain[6], noch Laval[7] direkt gemordet; aber der Tod ist das einzige, was die Vehemenz bestimmter Ablehnungen ausdrücken kann. Der gesamte Prozeßapparat ist dazu bestimmt, dem Urteilsspruch die größtmögliche Ausdruckskraft zu verleihen. Und natürlich muß dem Urteil die Vollstreckung folgen, sonst wäre es nur eine verbale Komödie; doch das Urteil zählt mehr als die Vollstreckung, der Wille, den Schuldigen zu töten, mehr als sein Tod selbst. Und zwar so sehr, daß es im Pétain-Prozeß ganz plausibel erschien, diesen Willen losgelöst von seinen konkreten Konsequenzen zu verkünden und Pétain zum Tode zu verurteilen, in der erklärten Absicht, sein Leben zu schonen.

Dieser extreme Fall zeigt, wie sehr die Idee der Sanktion von der Idee der Rache entfernt ist; in der Rache verschmelzen Mensch und Verbrecher zur konkreten Realität einer einzigen Freiheit; dadurch, daß das Hohe Gericht bei Pétain zwischen dem Verräter und dem Greis unterschied, den einen verurteilte und den anderen begnadigte, hat es lediglich eine Tendenz der gesellschaftlichen Justiz konsequent bewiesen: sie betrachtet den Schuldigen nicht in der Totalität seines Seins, sie führt keinen metaphysischen Kampf mit einem freien Bewußtsein, das in einem Körper aus Fleisch und Blut gefangen ist, sie verurteilt ihn als Substrat und Widerspiegelung bestimmter Vergehen. Die Strafe nimmt damit die Form einer symbolischen Demonstration an, und der Verurteilte erscheint fast als ein Sühneopfer; denn schließlich ist es ein Mensch, der in seinem Bewußtsein und in seinem Körper eine Strafe zu spüren bekommen wird, die der abstrakten, gesellschaftlichen Realität, dem Schuldigen zugedacht wird. Diese Aufspaltung ist um so beeindruckender, je mehr zeitliche Distanz den Angeklagten von seinen Verbrechen trennt: er erscheint uns als ein anderer als der Täter. Was den Haß während der Besatzung so einfach, so eindeutig machte, war, daß er auf unmittelbar dem Bösen verfallene Freiheiten zielte; im Augenblick seines Triumphes kann man einen ungerechten Sieger freudig bestrafen: in dieser Hinsicht war der Anschlag auf Henriot[8] so befriedigend wie möglich – die Strafe erscheint um so legitimer, je stärker der Schuldige in sein kriminelles Universum verstrickt ist. Aber die offiziellen Prozesse bedeuten oft dermaßen lange Fristen, daß der Angeklagte schon in seinem Aussehen manchmal nicht mehr wiederzuerkennen ist: wir waren nicht darauf gefaßt, bei Laval jenes Gesicht eines alten, müden Mannes zu sehen. Ein Freund, der weder der Nachsicht gegenüber dem Vichy-Regime noch müßiger Gefühlsduselei bezichtigt werden kann, erzählte mir, daß er irgendwie ergriffen war, als er während des Pétain-Prozesses hörte, wie Laval die Journalisten mit einer eigenartigen Stimme fragte: «Darf ich mich hinsetzen? Kann ich ein Glas Wasser bekommen?» Der besiegte Gegner war nur noch ein jämmerlicher, armseliger Mensch: es wurde schwierig, seinen Tod zu wünschen. Die Zeit ist übrigens nicht der einzige Faktor, der das Aussehen des Angeklagten trübt; auch die neue Situation läßt ihn in einem neuen Licht erscheinen. Eine radikale Befriedigung des Hasses ist auch hier nicht möglich: er möchte den Verbrecher mitten in seinem verbrecherischen Handeln treffen; hätte man allerdings

Henriot bei einer seiner Reden umgebracht, ohne daß er es gemerkt hätte, wäre der Anschlag verfehlt gewesen, weil er sich der Strafe nicht bewußt geworden wäre; in seinem Zimmer, als er seinen Mördern ins Auge sah, die er kaltblütig empfing, war er schon weniger hassenswert. Der Pomp großer Prozesse, ihr Charakter einer tragischen Darbietung, ihre feierlichen Rituale unterstreichen die Umkehrung der Situation auf peinliche Weise. Ich weiß, wie betroffen ich gewesen bin, als ich den großen Saal betrat, wo der Brasillach-Prozeß stattfand. Anwesend waren Menschen, die die Neugier zusammengeführt hatte, Journalisten, die aus Berufsinteressen hergeschickt worden waren, Richter, die ihren Richterberuf ausübten und sich vergeblich um wahre Größe bemühten — alles Menschen, die wie ich selber damit beschäftigt waren, einen alltäglichen, mittelmäßigen Moment ihres Lebens zu erleben; da waren die Geschworenen mit den undurchdringlichen Mienen, die die reinste Verkörperung einer abstrakten Justiz zu sein schienen. Und auf der Anklagebank, allein, von allen getrennt, saß ein Mensch, dem die Gegebenheiten das Äußerste abverlangten: dieser Mensch wurde mit seinem Tod und dadurch mit seinem ganzen Leben konfrontiert, das er angesichts des Todes verantworten mußte; wie immer dieses Leben gewesen war und welches die Gründe für seinen Tod waren, die Würde, die er in dieser extremen Situation bewies, verdiente unseren Respekt, und das gerade in dem Moment, in dem wir am meisten gewünscht hätten, ihn zu verachten. Wir wünschten dem Redakteur von *Je suis partout* den Tod, nicht diesem Menschen, der bemüht war, tapfer zu sterben. Wenn sich dagegen der Angeklagte wie ein Feigling verhält wie Paul Chack, oder wenn er sich selbst verleugnet wie Darnand, erzeugen ihre Tränen einen Ekel, der den Rachedurst ebenfalls löscht. Zur Zeit ihrer Arroganz hätten wir uns gefreut, wenn man uns diesen Zusammenbruch vorhergesagt hätte. Wir glaubten damals an diese Arroganz und stellten uns insgeheim gerne vor, sie sei brüchig; und jetzt, wo sich uns ihre Brüchigkeit enthüllt hat, erscheint sie uns als nichts anderes als eine elende Maske, hinter der Schwächlinge ihre Fehler verbargen: das Eingeständnis dieser Schwäche nimmt uns die Lust, darüber zu triumphieren. Auch hier wünschen wir uns diffus das Unmögliche: Stärke, die sich als Schwäche erkennt, ohne sich als Stärke aufzuheben. Manchmal kommt die ersehnte Synthese annähernd zustande: wenn das Entsetzliche der bestraften Verbrechen so groß ist, daß es den Moment selbst des Prozesses überwältigt. So verhielt es sich in Charkow, in Lüneburg; die Anwesenheit der Familien der Opfer, die erschütternden Berichte der Zeugen, die Vorführung furchtbarer Filme machten die Vergangenheit so gegenwärtig, so real, daß ihr auch die Folterer nicht entfliehen konnten; mit ihren Nervenzusammenbrüchen, ihren Selbstmordversuchen gaben sie zu, sich in diesen verabscheuungswürdigen Figuren wiederzuerkennen, an die die Opfer erinnerten. Solche Fälle sind allerdings selten. Gewöhnlich – ob er nun unsere Achtung oder unsere Verachtung verdient – wird nicht derjenige verurteilt, den wir hassen.

Daher soll ohne Haß bestraft werden, sagt man uns. Ich glaube aber, daß gerade hierin der Irrtum der offiziellen Justiz liegt. Der Tod ist ein reales und konkretes Ereignis, nicht die Durchführung eines Rituals. Je feierlicher ein Prozeß, desto skandalöser erscheint es, daß er mit einem wirklichen Blutvergießen enden könnte. Auch das ist mir beim Brasillach-Prozeß aufgefallen: die Anwälte, die Richter und sogar das Publikum spielten eine Rolle; die Verhöre, die Plaidoyers fanden mit dem Prunk einer dramatischen Komödie statt; nur der Angeklagte gehörte zu jener Welt aus Fleisch und Blut, wo Kugeln töten. Zwischen diesen beiden Welten schien keine Verbindung vorstellbar. Mit dem Verzicht auf Rache verzichtet die Gesellschaft auch auf eine konkrete Verbindung von Schuld und Sühne: die Sühne erscheint nur noch als ein willkürlich auferlegter Tribut und ist für den Angeklagten nur noch ein schrecklicher Unfall. Es trifft zwar zu, daß Rache fast unvermeidlich zu Tyrannei entartet; aber in ihrem Streben nach Reinheit verfehlt die legale Sanktion das konkrete Ziel, das sie sich setzen sollte; sie ist nur leere Form, während allein die Fülle ihres Inhalts sie rechtfertigen könnte.

Jede Sühne scheint also zum Scheitern verurteilt zu sein. Ist dann womöglich das Prinzip selbst falsch? Ist die Justiz, die wir fordern, nicht eine Illusion? Und sollten wir nicht unsere Rachegelüste zum Schweigen bringen und der Barmherzigkeit die Tore öffnen? Hören wir also aufmerksam auf ihre Stimme.

Rache fußt auf Haß, der sich an eine Freiheit richtet, die Böses schafft. Ist aber der Mensch im Bösen überhaupt frei? Sind die Übel, die er auf Erden verursacht, nicht mit Hagel oder Pest vergleichbar? Die Frage wäre bedeutungslos, wenn man nur den objektiven Aspekt seiner Handlungen betrachtete, wie man es beim Kampf tut; sie wird aber hier wesentlich, weil wir sie in ihrer Subjektivität auffassen. Gehen wir nun aber vom Standpunkt der Interiorität aus, verschwindet dann nicht gerade das Skandalöse an den Handlungen? Es gibt ein Trugbild der Exteriorität. Von außen gesehen scheinen die Bösen böse und die Guten absolut gut zu sein wie in Bilderbüchern; in Wirklichkeit jedoch *ist* der Mensch in seinem Innern niemals etwas; durch eine tiefe Unbeständigkeit entgeht er jeder Definition; in allen Menschen ist so viel Elend, sie sind so total vom Nichts angenagt, daß wir oft merken, wenn wir uns einem Gegner nähern, der uns von weitem hart und kompakt wie ein Stein erschien, daß eigentlich *niemand* vor uns steht, den wir hassen könnten; die skandalösen Handlungen hat niemand tatsächlich gewollt, sie waren nicht beabsichtigt, sie waren Ergebnis einer Laune, eines Versehens, eines Zufalls, eines Irrtums. Und selbst wenn sie gewollt worden sind, sind sie es nicht als Verwirklichung eines Übels gewesen. «Keiner ist willentlich böse», hat Sokrates gesagt; wer diese Handlungen begangen hat, suchte ein bestimmtes Wohl, zumindest sein eigenes; vielleicht war er egoistisch, borniert, leichtfertig; wenn wir aber ehrlich in uns gehen, wer von uns würde dann die Behauptung wagen: Ich bin besser als dieser Mensch da? Viel Hochmut und wenig Phantasie sind dazu nötig, wenn man über einen anderen urteilen will. Wer kann die Versuchungen ermessen, denen jener Mensch vielleicht ausgesetzt gewesen ist? Wie kann man die Umstände richtig einschätzen, die das wahre Gesicht einer Handlung ausmachen? Erziehung, Komplexe, Mißerfolge, die gesamte Vergangenheit eines Menschen, die Totalität seines Verstricktseins in der Welt müßten berücksichtigt werden: dann ließe sich sein Verhalten ganz sicher erklären; man kann selbst Hitler erklären, wenn man ihn gut genug gekannt hat. Doch erklären heißt verstehen, heißt bereits: hinnehmen. Als Ergebnis einer bestimmten Situation, eines bestimmten Temperaments verlieren Verbrechen jene Arroganz, die sie hassenswert machte. Der objektive Charakter, den sie zunächst in unseren Augen hatten, verflüchtigt sich; in dieser Weise haben sie für ihren Urheber nicht existiert; und dieser ist bestimmt aufrichtig, wenn er sie nicht wiedererkennen will und sagt: «Das hatte ich nicht gewollt; ich hatte nicht verstanden.» Im Lüneburg-Prozeß haben sich einige Henker von Bergen-Belsen umbringen wollen, nachdem ihnen eine Rekonstruktion ihrer Verbrechen vorgeführt worden war; zweifellos waren sie von dem Abscheu des Publikums, das aus ihren eigenen Landsleuten bestand, erschüttert und empfanden mit Entsetzen eine unerträgliche Einsamkeit; ich nehme aber auch an, daß dieser Abscheu ihre Verbrechen selbst in ein neues Licht stellte, das ihnen einen grauenhaften, unbekannten Aspekt enthüllte: sie hatten sie immer nur vom eigenen Standpunkt, nicht von dem der Opfer oder der Gesellschaft aus gesehen. Vergessen wir nicht, Haß und Rache beziehen sich gerade auf die Vorsätzlichkeit einer Handlung, und selbst die Sanktion lehnt diese Handlung deshalb so vehement ab, weil sie frei gewollt worden ist. Auch wenn wir annehmen, daß ein Mensch für ein Vergehen verantwortlich ist, so zeigt ihn dieses doch nicht ganz; dieser Verräter war auch ein guter Ehemann, ein guter Vater, ein treuer Freund, er hat sich für andere eingesetzt: Kann man einen ganzen Menschen wegen eines einzigen Augenblicks seines Lebens verurteilen? Das wäre um so grausamer, als die ihm vorgeworfene Schwäche bereits Vergangenheit ist; sie existiert nicht mehr als Ausdruck einer Freiheit, sondern als etwas Erstarrtes, das der Schuldige wider Willen mit sich schleppt. Wenn er aber ein anderer ist als der, der das Verbrechen begangen hat, können wir ihn dann noch hassen? Und wozu ihn dann bestrafen? Der Christ trägt dieses Plädoyer der Barmherzigkeit eindringlicher vor

als sonst jemand, denn er sieht in der Erbsünde eine Entschuldigung für alle Sünden und im Herzen aller Menschen die gleiche Fäulnis: allein die Gnade ermögliche es
uns, sie zu überwinden; doch könne kein irdischer Richter erkennen, welche Hilfe Gott einem seiner Kinder
habe zukommen lassen; nur Gott könne die Versuchungen, das Vergehen ermessen; und außerdem versündige
man sich nur ihm gegenüber; denn er allein habe das
Recht, zu strafen. Was die Menschen betreffe, so seien
sie in der Sünde und im Elend alle Brüder, das Verbrechen brauche ihnen nicht als ein irdischer Skandal zu erscheinen, denn die ganze Erde sei ein Skandal in den Augen Gottes, der dennoch beschlossen habe, sie durch die
Erlösung zu retten; die Menschen sollen einander verge-
ben, damit Gott ihnen vergibt.

Daß der Gesichtspunkt der Barmherzigkeit viel Wahres enthält, kann kein Mensch leugnen wollen, es sei
denn, er ist in blindem Haß befangen. Die Menschen
handeln sehr oft, ohne zu wissen, was sie tun, man kann
sogar sagen, daß sie es nie genau wissen; jene sechzehn-
jährigen Hitlerjungen, in denen sich das Nazitum mit
wilder Gewalt behauptete, die aber nie die Möglichkeit
gehabt hatten, es zu kritisieren, kann man schlecht hassen. Kinder, Unwissende, schlecht informierte Bevölkerungen werden umerzogen, nicht bestraft. Man bestraft auch keine Kranken, keine Irren, die nicht bei kla-
rem Bewußtsein waren. Und jeder weiß, daß auch ein
Erwachsener stets aus Situationen heraus handelt, die er
nicht gewählt hat, und daß zahlreiche physiologische,
gesellschaftliche Faktoren auf ihm lasten. Daher beurteilt man keine Handlung, ohne den Menschen zu beur-
teilen; das eine erhält nur durch das andere Sinn und Realität; die Handlung bricht aus einem Leben, aus einem

Universum hervor, durch die allein sie wahre Gestalt gewinnt; darum werden in Prozessen Leumundszeugen gehört, darum kann die Bedeutung einer Handlung im Lichte anderer, ihr jedoch fremder Handlungen abgeschwächt werden. Stellt sich ein Verbrechen als bloße Verirrung in einem Leben heraus, das grundlegend anders verlief, übt man Nachsicht: diese Verirrung scheint dem Schuldigen unterlaufen zu sein, er beabsichtigte sie nicht tatsächlich. Denn es trifft schließlich zu, daß eine Freiheit, obwohl immer an ihre Vergangenheit gebunden, nicht durch diese festgelegt werden kann: der Schuldige kann durch neues Handeln die Achtung von seinesgleichen zurückgewinnen, sich in den Augen der anderen rehabilitieren; und diese können sich dann trotz den begangenen Fehlern eines Menschen frei entschließen, für seine Zukunft zu optieren: das heißt, ihm zu vertrauen, ihm die Chance zur Wiedergutmachung zu geben.

Aber es gibt Fälle, die jede Wiedergutmachung unmöglich erscheinen lassen, weil das Böse, um das es geht, ein absolut Böses ist; und hier lehnen wir den Gesichtspunkt der Barmherzigkeit ab; wir meinen, es gibt ein solches Böses. Alle Delikte und sogar alle Verbrechen, mit denen sich Individuen gegen die Gesellschaft behaupten, können entschuldigt werden; wenn aber ein Mensch es darauf anlegt, den Menschen willentlich zum Ding zu degradieren, löst er in der ganzen Welt einen Skandal aus, der durch nichts aufgewogen werden kann; das ist die einzige Sünde gegen den Menschen, und wenn sie begangen wird, ist keine Nachsicht erlaubt, und der Mensch hat die Aufgabe, sie zu bestrafen. Dem Christen steht es frei, für die Barmherzigkeit zu optieren, da er an die Existenz eines allerhöchsten Richters glaubt; den

Menschen aber, die eine menschliche Moral und menschliche Werte behaupten, ist sie als prinzipielle Haltung gegenüber Menschen untersagt. Gewiß ist der Mensch jämmerlich, zersplittert, in das Gegebene verstrickt; er ist aber auch ein freies Wesen; er kann selbst den zudringlichsten Versuchungen widerstehen, und es ist unwahr, daß die Zeit ihn in sich selbst aufspaltet, denn es liegt bei jedem einzelnen, seine Einheit zu verwirklichen, indem er seine Vergangenheit in seinem Entwurf auf die Zukunft hin einbezieht. Soll das menschliche Leben einen Sinn haben, muß der Mensch als verantwortlich für das Böse wie für das Gute angesehen werden, wobei das Böse *per definitionem* das ist, was im Namen des Guten kompromißlos abgelehnt wird. Was mich betrifft, so habe ich aus diesen Gründen das Gnadengesuch zugunsten von Robert Brasillach nicht unterzeichnet. Ich habe, glaube ich, während seines Prozesses zumindest in groben Zügen verstanden, wie sich seine politische Haltung in die Gesamtheit seines Lebens einfügte; und ich weiß, daß ich beim Verlassen des Gerichtssaals seinen Tod nicht wünschte, denn im Verlauf dieser langen, schauerlichen Zeremonie hatte er nicht Haß, sondern Achtung verdient; außerdem konnte ich nicht ohne Beklommenheit daran denken, daß wegen einer prinzipiellen Behauptung wie «Die Verräter müssen bestraft werden» an einem grauen Morgen echtes Blut fließen würde. Dennoch habe ich nicht unterzeichnet. Zunächst deshalb, weil «verstehen» nicht entschuldigen heißt und weil man immer nur die Situation versteht, in der sich eine Freiheit entscheidet: die Entscheidung selbst hätte aber auch eine andere sein können; das Begreifen des Zusammenhangs eines Lebens, seiner Beziehungen zur Welt, seiner Entwicklungslogik ändert nichts daran, daß dieses Leben eine Wahl ist; ich sah ganz klar, wie sich der Angeklagte die Meinungen, Neigungen, die Sensibilität selbst geschaffen hatte, in deren Namen man ihn entschuldigen wollte, und daß sein Vergehen in Wirklichkeit deren Perversion zeigten. Auch hatte mich Brasillachs Haltung berührt, daß er sein Leben mutig angenommen hatte, aber genau dadurch hatte er sich zu seiner Vergangenheit bekannt; dadurch, daß er auf seiner Freiheit bestand, bestand er auch auf Bestrafung. Und diese Einheit, die er durch die Monate und Jahre hindurch herstellte, müßte jeder, so schien mir, genauso wollen wie er. Sich von der Wut und dem Willen von einst lossagen und der Emotion des Augenblicks den Vorzug geben hieße die menschliche Existenz in wertlose Fragmente zerschlagen, die Vergangenheit vernichten, die Toten in einen Abgrund von Abwesenheit vergraben, sämtliche Beziehungen zu ihnen abbrechen. Eigentlich ist es der heuchlerische Pomp der Prozesse, der eine Kluft zwischen Prinzipien und Realität schafft; wenn Ideen keine konkrete Existenz haben, wenn konkrete Fakten bedeutungslos sind, dann ist auch der Tod eines Menschen sinnlos, bedeutungslos; wenn aber die Werte, an die wir glauben, reales Gewicht haben, dann ist es nicht mehr schockierend, sie um den Preis eines Menschenlebens zu behaupten.

Allerdings bleibt noch eine Frage: Wer soll bestrafen? Im Gegensatz zu dem, was die Soziologen behaupten, haben wir gesehen, je institutionalisierter die Justiz ist, je mehr sie auf ihren repressiven Charakter verzichtet, um so mehr verliert sie an Bedeutung und an konkreter Wirkung auf die Welt. Die offiziellen Gerichte verschanzen sich hinter dieser Objektivität, die der schlechteste Anteil des Kantschen Erbes ist; sie wollen nur Ausdruck eines unpersönlichen Rechts sein und Urteile fällen, die nichts anderes sind als die Subsumierung des Einzelfalles unter ein Universalgesetz; der Angeklagte existiert aber in seiner Besonderheit, und seine konkrete Existenz läßt sich nicht so einfach zum abstrakten Symbol ummodeln. Jenes reale Ereignis, das der Tod und ganz allgemein die Strafe ist, rechtfertigt sich nur als einer der Momente eines tatsächlichen Gesamtkonflikts; die Strafe muß sich konkret auf das Verbrechen beziehen; und dieser Bezug verwirklicht sich allein über die Subjektivität. Allein die auf den Haß gegründete Rache verwirklicht eine tatsächliche Umkehrung der abgelehnten Situation, allein sie wirkt auf die Welt ein. Und doch kann man dem Prinzip einer sofortigen emotionalen Rechtsprechung von Individuen nicht zustimmen, denn die Freiheit des Rächers läuft Gefahr, sich in Tyrannei zu verwandeln. Ist es tatsächlich der Schuldige, den man bestraft? Ist es tatsächlich ein Verbrechen, das er begangen hat? Man kann sich leicht irren, und ein Irrtum kann irreparabel sein: im Befreiungstaumel ist mehr als ein Unschuldiger erschossen worden. Es muß zuerst ermittelt werden, das Urteil, das den Angeklagten trifft, darf nicht von einer Laune diktiert worden sein, sondern muß einen ernsthaften Willen ausdrükken; damit stehen wir vor einer Alternative, der wir praktisch nicht entkommen: die Volksrache drückt die Leidenschaften des Augenblicks aus, statt einen wohlüberlegten Willen zu bekunden, und die Berufsrichter gehorchen nur Geboten, sie haben keinen konkreten Willen.

Ob Richter oder Angeklagter, beide zeigen, daß jeder Versuch, das absolute Ereignis des Verbrechens aufwiegen zu wollen, nur die Zwiespältigkeit der Situation des Menschen widerspiegeln kann, der gleichzeitig Freiheit und Ding, Einheit und Zerstreuung ist, durch die Subjektivität isoliert und doch mit den anderen Menschen innerhalb der Welt koexistierend; deswegen enthält jede Strafe auch immer ein gewisses Scheitern. Doch ebenso wie Haß und Rache schließen auch Liebe und Handeln immer ein Scheitern ein, was uns dennoch nicht daran hindern darf, zu lieben und zu handeln; denn wir haben unsere Situation nicht nur zu erkennen, sondern sie inmitten ihrer Zwiespältigkeit auch zu wählen. Es ist jetzt ausreichend klargeworden, daß wir darauf verzichten müssen, die Rache als das einfache Zurückgewinnen einer vernünftigen und gerechten Ordnung anzusehen. Und dennoch müssen wir weiterhin die Bestrafung der authentischen Verbrecher wollen. Denn Strafen heißt den Menschen sowohl im Guten wie im Bösen als frei anerkennen, heißt Gut und Böse danach unterscheiden, welchen Gebrauch der Mensch von seiner Freiheit macht, heißt das Gute wollen.

---

[1] Gracchus Babeuf: nachthermidorianischer Sozialist, der 1797 gegen das Direktorium konspirierte und hingerichtet wurde. *Anm. d. Übers.*

[2] Joseph Darnand war Mitglied der rechtsradikalen Organisationen *Action française, Croix de feu, Parti Populaire français* und *Cagoule*. Er gründete die französische Miliz, die zur Bekämpfung der Résistance eingesetzt wurde, war Mitglied der *Légion des Volontaires Français*, die gemeinsam mit den Deutschen den «Bolschewismus» bekämpfte, und Offizier der Waffen-SS. Ende 1943 wurde er zum Generalsekretär zur Aufrechterhaltung der Ordnung und im Mai 1944 zum Staatssekretär im Innenministe-

rium der Vichy-Regierung ernannt. Er wurde zum Tode verurteilt und im Oktober 1945 hingerichtet. *Anm. d. Übers.*

[3] Profaschistische Zeitschrift unter der Chefredaktion von Robert Brasillach. *Anm. d. Übers.*

[4] Paul Chack, Schriftsteller der Kollaboration mit den Nazis. *Anm. d. Übers.*

[5] Robert Brasillach, Chefredakteur der profaschistischen Zeitschrift *Je suis partout*. Er wurde zum Tode verurteilt und im Februar 1945 hingerichtet. *Anm. d. Übers.*

[6] Marschall Philippe Pétain wurde nach dem deutschen Überfall auf Frankreich vom 10. Mai 1940 zum Präsidenten des Staatsrats gewählt, schloß am 22. Juni den Waffenstillstand mit Deutschland und verlegte den Sitz der französischen Regierung in die unbesetzte Zone nach Vichy. Auf Grund einer Verfassungsänderung wurde er zum Führer des mit dem Deutschen Reich kollaborierenden Vichy-Regimes. Er wurde zum Tode verurteilt. Das Todesurteil wurde in lebenslängliche Haft umgewandelt. *Anm. d. Übers.*

[7] Pierre Laval war von 1942–1944 Ministerpräsident des Vichy-Regimes. Er wurde zum Tode verurteilt und im Oktober 1945 hingerichtet. *Anm. d. Übers.*

[8] Philippe Henriot wurde 1944 von der deutschen Besatzungsmacht zum Informationsminister des Vichy-Regimes ernannt und kurz vor der Befreiung von Résistance-Kämpfern, die als Milizionäre verkleidet waren, in seinem Schlafzimmer erschossen. *Anm. d. Übers.*

Literatur und Metaphysik

Mit achtzehn Jahren las ich viel; ich las, wie man wohl nur in diesem Alter liest, mit Naivität und Leidenschaft. Einen Roman aufschlagen hieß regelrecht in eine Welt eintreten, eine konkrete, eine zeitliche, von einzigartigen Figuren und Ereignissen bevölkerte Welt; eine philosophische Abhandlung trug mich über die irdischen Erscheinungen hinaus in den Frieden eines zeitlosen Himmels. Ich entsinne mich noch heute an die schwindelerregende Verwunderung, die mich in dem einen wie in dem anderen Fall ergriff, wenn ich das Buch wieder zuschlug. Nachdem ich mit Spinoza oder Kant das Universum gedacht hatte, fragte ich mich: «Wie kann man nur so oberflächlich sein und Romane schreiben?» Aber wenn ich Julien Sorel oder Tess von d'Urberville[1] verließ, schien es mir müßig, daß man seine Zeit mit der Konstruktion von Systemen verschwendete. Wo lag die Wahrheit? Auf Erden oder in der Ewigkeit? Ich fühlte mich zerrissen.

Ich denke, daß alle Menschen, die sowohl für die Verführungen der Fiktion wie auch für die Strenge des philosophischen Denkens empfänglich sind, mehr oder weniger dasselbe Verwirrtsein erlebt haben; denn es gibt schließlich nur eine Realität; wir denken die Welt innerhalb der Welt. Wenn einige Schriftsteller sich entschieden haben, ausschließlich einen dieser beiden Aspekte unserer Situation zu berücksichtigen, und zwischen Philosophie und Literatur Barrieren errichten, so haben dagegen andere schon seit langem versucht, sie in ihrer Totalität darzustellen. Das heutige Bemühen, beides miteinander zu vereinbaren – womit man einer langen Tradition folgt –, entspricht einem tiefen Verlangen des Geistes. Weshalb erweckt es aber soviel Mißtrauen?

Man muß zugeben, die Begriffe «metaphysischer Roman» oder «Thesenstück» können etwas Beunruhigendes haben. Zwar bedeutet jedes Werk immer irgend etwas; auch dasjenige, das jeden Sinn strikt ablehnt, bedeutet zumindest diese Ablehnung; doch halten die Gegner der philosophischen Literatur dem mit Recht entgegen, daß die Bedeutung eines Romans oder eines Theaterstücks sich ebensowenig wie die eines Gedichts in abstrakte Begriffe übertragen lassen dürfe: denn wozu sollte man eine Fiktion um Ideen herum konstruieren, wenn man diese knapper und eindeutiger in einer direkten Sprache ausdrücken kann? Der Roman rechtfertigt sich nur als eine Art der Mitteilung, die auf nichts anderes reduzierbar ist. Der Philosoph, der Essayist bieten dem Leser eine intellektuelle Rekonstruktion ihrer Erfahrungen, während der Romancier diese Erfahrung als solche, noch vor jeder Aufklärung, auf einer imaginären Ebene wiederherstellen will. Der Sinn eines Gegenstands in der realen Welt ist kein vom reinen Verstand erfaßbarer Begriff: der Gegenstand enthüllt sich uns durch die umfassende Beziehung, die wir zu ihm haben und die Handeln, Emotion und Gefühl ist; vom Romancier wird erwartet, diese aus Fleisch und Blut bestehende Präsenz heraufzubeschwören, deren Komplexität, deren einzigartige und unendliche Reichhaltigkeit über jede subjektive Interpretation hinausgeht. Der Theoretiker will uns zwingen, Ideen zuzustimmen, die ihm das Ding, das Ereignis eingegeben haben. Vielen widerstrebt diese intellektuelle Folgsamkeit. Sie wollen ihre Meinungsfreiheit bewahren; dagegen gefällt es ihnen, wenn eine Fiktion die Undurchsichtigkeit, die Doppeldeutigkeit und die Unparteilichkeit des Lebens imitiert; der Leser wird von der Geschichte, die man ihm erzählt, verzaubert und reagiert, als wären es selbsterlebte Ereignisse. Er ist durch eine Regung seines ganzen Seins ergriffen, er stimmt zu, empört sich, ehe er Urteile formuliert, die er aus sich selbst schöpft, ohne daß sich jemand anmaßt, ihm diese zu diktieren. Das ist es, was den Wert eines guten Romans ausmacht. Er ermöglicht imaginäre Erfahrungen, die genauso vollständig, genauso beunruhigend sind wie die gelebten Erfahrungen. Der Leser prüft sich, zweifelt, ergreift Partei, und die zögernde Entwicklung seiner Gedanken ist ihm eine Bereicherung, die keine theoretische Lehre ersetzen könnte.

Ein wirklicher Roman läßt sich also nicht auf Formeln reduzieren und nicht einmal nacherzählen; seinen Sinn von ihm loslösen wollen, ist genauso unmöglich, als wolle man ein Lächeln von einem Gesicht loslösen. Obwohl er aus Wörtern besteht, existiert er in der gleichen Weise wie die Gegenstände der Welt, die alle mehr sind als das, was man über sie in Worte fassen kann. Natürlich ist dieser Gegenstand von einem Menschen erfunden worden, und dieser Mensch hatte eine Absicht; sein Vorhandensein muß allerdings gut verborgen bleiben, sonst könnte es den magischen Vorgang der Verzauberung durch den Roman nicht geben; ähnlich wie der

Traum in Stücke fällt, sobald der Schlafende die geringste Wahrnehmung hat, verflüchtigt sich auch das imaginäre Glaubenschenken, sobald man daran denkt, es mit der Realität zu konfrontieren: die Existenz des Romanciers setzen heißt die seiner Helden leugnen.

Ein erster Einwand gegen das, was oft als das Eindringen der Philosophie in den Roman bezeichnet wird, drängt sich auf: jede zu eindeutige Idee, jede These, jede Theorie, die sich mittels einer Fiktion darzulegen versuchte, würde sogleich ihre Wirkung zunichte machen, weil sie ihren Autor und dadurch sich selbst als Fiktion kenntlich machte. Dieses Argument ist allerdings kaum von Gewicht; alles ist hier Frage des Geschicks, des Takts, der Kunst. Täuscht der Autor seine Abwesenheit vor, dann mogelt er jedenfalls, lügt er: lügt er gut genug, wird er seine Theorien, seine Absichten verbergen; er bleibt unsichtbar, der Leser wird sich einfangen lassen, und das Spiel ist gewonnen.

Aber gerade dagegen sträuben sich viele Leser zu Recht. Sie akzeptieren zwar, daß Kunst Künstlichkeit, also teilweise Unaufrichtigkeit und Lüge einschließt, gleichzeitig aber, widerstrebt ihnen die Vorstellung, getäuscht zu werden. Wäre das Lesen eine reine Zerstreuung, könnte die Debatte technisch geführt werden; wünscht man aber, von einem Roman «gepackt» zu werden, so will man nicht einfach die Zeit totschlagen; man erhofft sich, wie wir gesehen haben, eine imaginäre Überschreitung der stets zu engen Grenzen der real gelebten Erfahrung. Und das erfordert, daß der Romanschreiber selber an jener Suche teilhat, zu der er seinen Leser einlädt: sind die Schlüsse, die er ziehen soll, vorhersehbar, übt er einen indiskreten Druck auf ihn aus, um ihm die Zustimmung zu seinen vorgefaßten Thesen abzunötigen; verschafft er ihm lediglich eine Illusion von Freiheit, dann ist der Roman eine grundlose Mystifizierung; Wert und Würde erhält der Roman nur dann, wenn er für den Autor wie für den Leser eine lebendige Entdeckung darstellt. Es ist dieses Verlangen, das romantisch und etwas irritierend ausgedrückt wird, wenn man sagt, der Roman müsse seinem Autor entgehen, der Autor dürfe nicht über seine Figuren verfügen, sondern diese müßten sich ihm aufzwingen. In Wirklichkeit weiß jeder allen sprachlichen Tricks zum Trotz, daß die Romanfiguren nicht durch das Zimmer des Schriftstellers spuken, um ihm ihren Willen zu diktieren; man will aber auch nicht, daß sie aus vorgefaßten Theorien, Formulierungen und Etiketten gestaltet werden; man will nicht, daß die Handlung einer einfachen Konstruktion ähnelt, die mechanisch abläuft. Ein Roman ist kein Fabrikerzeugnis, und es gilt schon als abwertend, zu sagen, er sei fabriziert worden; es ist zwar absurd, im wörtlichen Sinn zu behaupten, ein Romanheld sei frei, seine Reaktionen seien unberechenbar und geheimnisvoll; die Freiheit, die beispielsweise an den Figuren Dostojewskis bewundert wird, ist in Wirklichkeit die Freiheit des Schriftstellers selbst gegenüber seinen Entwürfen; und die Undurchsichtigkeit der Ereignisse, die er heraufbeschwört, ist Ausdruck des Widerstandes, auf den er selber während des kreativen Akts stößt. So wie eine wissenschaftliche Wahrheit ihre Gültigkeit aus der Gesamtheit der Experimente gewinnt, die sie begründen und deren Zusammenfassung sie ist, umschließt das Kunstwerk die einzigartige Erfahrung, deren Produkt es ist. Das wissenschaftliche Experiment konfrontiert das Faktum, das heißt die als verifiziert angenommene Hypothese, mit der neuen Idee. Analog dazu muß der Schriftsteller immer wieder seine

Absichten mit dem Entwurf ihrer Verwirklichung konfrontieren, die unmittelbar auf sie zurückwirkt; wünscht er, daß der Leser seinen Erfindungen Glauben schenkt, muß er zunächst selbst stark genug daran glauben, um in ihnen einen Sinn entdecken zu können, der auf die ursprüngliche Idee zurückstrahlt, der unerwartete Probleme, Verwicklungen und Entwicklungen suggerieren wird. So sieht er, wie im Verlauf der Geschichte Wahrheiten auftauchen, deren Gesicht er nicht im voraus kannte, wie Fragen entstehen, für die er keine Lösung hat; er überlegt, er ergreift Partei, er geht Risiken ein; und mit Verwunderung wird er am Schluß seines Schöpfungsakts das vollendete Werk betrachten, dessen abstrakte Übersetzung er selbst nicht geben kann, weil es sich in einer einzigen Bewegung gleichzeitig Sinn und Fleisch gegeben hat. In diesem Fall wird der Roman als authentisches geistiges Abenteuer wahrgenommen werden. Es ist die Authentizität, die ein wirklich großes Werk von einem nur geschickten unterscheidet, und auch das größte Talent, die perfekteste Fertigkeit könnten sie nicht ersetzen. Beschränkte sich der metaphysische Roman darauf, dieses lebendige Vorgehen von außen zu imitieren, bemogelte er den Leser, statt wirklich mit ihm zu kommunizieren, indem er ihn in eine Suche hineinzieht, die der Autor selbst unternommen hat, dann wäre er unbedingt zu verurteilen.

Natürlich befriedigt man die Ansprüche an einen Roman nicht, wenn man sich damit begnügt, ein im Voraus konstruiertes ideologisches Gerüst mit einer mehr oder weniger schillernden fiktiven Hülle zu verkleiden. Der philosophische Roman wird auf Ablehnung stoßen, wenn die Philosophie als durchkonstruiertes, sich selbst genügendes System definiert wird. In diesem Fall ist das geistige Abenteuer während der Errichtung dieses Systems gelebt worden. Ein Roman, der das illustrieren will, macht sich lediglich ohne Risiko und ohne jede wahre Phantasie die erstarrten Reichtümer zunutze, denn jene rigiden Theorien in die Fiktion einzuführen wird nur auf Kosten ihrer freien Entwicklung möglich sein; und man versteht nicht, inwiefern eine imaginäre Geschichte Ideen nutzen kann, die bereits ihren eigenen Ausdrucksmodus gefunden haben; sie würde sie im Gegenteil nur schmälern, abschwächen, denn die Idee ist wegen ihrer Komplexität und ihrer vielfältigen Anwendungsmöglichkeiten immer mehr als jedes der einzelnen Beispiele, in die man sie einschließen möchte.

Zunächst müßte man dann auch den psychologischen Roman ablehnen, dessen Wert heute jedoch niemand anzweifelt. Es gibt auch eine theoretische Psychologie, und wollte der psychologische Roman eine Illustration von Ribot, Bergson oder Freud sein, wäre er absolut nutzlos; man könnte behaupten, daß die Figuren durch ihre Unterwerfung unter Charaktere, die der Autor für sie ausgesucht hat, und durch die Respektierung psychologischer Gesetze, zu der der Autor gezwungen ist, jede Opazität und jede Freiheit verlören. Daß solche Einwände nicht erhoben werden, liegt daran, daß man genau weiß, daß die Psychologie kein spezielles, dem Leben fremdes Wissen ist; jede menschliche Erfahrung hat eine bestimmte psychologische Dimension; und während der Theoretiker die Bedeutungen abstrakt herausarbeitet und systematisiert, evoziert sie der Romancier in ihrer konkreten Besonderheit; der Ribot-Anhänger Proust langweilt uns, er lehrt uns nichts Neues; der authentische Romancier Proust aber enthüllt Wahrheiten, für die kein Theoretiker seiner Zeit das abstrakte Äquivalent hat bieten können.

Das Verhältnis zwischen Roman und Metaphysik muß ähnlich begriffen werden. Die Metaphysik ist nicht zuerst ein System; man «macht» keine Metaphysik, wie man Mathematik oder Physik «macht». Metaphysik «machen» heißt in Wirklichkeit nichts anderes als metaphysisch «sein», eine metaphysische Haltung bei sich selbst realisieren; das heißt sich in seiner Totalität der Totalität der Welt stellen. Jedes menschliche Ereignis besitzt über seine psychologischen und gesellschaftlichen Konturen hinaus eine metaphysische Bedeutung, weil der Mensch durch jede dieser Konturen stets ganz und gar in der ganzen Welt engagiert ist; wahrscheinlich gibt es niemanden, dem dieser Sinn sich nicht irgendwann in seinem Leben offenbart hätte. Vor allem Kinder, die noch nicht fest in ihrem kleinem Stück Universum verankert sind, erfahren oft ihr «In-der-Welt-sein» mit dem gleichen Erstaunen, wie sie ihren Körper erfahren. Eine metaphysische Erfahrung ist zum Beispiel jene von Lewis Carroll in *Alice im Wunderland* und von Richard Hughes in *Sturmwind auf Jamaika* beschriebene Entdeckung der «Selbstheit»; das Kind entdeckt konkret seine Anwesenheit in der Welt, seine Verlassenheit, seine Freiheit, die Opazität der Dinge, den Widerstand eines fremden Bewußtseins; durch seine Freuden, seine Leiden, seine Resignationen, seine Revolten, seine Ängste und seine Hoffnungen realisiert jeder Mensch eine metaphysische Situation, die ihn viel wesentlicher bestimmt als jede seiner psychologischen Fähigkeiten.

Es gibt ein ursprüngliches Begreifen der metaphysischen Realität und genau wie in der Psychologie zwei unterschiedliche Weisen, sie zu deuten. Man kann sich um das Aufklären ihres universellen Sinns in einer abstrakten Sprache bemühen; dann wird man Theorien ausarbeiten, die die metaphysische Erfahrung beschreiben und mehr oder weniger unter ihrem wesentlichen, also zeitlosen und objektiven Aspekt systematisieren. Wenn gleichzeitig das so konstituierte System nur jenen Aspekt als real behauptet, wenn also Subjektivität und Geschichtlichkeit der Erfahrung als nebensächlich dargestellt werden, dann wird selbstverständlich jede andere Äußerung der Wahrheit ausgeschlossen. Die Vorstellung eines aristotelischen, eines spinozistischen oder gar eines leibnizianischen Romans wäre absurd, da in diesen Metaphysiken weder Subjektivität noch Zeitlichkeit vorkommen. Berücksichtigt eine Philosophie aber dagegen den subjektiven, individuellen und dramatischen Aspekt der Erfahrung, widerspricht sie sich selbst in dem Maße, wie sie als ein zeitloses System die zeitliche Wahrheit außer acht läßt. Wenn beispielsweise Plato die Idee als höchste Realität behauptet, von der die Welt nur täuschendes Abbild sei, kann er Dichter nicht gebrauchen, und er verbannt sie aus seiner Republik; beschreibt er dagegen die dialektische Bewegung, die den Menschen zur Idee führt, und integriert damit Mensch und sinnliche Welt in die Realität, spürt er das Bedürfnis, sich selbst zum Dichter zu machen, und läßt die Gespräche, die den Weg zum intelligiblen Himmel weisen, auf Blumenwiesen, an einem Tisch, bei einem Sterbenden, auf Erden stattfinden. Für Hegel gilt dasselbe; weil der Geist sich noch nicht verwirklicht hat, sondern erst dabei ist, sich zu verwirklichen, muß er diesem Abenteuer, um es adäquat erzählen zu können, eine gewisse körperliche Dichte verleihen; in der *Phänomenologie des Geistes* greift Hegel auf literarische Mythen wie denen von Don Juan und Faust zurück, weil das Drama des unglücklichen Bewußtseins seine Wahrheit nur in einer konkreten und historischen Welt findet.

Je nachdrücklicher ein Philosoph die Rolle und den Wert der Subjektivität betont, desto mehr wird er die metaphysische Erfahrung in ihrer individuellen und zeitlichen Form beschreiben. Kierkegaard beruft sich nicht nur wie Hegel auf literarische Mythen, sondern in *Furcht und Zittern* läßt er die Geschichte von Abrahams Opfer in einer Form wiedeauferstehen, die der des Romans ähnlich ist, und im *Tagebuch eines Verführers* bietet er seine eigene Erfahrung in ihrer dramatischen Besonderheit dar. Es finden sich sogar Gedanken, deren kategorischer Ausdruck nicht ohne Widersprüchlichkeit möglich wäre: so ist zum Beispiel für Kafka, der das Drama des in seiner Immanenz eingesperrten Menschen schildern will, der Roman die einzig mögliche Kommunikationsform. Vom Transzendenten reden, und sei es auch nur, um zu sagen, daß es unerreichbar ist, hieße bereits es erreichen wollen, während eine imaginäre Erzählung jenes Schweigen ermöglicht, das allein unserer Unkenntnis entspricht.

Nicht zufällig versucht sich heute das existentialistische Denken mal in theoretischen Abhandlungen, mal in Fiktionen auszudrücken, weil es ein Bemühen ist, Subjektives und Objektives, Absolutes und Relatives, Zeitloses und Historisches miteinander zu vereinbaren; Existentialismus will den Sinn innerhalb der Existenz begreifen; und wenn die Beschreibung des Wesens Gegenstand der Philosophie als solcher ist, ermöglicht nur der Roman, das Ursprüngliche der Existenz in seiner vollständigen, einmaligen und zeitlichen Wahrheit zu evozieren. Hier geht es nicht darum, daß der Schriftsteller feststehende philosophische Wahrheiten literarisch benutzt, sondern daß ein Aspekt der metaphysischen Erfahrung dargelegt wird, der anders nicht darlegbar wäre: ihr subjektiver, einmaliger, dramatischer Charakter sowie ihre Zwiespältigkeit; da die Realität nicht allein durch die Intelligenz begreifbar ist, kann keine einzige intellektuelle Beschreibung beanspruchen, sie adäquat auszudrücken. Es muß versucht werden, sie in ihrer Vollständigkeit darzubieten, so wie sie sich in der lebendigen Beziehung enthüllt, die zunächst Handeln und Fühlen ist, bevor sie sich zum Denken macht.

Dann wird aber ersichtlich, daß die philosophische Suche weit davon entfernt ist, mit den Erfordernissen des Romans unvereinbar zu sein. Wenn er auch Bestandteil einer metaphysischen Weltanschauung ist, bewahrt er nichtsdestoweniger seinen Charakter eines geistigen Abenteuers. Ohnehin kann uns heute die falsche naturalistische Objektivität nicht mehr täuschen; wir wissen, daß jeder Romancier seine eigene Weltanschauung besitzt, und gerade deswegen interessiert er uns. Der metaphysische Gesichtspunkt ist nicht einengender als ein anderer, im Gegenteil, er kann die psychologischen und gesellschaftlichen Gesichtspunkte vereinbaren, die meistens auseinanderklaffen und die für sich genommen beide unvollständig sind. Man behaupte auch nicht, eine durch ihre metaphysische Dimension, also durch Angst, Revolte, Wille zur Macht, Todesfurcht, Flucht, Durst nach Absolutem definierte Romanfigur, sei notwendig starrer, konstruierter als ein durch psychologische Züge charakterisierter Geizhals, Feigling, Eifersüchtiger. Alles ist hier eine Frage der Phantasie und Erfindungsgabe des Autors. Vor allem sollte man nicht meinen, die intellektuelle Luzidität des Schriftstellers würde ihm die

Dichte, den zwiespältigen Reichtum der Welt verfehlen lassen. Gewiß, wenn man glaubt, daß er durch den bunten und lebendigen Teig der Dinge vertrocknete Wesenheiten wahrnimmt, muß man befürchten, daß er uns ein totes Universum eröffnet, das dem für uns in Erscheinung tretenden genauso fremd ist, wie sich ein Röntgenbild von einem Körper aus Fleisch und Blut unterscheidet. Doch ist diese Befürchtung nur gegenüber jenen Philosophen begründet, die, weil sie Existenz und Sinn voneinander trennen, die Erscheinung zugunsten einer verborgenen Realität verschmähen: allerdings spüren diese auch kaum die Versuchung, einen Roman zu schreiben; für diejenigen aber, für die der Schein Realität, die Existenz Stütze des Wesens, ein Lächeln vom lächelnden Gesicht, der Sinn eines Ereignisses vom Ereignis selbst nicht zu trennen ist, kann nur das sinnliche, körperliche Evozieren der Erde ihre Weltanschauung ausdrücken. Zahlreiche Beispiele beweisen, daß keins dieser apriorischen Argumente gültig ist. *Die Brüder Karamasow, Der seidene Schuh* spielen sich im Rahmen einer christlichen Metaphysik ab. Es ist das christliche Drama von Gut und Böse, das dort geschürzt und aufgelöst wird. Bekanntlich engt dies weder die Reaktionen der Helden noch die Entwicklung der Handlung ein, und Dostojewskis Welt ist wie die Claudels eine körperliche, konkrete Welt, weil weder das Böse noch das Gute abstrakte Begriffe sind, die sich nur in den guten oder bösen Handlungen der Menschen fassen lassen, und Doña Prouhèzes Liebe zu Rodriguez ist nicht dadurch weniger sinnlich, menschlich, erschütternd, daß sie damit ihre Seele retten will.

Tatsächlich ist es oft der Leser, der sich weigert, aufrichtig an der Erfahrung teilzunehmen, in die ihn der

Autor hineinziehen möchte: er liest nicht so, wie er verlangt, daß geschrieben wird, er scheut sich vor Risiken und vor Abenteuern; noch ehe er das Buch aufschlägt, unterstellt er ihm Schlüssel, und anstatt sich von der Geschichte packen zu lassen, versucht er sie ständig zu übersetzen; er tötet die imaginäre Welt, die er beleben sollte, und beschwert sich, man habe ihm eine Leiche übergeben. So warf ein russischer Kritiker und Zeitgenosse Dostojewskis den *Brüdern Karamasow* vor, ein philosophischer Dialog statt ein Roman zu sein. Maurice Blanchot bemerkt über Kafka sehr treffend, daß man beim Lesen seiner Bücher immer zuviel oder zuwenig versteht. Ich glaube, daß diese Bemerkung für jeden metaphysischen Roman zutrifft; doch darf sich der Leser jener Unbestimmtheit, jener Abenteuerlichkeit nicht entziehen wollen; er vergesse nicht, daß seine Mitarbeit nötig ist, weil das Wesen des Romans gerade darin besteht, daß er an seine Freiheit appelliert.

Ein richtig geschriebener, richtig gelesener metaphysischer Roman enthüllt die Existenz, wie es keine andere Ausdrucksweise vermag; weit davon entfernt, eine gefährliche Abweichung von der Romangattung zu sein, wie es manchmal behauptet wird, scheint er mir im Gegenteil, wenn er gelungen ist, die vollendetste Vollendung davon zu sein, weil er den Menschen und die menschlichen Ereignisse in ihrer Beziehung zur Totalität der Welt begreifen will, weil nur er allein dort Erfolg haben kann, wo die reine Literatur wie die reine Philosophie scheitern: dieses unser Geschick, das sowohl in die Zeit wie in die Ewigkeit gehört, in seiner lebendigen Einheit und seiner grundlegenden Zwiespältigkeit heraufzubeschwören.

[1] Julien Sorel ist die Hauptfigur von Stendhals Roman *Rot und Schwarz*, Tess von d'Urberville die Titelheldin des gleichnamigen Romans von Thomas Hardy. *Anm. d. Übers.*

Rechtes Denken, heute

Die Wahrheit ist eins; der Irrtum vielfältig. Es ist kein Zufall, daß die Rechte den Pluralismus lehrt. Die Theorien, die ihn zum Ausdruck bringen, sind zu zahlreich, als daß sie hier alle ernsthaft untersucht werden könnten. Die bürgerlichen Denker aber – die ihren Gegnern die Anwendung marxistischer Methoden untersagen, wenn sie nicht en bloc das ganze System übernehmen – scheuen sich selber nicht, Gedanken, die sie bei Spengler, Burnham, Jaspers und so vielen anderen entliehen haben, eklektisch miteinander zu vermengen. Diese Mischung stellt die gemeinsame Grundlage der modernen rechten Ideologien dar; und sie ist Gegenstand der folgenden Untersuchung.

Aktueller Stand
des bürgerlichen Denkens

Wir wissen es: der Bürger von heute hat Angst. In sämtlichen Büchern, Artikeln, Reden, in denen er sein Denken ausdrückt, ist es zuallererst diese Panik, die ins Auge springt. Nach einer Malraux teuren Formulierung hat «Europa aufgehört, sich in Freiheitsbegriffen zu denken, und denkt sich in Schicksalsbegriffen»[1]. Und das Schicksal des Abendlandes wie das jeder Zivilisation ist laut Spengler, dem diese Terminologie entnommen ist, sein Tod. Tod Europas, Untergang des Abendlandes, Ende einer Welt, Ende der Welt: das Bürgertum lebt in der Unmittelbarkeit der Katastrophe, die sie vernichten wird.

Um 1945 schrieb Fabre-Luce: «Vor Ruinen beweint man schon die zukünftigen Ruinen.»

«Allzu viele Desaster heute bringen den Menschen dazu, sich um sein Werk zu sorgen, am Wert der Zivilisation selbst zu zweifeln. Nicht nur, daß er sich Fragen stellt: bald verzweifelt er und lacht hämisch auf.» (Caillois, in: *Liberté de l'Esprit*, 1949)

«Die Gesellschaft braucht Übermenschen, denn sie ist nicht mehr fähig, sich zu lenken, und die abendländische Zivilisation ist bis in ihre Fundamente hinein erschüttert.» (Alexis Carrel, *Réflexions sur la conduite de la vie*, 1950)

«Wir stehen heute zwischen einem Ende und einem Anfang. Auch wir haben schreckliche Ängste. Der Weg, den wir beschreiten, wird langwierig und schrecklich sein.» (Soustelle, in: *Liberté de l'Esprit*, 1951)

«Wir alle wissen um die Bedrohung, die auf dem Kostbarsten der abendländischen Zivilisation lastet: auf der Meinungsfreiheit.» (Rémy Roure, in: *Preuves*, 1951)

Etc... etc...

Das Phänomen ist nicht ganz neu. Von jeher haben die Konservativen mit Grauen die Rückkehr der vergangenen Barbareien für die Zukunft vorausgesagt.[2] «Rechts sein heißt Angst um das haben, was existiert», schrieb

Jules Romains treffend in der Zeit, wo er noch nicht diese Angst teilte. In ihrer heutigen Form begann sich jene «Kleine Angst des 20. Jahrhunderts», wie Mounier sie nannte, gleich nach dem Ende des Ersten Weltkriegs zu verbreiten: der Optimismus der Bourgeoisie ist damals schwer erschüttert worden. Im vorigen Jahrhundert glaubte sie an die harmonische Entwicklung des Kapitalismus, an die Kontinuität des Fortschritts, an ihr eigenes Fortleben. Suchte sie nach Rechtfertigung, konnte sie sich zum eigenen Vorteil auf das Allgemeininteresse berufen: die Entwicklung von Wissenschaft, Technik und kapitalistischer Industrie sicherte der zukünftigen Menschheit Überfluß und Glück. Vor allem vertraute sie der eigenen Zukunft, sie fühlte sich stark. Sie verkannte durchaus nicht die «Arbeitergefahr», doch besaß sie zahlreiche Waffen gegen sie. «Der Stärke der Garnisonen kann noch die Allmacht der religiösen Hoffnungen hinzugefügt werden», schrieb Chateaubriand allen Ernstes.

Anfang des 20. Jahrhunderts hatte sich die Situation bereits ziemlich verändert. Dem System der freien Konkurrenz folgte das der Monopole, und der dadurch veränderte Kapitalismus begann sich seiner eigenen Widersprüche bewußt zu werden. Darüber hinaus hat sich die «Arbeitergefahr» bedeutend verstärkt, die religiösen Hoffnungen haben ihre Allmacht verloren, und das Proletariat ist eine Kraft geworden, die in der Lage ist, die der Garnisonen in Schach zu halten. Die Bourgeoisie begann selbst, an ihren eigenen Illusionen zu zweifeln; die Fortschritte von Technik und Industrie erwiesen sich eher als bedrohlich denn als vielversprechend: man hat gelernt, nicht den Boden fruchtbar zu machen, sondern ihn zu verwüsten. Natürlich behaupten die bürgerlichen

Ökonomen weiterhin, allein der Kapitalismus könne die universelle Prosperität verwirklichen: doch geben sie zu, daß er stark modifiziert werden müßte. Im Licht der Kriege und Krisen zeigte sich, daß die Entwicklung des Systems kaum einem Triumphmarsch zu einem neuen Goldenen Zeitalter ähnelte: man begann sogar zu argwöhnen, er könne womöglich in der Geschichte der Menschheit nur eine vorübergehende Form sein. In Verwechslung des eigenen Schicksals mit dem des gesamten Planeten begann die Bourgeoisie, düstere Apokalypsen zu prophezeien. Ihre Ideologen machten sich die «katastrophistische» Geschichtsanschauung zu eigen, die Nietzsche nahegelegt hatte.

«Nach dem Ersten Weltkrieg», schreibt Jaspers, «war es nicht mehr das Abendrot nur Europas, sondern aller Kulturen der Erde. Ein Ende der Menschheit, eine kein Volk und keinen Menschen auslassende Umschmelzung – sei es zur Vernichtung, sei es zur Neugeburt – wurde fühlbar. Noch immer war es nicht das Ende selbst, aber das Wissen um sein mögliches Bevorstehen wurde herrschend. Das erwartete Ende wurde erfahren in angstvollem Entsetzen oder in gelassener Ruhe gedeutet, einmal naturalistisch-biologisch oder soziologisch, dann als metaphysisch-substantieller Vorgang. Die Stimmung ist völlig anders etwa bei Klages oder bei Spengler oder bei Alfred Weber. Aber die Wirklichkeit der Krise in einem geschichtlich ohne Vergleich dastehenden Ausmaß unterliegt bei ihnen allen keinem Zweifel.»[3]

Auch in Frankreich erheben sich in jener Zeit besorgte Stimmen. In einem Essay, der damals viel Aufsehen erregte, läßt Valéry die Totenglocke läuten: unsere Zivilisation hat soeben entdeckt, daß sie sterblich ist. Drieu la

Rochelle[4] schreibt 1927 in *Le jeune Européen*: «Sämtliche Werte, von denen wir lebten, verschwinden.» Und auch: «Ich bemühe mich, mich den Kennzeichen meiner Epoche so nah wie möglich anzunähern. Ich finde sie derartig scheußlich und verbreitet, daß sich der geschwächte Mensch ihrem Verhängnis bald nicht mehr wird entziehen können und daran zugrunde gehen.» Anschließend prophezeit er lang und breit den Tod des Menschen.

Allerdings sah die Bourgeoisie das Ende der Menschheit, das heißt ihre eigene Liquidierung als Klasse, noch als reine «Eventualität». Es blieb ihr nämlich noch eine Hoffnung: der Faschismus. Die Naziideologie machte aus dem Pessimismus den Willen zur Macht. Als Spengler den Untergang des Abendlandes ankündigte, hoffte er, sein Buch könnte als Grundlage zur politischen Organisation der Zukunft dienen; dem Menschen des Abendlandes bot er die Alternative an: «das Notwendige zu tun oder nichts»[5]; das heißt, er beschwor ihn, einen neuen Cäsarismus zu akzeptieren. Drieu überschritt die düsteren Ahnungen seiner Jugend zur PPF[6] hin; er begrüßte im Faschismus eine moderne Renaissance. «Der Totalitarismus bietet dem Menschen des 20. Jahrhunderts die Chance einer doppelten, körperlichen wie geistigen Restaurierung», schrieb er in *Notes pour comprendre le siècle*. 1940 lobt er Europa, endlich den «Sinn des Tragischen» gefunden zu haben; er erklärt, «das Tragische muß in das französische Denken wieder eingeführt werden»; was er allerdings damit sagen will, ist ganz einfach, daß Frankreich sich einem nazifizierten Europa integrieren soll.

Nun ist heute das Notwendige getan worden: vergebens. Der Faschismus ist besiegt worden: diese Niederlage lastet schwer auf dem Bürgertum von heute. In der «Dämmerung» der Zivilisation erkennt es kein bißchen heroischen Schimmer, keinen einzigen Cäsar. Nichts schützt es mehr gegen die Zweifel, die es überfallen. «Zwei Weltkriege, die Konzentrationslager, die Atombombe waren nötig, um unser gutes Gewissen zu erschüttern», schrieb Soustelle im Juni 1950 in *La Liberté de l'Esprit*. «Wir begannen uns die schreckliche Frage zu stellen: könnte es sein, daß unsere Zivilisation nicht *die* Zivilisation ist?»

Die Frage ist gestellt; und schon antwortet ein riesiger Chor: sie ist es nicht. Sämtliche Völker, die nicht dem Abendland angehören, das heißt nicht die Vorherrschaft der USA anerkennen, und im Abendland sämtliche Menschen, die keine Bourgeois sind, lehnen die Zivilisation der westlichen Bourgeoisie ab. Und was weitaus schlimmer ist: sie sind dabei, eine andere zu schaffen. Vor dem letzten Krieg spürte der Bürger, daß irgend etwas zu Ende ginge: er ahnte nicht, was danach entstehen würde. Jetzt trägt *die Barbarei* einen Namen: *der Kommunismus*. Er ist das «Medusenhaupt», dessen Anblick das Blut der Zivilisierten gefrieren läßt. Schon herrscht er über ein Fünftel der Erde; er ist ein Krebsgeschwür, das bald die ganze Erde zerfressen hat. Die einzigen Gegenmittel, die die Rechte in Betracht zieht, sind *die Bombe* und *die Kultur*: ersteres ist ziemlich radikal und letzteres ziemlich wirkungslos. Wütend und entsetzt übernimmt sie die marxistischen Prophezeiungen: sie weiß sich verloren.

Ein Denken von Besiegten, ein besiegtes Denken: um die zeitgenössischen rechten Ideologien entziffern zu können, muß man sich stets daran erinnern, daß sie unter dem Zeichen der Niederlage entwickelt wurden. Natürlich sind sie durch viele Merkmale an die Vergangenheit gebunden, von denen eines seit der Zeit, da Marx es angriff, nichts von seiner Bedeutung eingebüßt hat: der Idealismus. Durch seine Arbeit und seinen Lebensstil von jeglichem Kontakt mit der Materie abgeschnitten, gegen die Not geschützt, ignoriert der Bürger die Hindernisse der realen Welt: er ist Idealist, ebenso wie er atmet. Alles bestärkt ihn, jene Neigung, die eine unmittelbare Widerspiegelung seiner Situation ist, systematisch zu entfalten: grundlegend daran interessiert, den Klassenkampf zu leugnen, kann er vor seiner Existenz nur die Augen verschließen, indem er die Realität im ganzen ablehnt; er ersetzt sie durch Ideen, deren Inhalt und Reichweite er nach Bedarf bestimmt und begrenzt. Die Methode, in ihrer Allgemeinheit betrachtet,[7] ist bekannt, Marx und Lenin haben sie so brillant angegriffen, daß wir nicht weiter darauf einzugehen brauchen. Wir begnügen uns damit, hervorzuheben, daß die verschiedenen Ausführungen des bürgerlichen Denkens alle eine idealistische Haltung implizieren und dazu tendieren, diese zu untermauern.

Auf dieser Grundlage errichtete man früher schöne arrogante Systeme: doch die Zeiten, wo ein Joseph de Maistre, ein Bonald prosperierten, sind längst vorbei; und selbst der Maurrassismus ist trotz seiner Schwäche eine immer noch zu positive Theorie, man hat ihn begraben. Der bürgerliche Theoretiker weiß, daß die Zukunft ihm entgeht, er versucht nicht mehr, sie zu entwerfen: er definiert sich vom Kommunismus her, gegen ihn, in rein negativer Weise. Aron zum Beispiel fragt sich am Schluß von *Le grand schisme* nicht: Woran glauben wir?, sondern: «Was ist dem Kommunismus entgegenzusetzen?» Er antwortet: «Die Behauptung der christlichen und humanistischen Werte.» Allerdings ist jedem, der seine Bücher gelesen hat, evident, daß die genannten Werte seine geringste Sorge sind: es ist die Niederlage des Kommunismus, auf die allein es ihm ankommt. Genauso beginnt Rougemont in jener Art Manifest, das die zweite Ausgabe von *Preuves* einleitet, mit der Erklärung: «Wir sind eher schwach gegenüber der totalitären Propaganda»; und als Programm bietet er Gegenpropaganda-Themen an. Die Zustände sind so weit gediehen, daß Léon Werth 1950 in *La Liberté de l'Esprit* auf eine Umfrage über die Freiheit hat antworten können: «1950 definiert sich ein Freiheitsregime durch sein Gegenteil, das Stalinsche Regime.» Und seine Freunde waren für diese Antwort voll des Lobes. Man gibt also zu, daß die zeitgenössische Rechte nicht mehr weiß, was sie verteidigt: sie verteidigt sich gegen den Kommunismus, das ist alles. Und sie verteidigt sich ohne Hoffnung. Jene, die Nizan «Die Wachhunde»[8] der Bourgeoisie nannte, versuchen heute, das Überleben einer Gesellschaft zu rechtfertigen, deren bevorstehenden Tod sie selber verkünden.

Diese Rechtfertigung ist schon an sich keine leichte Aufgabe: ihre geschichtliche Niederlage enthüllt der Bourgeoisie die theoretischen Widersprüche, in denen sich ihr Denken verstrickt. Jules Romains stellte in einem Artikel der Zeitschrift *Preuves* vom März 1952 ihr ideologisches Drama pathetisch dar: nun ist sie Opfer der Prinzipien geworden, die sie zu ihrem eigenen Bedarf geschaffen hatte und die jetzt dabei sind, sich indiskret über die ganze Welt zu verbreiten: «Jede Zivilisation hat sich bis heute nur in dem Maße konstituieren und vor allem überleben können, wie sie die Unterschiede, die Erwerbungen, die Ungleichheiten zu bewahren gewußt hat, die sie nach und nach zum eigenen Nutzen akkumuliert hatte und die in den Augen der Barbarei, Grausamkeit, des Hungers und der Armut ringsum ungerecht und monströs erscheinen konnten.» «Die Gerechtigkeitsidee oder besser die Gleichberechtigungsidee ist wie ein Buschfeuer. Man würde sie gern mit Gräben aufhalten. Doch sie springt über. Die Abschaffung der Privilegien, der vorteilhaften Unterschiede, der lokalisierten Erwerbungen ist eine Kettenreaktion, die erst an dem Tag aufhören wird, an dem sie nichts mehr zu verschlingen hat.»

Dieser treuherzige Text nennt ohne Umschweife das Problem, das unsere modernen Wachhunde zu lösen haben. Der Atlantikpakt hat die Bourgeoisie gezwungen, den alten Nationalismus auf das hin zu überschreiten, was sie Europa, das Abendland, die Zivilisation nennt; kein Problem: solange man unter Privilegierten bleibt, kann man ruhig einige Grenzen vergessen. Das ist es aber: man möchte unter sich bleiben. Und da werden Barbarei, Grausamkeit, Hunger und Armut ringsum unruhig, handelnd, redend, drohend: Wie soll ihre Existenz da weiterhin geleugnet werden? Denis de Rougemont kann lange erklären: «Europa ist das Bewußtsein der Welt», der abendländische Bürger muß gezwungenermaßen einsehen, daß er nicht mehr das einzige Bewußtsein, das absolute Subjekt ist: es gibt andere Menschen. Denen *scheinen* die Privilegien der Zivilisierten ungerecht: Wie soll dieser Schein zerstreut werden? Bislang konnte die Bourgeoisie dank den Gräben, die sie zu schaufeln gewußt hatte, ohne allzu große Mühe die Gerechtigkeitsidee mit der Realität ihrer Interessen vereinbaren: Kann sie es weiterhin? Ein Verzicht auf die profitablen Ungleichheiten kommt selbstverständlich nicht in Frage. Wird man die Gerechtig-keitsidee über Bord werfen müssen? Auf Grund der Tra-ditionen der bürgerlichen Ideologie ist das ein schmerzli-ches Dilemma.

Die ganze Schwierigkeit rührt daher, daß die Bour-geoisie nachdenkt. Der Adel kämpfte für seine Privile-gien und scherte sich nicht um deren Legitimierung. Da-mals hieß, wie Drieu la Rochelle sich nostalgisch erin-nert, «denken letztlich einen Degenstoß geben oder empfangen.» Für die Bourgeoisie hingegen ist das Den-ken ein Instrument der Befreiung gewesen: und jetzt steht ihr eine Ideologie im Wege, die sie sich in der Zeit geschaffen hat, als sie eine aufsteigende Klasse war. «Jede neue Klasse», schreibt Marx, «... ist genötigt, ... ihren Gedanken die Form der Allgemeinheit zu geben, sie als die einzig vernünftigen, allgemein gültigen darzustel-len.»[9] Ihr Anspruch, ergänzt er, ist in dem Maße ge-rechtfertigt, wie diese Klasse sich zur Revolution erhebt. Nur ist die Bourgeoisie jetzt ihrerseits herrschende Klasse geworden; anstatt fremde Privilegien zu bekämp-fen, verteidigt sie heute ihre eigenen Privilegien gegen den Rest der Menschheit. Sie kann nicht völlig auf die Philosophie der Aufklärung verzichten, deren Wahrheit sie in der Französischen Revolution erprobt hat; aber das ist eine zweischneidige Waffe, die sich heute gegen sie wendet. Wie kann man denn auf eine allgemeine Weise die Forderung nach vorteilhaften Besonderheiten recht-fertigen? Es ist zwar natürlich, daß jeder sich selbst der nächste ist, doch diese Präferenz zum allgemeingültigen System zu erheben ist nicht möglich.

Die Bourgeoisie ist sich dieses Paradoxes bewußt, darum hat sie eine ambivalente Haltung zum Denken. Marx weist treffend darauf hin, daß es einen gewissen

Antagonismus gibt zwischen den «aktiven Mitgliedern» der herrschenden Klasse und den «aktiven konzeptiven Ideologen derselben, welche die Ausbildung der Illusion dieser Klasse über sich selbst zu ihrem Hauptnahrungszweige machen» [10]. Diese Spezialisten werden mit Mißtrauen betrachtet. Das Wort *Intellektueller* nimmt rechts leicht einen pejorativen Sinn an. Zwar hält auch das Proletariat die Intellektuellen für suspekt, doch nur in dem Maße, wie sie Bourgeois sind; und von den Bourgeois sind es zuallererst die Intellektuellen, denen Marx die Fähigkeit zuspricht, sich zum theoretischen Bewußtsein der gesamten geschichtlichen Bewegung zu erheben. «Jedes richtige Argument beleidigt», sagte Stendhal. Jedes fortschrittliche System bekämpft das Analphabetentum: die reaktionären Systeme, Franco, Salazar, begünstigen es offen. Sobald sich die Rechte stark fühlt, ersetzt sie Denken durch Gewalt: wir haben es in Nazideutschland hinreichend gesehen. Auch in Frankreich bekannten sich die *Camelots du roi* [11] und ähnliche Faschisten dazu, daß Schläge besser als Argumente seien, sobald man zahlreich genug ist.

«Heute besitzen die Menschen keinen Degen mehr», stöhnte bereits Drieu; und die Bourgeoisie fühlt sich gegenwärtig noch machtloser als vor zwanzig Jahren. Die Amerikaner haben die Atombombe, das ist richtig: und genau sie ist für sie ein Denkersatz. Doch in Frankreich, in Deutschland sind geistige Sublimierungen nötiger denn je. Die Bourgeoisie will die anderen und sich selbst davon überzeugen, daß sie mit der Verteidigung ihrer Eigeninteressen allgemeine Zwecke verfolgt: die ihren «aktiven konzeptiven Ideologen» zugewiesene Aufgabe ist es, eine höhere Gerechtigkeit zu erfinden, in deren Namen die Ungerechtigkeit gerechtfertigt wird.

Es besteht Anlaß zu der Frage, weshalb der westliche Intellektuelle, in der Praxis besiegt, in der Theorie in unüberwindbare Widersprüche getrieben, sich darauf versteift, eine Zivilisation zu verteidigen, die verloren ist und an sich selbst zweifelt. Da unsere Zivilisation nicht *die* Zivilisation ist, sondern lediglich ein Moment der Menschengeschichte, weshalb sie dann nicht zur Totalität von Geschichte und Menschheit hin überschreiten? Mounier weist in *La petite peur du XXe siècle* richtig darauf hin, daß der Apokalypsebegriff, in dem sich «das schlechte europäische Gewissen» ausdrückt, durch die Angst verfälscht wird; denn in Wirklichkeit, sagt er, ist die Apokalypse kein Katastrophengesang, sondern ein «Siegesgedicht, die Behauptung des schließlichen Sieges der Gerechten und das überschwengliche Lied des schließlichen Reichs der Fülle». Was die «aktiven Mitglieder» der Bourgeoisie betrifft, so ist der Grund für diese Fälschung offensichtlich; das schließliche Reich der Gerechtigkeit und Fülle würde den in die Verteidigung ihrer ungerechten Privilegien verrannten Privilegierten als Desaster erscheinen. Aber es wäre natürlich, daß die Intellektuellen, die als solche auf Allgemeinheit versessen sind, gegen den Partikularismus einer verlorenen Gesellschaft für die Menschheit insgesamt Partei ergriffen. Weshalb bestehen viele von ihnen auf der Gleichsetzung von Mensch und Bourgeois, auch wenn sie dafür mit bebender Stimme das Ende des Menschen prophezeien müssen?[12]

Diese Haltung ist dermaßen paradox, daß sogar Thierry Maulnier[13] sich darüber gewundert hat; im Mai 1953 fragt er in *La Table Ronde* den abendländischen Bourgeois: Alles in allem, was haben Sie dem Kommunismus entgegenzusetzen? Bis jetzt bekämpften wir ihn im Namen des Schreckens, den er uns einflößte; wenn aber dieser Schrecken nun aufhört? «Wenn der Kommunismus auf den Schrecken verzichtet, verzichten kann, auf den Schrecken zu verzichten *wagt,* werden Sie Ihrerseits wohl oder übel darauf verzichten müssen, im Kommunismus selber die Waffen zu seiner Bekämpfung zu finden. Sie werden dann wohl gezwungen sein, sie bei sich selbst zu suchen... Die Verteidigung des Abendlandes war bislang negativ. Das Abendland will keinen Kommunismus. Gut. Aber das kann nicht ewig als Ersatz für eine Zukunftsperspektive, für eine Sinngebung dieser Zukunft gelten.» Es schiene logisch, zu schlußfolgern: wenn die Gründe, Antikommunist zu sein, nur im Kommunismus liegen und wenn er sie nicht mehr bietet, verzichten wir eben auf den Antikommunismus. Doch Maulniers Artikel hat einen anderen Sinn: was er wünscht, ist, daß man ihm hilft, eine positive Rechtfertigung für diesen Kampf zu finden. Nochmals: Warum diese Hartnäckigkeit?

Die Antwort, die antikommunistischen Intellektuellen seien selber Bourgeois, genügt nicht: viele von ihnen profitieren kaum von den materiellen Vorteilen, die der Bourgeoisie vorbehalten sind; und außerdem halten die «aktiven Mitglieder» ihrer Klasse sie ohnehin ein wenig auf Distanz. Doch gerade durch ihre Reaktion auf diese Situation haben sie sich ideologische Interessen geschaffen, die sie leidenschaftlich bewahren wollen. Die höhere Gerechtigkeit, die sie zu erfinden haben und die der irdischen Gerechtigkeit widerspricht, können sie nur in den Himmel verlegen: dorthin, wohin sie sich selber versetzen. Sie schaffen dort ewige Wahrheiten, absolute Werte. Und sie sind diesen Allgemeinheitsillusionen stärker verbunden als die anderen Bürger, weil sie sie selber fabriziert haben. Außerdem ist ihnen die intelligible Welt ein stolzes Refugium gegen die Mittelmäßigkeit ihrer Existenz; sie entkommen ihrer Klasse, und sie herrschen ideell jenseits aller Klassen über die gesamte Menschheit. Daher kommt es, daß ihr Abscheu vor dem Marxismus um vieles verbissener ist als der der aktiven Bürger: der Marxismus kennt nur die Erde und verweist sie brutal unter die Menschen zurück. Natürlich geben sie den wahren Grund ihres Hasses nicht zu; sie ziehen es vor, schamlos kindische Alpträume einzugestehen: «Falls die Rote Armee in Frankreich einmarschierte, falls die KPF die Macht übernähme, würde ich deportiert, erschossen werden.» Sie schreiben Zukunftsromane, «die man nicht nachts lesen sollte»; sie wimmern gemeinsam mit Thierry Maulnier: «Der Marxismus will meinen Tod.» In Wirklichkeit fürchten sie, ideologisch liquidiert zu werden: oder besser, sie wissen, daß diese Liquidierung bereits vollzogen ist. Der Marxismus sieht in ihnen nicht heilige Vermittler zwischen Ideen und Menschen, sondern bürgerliche Parasiten, eine bloße Emanation der kapitalistischen Mächte, ein Epiphänomen, ein Nichts: das ist unannehmbar für jemanden, der sich – mangels eines Platzes in dieser Welt – in die Ewigkeit entfremdet hat.

So bewahrt der bürgerliche Ideologe den universalisierenden Anspruch seines Denkens, ohne den partikularistischen Willen seiner Klasse aufzugeben; es bleibt ihm nur ein einziger Ausweg: die Partikularität genau in dem Augenblick zu leugnen, da er sie beansprucht. Jeder Bourgeois hat ein praktisches Interesse an der Verschleierung des Klassenkampfes;[14] der bürgerliche Denker ist dazu gezwungen, wenn er mit seinem eigenen Denken übereinstimmen will. Er weigert sich also, den empirischen Eigenheiten seiner Situation die geringste Bedeutung zuzugestehen und ebenso der Gesamtheit der empirischen Eigenheiten, die konkrete Situationen definieren. Die materiellen Faktoren haben in den Gesellschaften nur sekundäre Bedeutung. Das Denken transzendiert diese Kontingenzen. Die Menschheit ist ideell homogen. Und es ist *der* Mensch, so wie er am intelligiblen Himmel schwebt, einzig, unteilbar, einhellig, vollständig, der sich durch die Sprache des Denkers ausdrückt.

Die gesamte von bürgerlichen Intellektuellen erarbeitete Philosophie vom Menschen und insbesondere ihre Erkenntnistheorie zielt, wie wir gesehen haben, genau darauf ab, diesen Anspruch abzustützen. Doch auf Grund der erwähnten negativen Haltung ist ihre positive Theorie weitaus unwichtiger als ihre Selbstverteidigung. Ihr erstes Anliegen ist, sich des Marxismus zu entledigen; sie werden ihre Ideen erst dann ernst nehmen können, wenn sie das System annulliert haben, das sie selbst in Frage stellt. Ihr Denken ist zunächst und seinem Wesen nach ein Gegendenken. Die Mehrzahl ihrer Schriften sind eigentlich Angriffe gegen den Kommunismus.

Es gibt ein kurioses Paradox: da der bürgerliche Denker die Prophezeiungen des Marxismus mit Schrecken erlebt, bemüht er sich, ihm jeglichen prophetischen oder auch nur methodischen Wert abzusprechen. Er löst diesen Widerspruch mit einem Katastrophenpessimismus, der die Notwendigkeit in Zufall verwandelt. Der Sozialismus wird siegen: zumindest wird sein Sieg nicht das Ergebnis einer rationalen Dialektik, sondern eine sinnlose Katastrophe sein. Das ist der Grund, weshalb der abendländische Intellektuelle so gern zittert und die

Apokalypse in einen Schreckensgesang verwandelt: lieber verdammt er die Menschheit zur Absurdität, zum Nichts, als daß er sich selbst in Frage stellt.

Der Antikommunismus

«Alle Probleme sind Ansichtssachen», behauptet Brice Parain. Das vertreten auch alle antikommunistischen Systeme. Über nebensächliche Differenzen hinweg ist ihre Übereinstimmung in diesem Punkt bemerkenswert. Die materielle Realität der Menschen und ihrer Situation zählt nicht: allein ihre subjektiven Reaktionen sind wichtig. Der Sozialismus erklärt sich nicht aus einem bestimmten Produktionssystem, sondern aus einem Zusammenwirken von Absichten, deren Beweggründe ethisch oder affektiv sind. Die ökonomische Notwendigkeit ist nur Abstraktion: in letzter Instanz untersteht die Ökonomie der Psychologie. Die Klassen im allgemeinen und das Proletariat im besonderen definieren sich durch Seelenzustände.[15]

Nietzsche hat als erster eine psychologistische Interpretation von Geschichte und Gesellschaft vorgeschlagen: «... das *aggressive* Pathos gehört ebenso notwendig zur Stärke als das Rach- und Nachgefühl zur Schwäche.»[16] Der Begriff Ressentiment erfreut sich bei den Denkern der Rechten einer außergewöhnlichen Gunst. Scheler hat ihn verwendet, nicht um das Christentum anzugreifen – das für ihn eine positive Liebestheorie ist –, sondern um jegliche sozialistische Ethik zu vernichten:

der Sozialismus drückt notwendig ein Ressentiment gegen Gott und gegen alles Göttliche im Menschen aus. Mit einigen Nuancen eignet sich Scheler Rathenaus Satz an: «Die Idee der Gerechtigkeit beruht auf dem Neid.» Sich seiner Niedrigkeit bewußt, will das «sittliche Proletariat» all die ihm Höherstehenden erniedrigen. Insbesondere beruht die Anfechtung des Eigentumsrechts auf dem «Neid der arbeitenden Klassen auf die nicht durch Arbeit zu ihrem Besitze gelangten Gruppen». Die revolutionäre Idee reduziert sich auf einen «auf Ressentiment beruhenden Sklavenaufstand»[17].

Diese Psychologie könnte etwas dürftig scheinen: um ihr Tiefe zu verleihen, griff man auf die Psychoanalyse zurück: Eastman interpretiert in *La science de la révolution* die Arbeitermentalität von Freud her. De Man, dessen Buch *Au delà du marxisme* um 1928 beachtlichen Erfolg in Frankreich hatte, zieht Adler vor: er analysiert das Proletariat und diagnostiziert einen ausgeprägten Minderwertigkeitskomplex. Die Neigung zum Klassenkampf wird durch einen tiefen Trieb ausgelöst: die Selbstaufwertung; der Arbeiter wehrt sich gegen ein Gefühl von Defizit mit «kompensatorischen Reaktionen». Die revolutionäre Haltung ist eine dieser Reaktionen. In zahlreichen späteren Untersuchungen erscheint der Minderwertigkeitskomplex als Konsequenz eines generellen Gefühlsphänomens: der Frustration. Das Frustrationsgefühl erzeugt beim Arbeiter Entmutigungen, Neurosen, die in der revolutionären Haltung sublimiert werden. Kurz, alles Unglück des Proletariers kommt daher, daß er glaubt, Proletarier zu sein. Diese Schlußfolgerung stimmt mit Spenglers Behauptung überein: «*wirtschaftlich* (gibt es) *keine ‹Arbeiterklasse›.*»[18] Toynbee entwickelt die gleiche These: «Das Proletariat ist tatsächlich eher ein

Geisteszustand als die Konsequenz äußerer Bedingungen... Es handelt sich um ein Element oder eine soziale Gruppe, die innerhalb einer gegebenen Gesellschaft ist, ohne dieser aber tatsächlich anzugehören... Das wirkliche Kennzeichen des Proletariats ist weder die Armut noch die niedrige Geburt, sondern das Bewußtsein und das Ressentiment, benachteiligt zu sein.»[19] Monnerot übernimmt diese Definition in *La guerre en question* beinahe wortwörtlich; ihm zufolge bezeichnet das Wort Proletariat: «Diejenigen, die sich im Macht- und Wirkungsbereich einer Zivilisation benachteiligt fühlen.»

Einem naiven Leser drängt sich die Frage auf: weshalb *fühlen sie sich* benachteiligt? In *La sociologie du communisme*[20] entwirft Monnerot eine Antwort. Er entwickelt endlos den Gedanken, der Klassenkampf sei nichts anderes als ein System psychischer Reaktionen, deren Ursache das Ressentiment ist. Der Marxismus bestehe aus einer *«explosiven Mischung: Dialektik und Ressentiment*... Das Ressentiment, das bei ihm die Dialektik mobilisiert, stimmt mit dem Ressentiment einer gesellschaftlichen Kategorie überein, deren Entstehen schrecklich, deren Ressentiment historisch notwendig ist ... Ein individuelles Ressentiment, gestützt auf eine große intellektuelle Auffassungs- und Synthesefähigkeit, mußte ein kollektives Ressentiment *interpretieren,* damit jene Theorie der Revolution das Licht erblickte.»[21]

Monnerot gibt also zu, das Ressentiment des Proletariats sei «historisch *notwendig*»; wenn man dieses Zugeständnis ernst nähme, würde es ausreichen, alle seine Theorien zu vernichten: eine Notwendigkeit gibt es nur im Bereich der Realität; geht man davon aus, diese zwänge dem Proletariat eine revolutionäre Bewußtwerdung auf, dann bricht der gesamte Psychologismus zusammen, und man findet wieder ein marxistisches Schema vor. Um die Konfusion noch zu verschlimmern, fügt Monnerot eine Fußnote hinzu: «Wir stimmen hier mit Hegel überein, was die Rolle des Bösen als Motor der Geschichte angeht.» Tatsächlich wird im ganzen übrigen Buch die historische *Notwendigkeit* geflissentlich verschwiegen. Es wird über die «explosive Macht» des Ressentiments durch Einwirkung von Faktoren geredet, die der erlebten Situation völlig fremd sind.

Welche? Nun, zuerst das Handeln der Führer, das heißt der Kommunisten; die kommunistische Partei, die Monnerot das «Unternehmen» tauft, betreibt die Ausbeutung und die Organisierung der diffusen Unzufriedenheiten: «Bis zum entscheidenden Grad aktiver Virulenz werden von dem Unternehmen die Ressentiments der Klassen, der Massen und der Individuen benutzt, genährt und zu schüren versucht, und es besteht genau darin, von außen unterschiedliche Unzufriedenheiten und Unzufriedene zu organisieren.» [22]

Selbstverständlich erklären sich auch diese Umtriebe nicht durch eine objektive Finalität. Die Partei, dem Proletariat grundlegend fremd, verfolge kein einziges Ziel, das es beträfe: sie wirke von außen in absurder und mechanischer Weise auf es ein. Wenn sie zum Beispiel «die Kolonialmassen bearbeitet», dann nicht, weil sie sich ihren Wunsch nach Emanzipation zu Herzen nehme: es geschehe «zur Verschärfung und Vergiftung sämtlicher Widersprüche in der kapitalistischen Welt» [23].

Gut. Aber warum dann diese Politik? Hier entleiht sich Monnerot seine Antwort bei Burnham. Burnham hat seine tiefgründige Wahrheit von den Machiavellisten

gelernt und sie den entzückten Denkern der Rechten beigebracht: Führer, Staaten, Parteien verfolgen mit der
Macht nie etwas anderes als die Macht selbst. Wenn ein
Mensch der Tat ein objektives Ziel angibt, wie etwa das
Allgemeinwohl oder die Freiheit, dann nur, um die Welt
zu täuschen, und man wäre naiv, ihm zu vertrauen. In
Wirklichkeit sei der einzige Gegenstand der politischen
Wissenschaft «der Kampf um die Macht in unterschied-
lichen, zugegebenen oder kaschierten Formen». Nach
diesem Postulat kann Burnham den Kommunismus fol-
gendermaßen definieren: «Eine weltweite Verschwö-
rung zur Eroberung eines Machtmonopols im Zeitalter
des untergehenden Kapitalismus.» Und auch Monnerot
setzt das Unternehmen mit einer Geheimgesellschaft
gleich, die die Herrschaft um der Herrschaft willen
sucht: schon der Name, den er ihm gibt, soll den privaten und egoistischen Charakter unterstreichen.

Der Machiavellismus ist eine harmonische Ergänzung
der Psychologie des Ressentiments. Die revolutionäre
Haltung ist subjektiv in ihren Beweggründen wie in ihren Zwecken. Menschen, die vom «Willen zur Macht»
getrieben sind, verstärken bei jenen, die sich machtlos
wissen, Minderwertigkeits-, Neid- und Haßgefühle.

Man merkt die Vorzüge einer solchen Interpretation.
Kurz, sämtliche Leiden der Menschen sind imaginär: da
genügen ideelle Heilmittel. Unnötig, die Welt zu verändern: es reicht aus, die Meinung zu modifizieren, die sich
manche von ihr machen. Nietzsche schlug vor, den Benachteiligten eine Illusion von *Würde* zu geben; De Man
empfiehlt eine Beschwichtigung der Minderwertig-
keitskomplexe, unter denen die Arbeiter leiden, durch
die Zubilligung einiger sozialer Vorteile; die aufgeklärte
Rechte erkennt bereitwillig an, daß man das Proletariat

sittlich der Gesellschaft integrieren muß. Kurz, man wird die Mentalität der Unterdrückten und nicht die Situation, die sie unterdrückt, verändern wollen. Genauso zynisch verfährt in Amerika das *Big Business*.[24] Es wendet die *public-relations-Technik* an, um bei den Ausgebeuteten ausbeuterfreundliche Parolen zu verbreiten. Es hat die Technik des *Human engineering* entwickelt, mit der es die materielle Realität der Arbeitersituation hinter moralischen und affektiven Mystifizierungen zu verstecken bemüht ist. Mit einer entsprechenden Schulung, mit sorgfältig entwickelten Führungsmethoden will man den Proletarier davon überzeugen, daß er kein Proletarier, sondern ein amerikanischer Bürger ist. Läßt er sich nicht manipulieren, hält man ihn für anomal und hat für ihn eine «Encounter»-Therapie erfunden.

Es ist selbstverständlich eine Humanitätspflicht, die Anstifter zu bekämpfen, die an der Aufreizung der Revolutionsneurose interessiert sind. Und es versteht sich von selbst, daß die Theorie, auf die sie sich für ihre finsteren Absichten berufen, keinerlei Anspruch auf Wahrheit erheben kann: unsere Antikommunisten sind nicht naiv genug, ihr einen Inhalt zuzusprechen, der irgendeine Realität widerspiegelte. Sie haben von Sorel gelernt, daß der Mythos eine dynamische Kraft ist, die nicht intellektuell, sondern an ihrer Effizienz gemessen wird. Von den Machiavellisten übernehmen sie, daß Ideen Kriegswaffen zur Schaffung affektiver und aktiver Haltungen sind. Einige Spezialisten rühmen sich der Kenntnis und wissenschaftlichen Kritik des Marxismus, doch die große Mehrheit seiner Gegner hält es für unnötig, ihn zu kennen. Die Theorie von Marx, Engels und Lenin, gibt Thierry Maulnier zu, «ist zweifellos denen, die sie bekämpfen oder zu bekämpfen meinen, nahezu unbekannt». Burnham zitiert zustimmend den Satz von Pareto: «Den sozialen Wert des Marxismus zu bestimmen, zu wissen, ob die marxistische Mehrwerttheorie richtig oder falsch ist, das ist annähernd genauso wichtig, wie zu wissen, ob die Taufe die Erbsünde tilgt, wenn man die soziale Bedeutung des Christentums zu bestimmen sucht – und das hat nicht die geringste Bedeutung.»

Der Marxismus erkläre sich wie die Situation, die er interpretieren will, aus subjektiven Zufällen. Er sei eine der Formen jenes modernen «Humanitarismus», der laut Scheler nur «eine Folge des verdrängten *Hasses* zur Familie, zur nächsten Umgebung» ist. Die «Liebe zu all dem, was Menschengesicht trägt» drücke den Haß gegen Gott aus. Es sei auch ein «Protest gegen die Vaterlandsliebe».[25] Grundlegender noch sei es auch eine Weise, sich selbst zu fliehen und den Selbsthaß zu stillen. De Man betrachtet den Sozialismus wohlwollender: der individuelle moralische Sinn sei seine wahre Triebfeder. Aus taktischen Gründen müsse der Sozialist seiner Theorie eine objektive Dimension geben: doch das sei reine Verkleidung. Neben anderen hat Marx «den Sozialismus nur deswegen als notwendig dargestellt, weil er ihn auf Grund eines vorgefaßten stillschweigenden moralischen Urteils für wünschenswert hielt». Einen ähnlichen Gedanken findet man bei Spengler: «... politische Parteien, heute wie in hellenistischer Zeit, (adelten gewissermaßen) gewisse wirtschaftliche Gruppen, deren Lebenshaltung sie glücklicher gestalten wollten, durch Erhebung in einen politischen Stand..., wie es Marx mit der Klasse der Fabrikarbeiter getan hat.»[26] Monnerot meint, Marx sei eher einem irrationalen Impuls als einem ethischen Anliegen gefolgt. Marx und nach ihm die Marxisten seien durch das Aufkommen und durch die Entfaltung des Kapitalismus zu stark erschüttert worden. «Die Rückwirkung eines affektiven Traumas hat ihre eigene Perspektive bestimmt.» Und selbstverständlich sei Marx ein Mensch des Ressentiments genau wie jene, an die er sich wendet und die sich ihm anschließen.

Ressentiment, ethische Absicht, Trauma: auf jeden Fall sei der Ursprung des Marxismus ein individuelles Mißgeschick. Und seinen Erfolg verdanke er äußeren Umständen. Nach Pareto handelt es sich um ein gesellschaftliches Faktum, das soziologischen Gesetzen unterliege: insbesondere dem von Pareto erfundenen Gesetz der «Derivationen» und der «Residuen». Toynbee sieht im Marxismus «die Verkleidung der jüdischen Apokalypse»; Caillois eine Orthodoxie; Aron führt seine Explosivkraft auf die Verbindung einer christlichen mit einer prometheischen und einer rationalistischen Ethik zurück. Doch was sie vor allem unermüdlich wiederholen, ist, daß der Marxismus dem religiösen Instinkt der Massen schmeichele: er sei eine Religion.

«Es gibt keinen Sozialismus ohne irgendeine Religion», schreibt De Man. «Der psychische Impuls zum Sozialismus hat seine Ursache außerhalb jeglicher Realität der Welt.»

«Die UdSSR ist ein Aberglaube», schreibt Aron. Und in *Les guerres en chaînes*[27] entwickelt er ausführlich den von Toynbee übernommenen Gedanken: «Der Marxismus ist eine christliche Häresie.»

In *La Liberté de l'Esprit* vom Mai 1949 bedankt sich Stanislas Fumet bei Berdjajew dafür, daß er ihm schon vor langem offenbart hat, der Marxismus sei eine Religion; und nach Pareto schlußfolgert er: «Auf ihre Dogmen kommt es nicht an. Was zählt, ist ihr Einfluß auf die

Seelen – solange es Seelen geben wird –, ist das magische oder taktische Vorgehen, das Handeln des Priesters, das die Geister verführt und ihn in die Lage versetzt, im Namen irgendeiner Gottheit den Willen der Menschen zu beugen.»

Monnerots Buch stützt sich insgesamt auf jene Gleichsetzung. Der Kommunismus, das sei «der Islam des 20. Jahrhunderts». Das Unternehmen sei das «religiöse Bild einer Teilung der Menschheit». «Das kommunistische Unternehmen ist ein religiöses Unternehmen.» «Der Kommunismus bietet sich gleichzeitig als weltliche Religion und als universeller Staat dar. Als weltliche Religion schürt er die Ressentiments, macht die Triebe wirksam, die die Menschen gegen die Gesellschaften aufbringen, denen sie entstammen, verstärkt diesen Zustand der Selbstentfremdung und Spaltung bei einem Teil ihrer lebendigen Kräfte, der das Tempo der Auflösung und der Vernichtung beschleunigt.» Der Sozialismus ist ein «Messianismus des Menschengeschlechts».

Man muß auch den Artikel *Fanatisme des marxistes* erwähnen, in dem Thierry Maulnier sich bemüht, den Marxismus in religiöse Begriffe zu übertragen. Das Paradies, schreibt er, wurde vom Himmel in die Zukunft versetzt; Marx erhob das geschichtliche Schaffen zum absoluten Wert, und daher finden sich in seiner Theorie eine überhistorische Transzendenz der Werte und die Verheißung eines Heils in einer anderen Welt wieder. Es gibt also eine marxistische Religion: «Die Religion der zu erobernden Menschheit oder der zu schaffenden Menschheit.»

Die Methode, den Kommunismus von all seinen realen Grundlagen loszulösen und als eine reine Form zu definieren, ist in *La face de Méduse du communisme,* einer anderen Schrift von Thierry Maulnier, noch offensichtlicher. Der Autor fragt sich: Warum impliziert jede Revolution Terror? Alle objektiven Gründe weist er von sich; der Gedanke, ein Enteignungsunternehmen könne nicht gewaltfrei durchgeführt werden, ist ihm neben anderen völlig fremd. Ihm zufolge muß die Erklärung für den Terror «in den finsteren Kräften des Kollektivmenschen» gesucht werden. Der Terror ist «der eigentliche Boden des kollektiven Unbewußten, auf dem der Apparat der revolutionären Justiz errichtet wird». Daß es 1793 eine Schreckensherrschaft gab, liege daran, daß man gegen Ende des 18. Jahrhunderts «sich zu langweilen begann». Der Terror entstehe aus einer «tragischen Faszination des Todes» und aus «dem jedem Fanatismus innewohnenden intellektuellen schlechten Gewissen»; er habe seinen Ursprung in der Angst und im Willen zur Macht. Auch für Maulnier ist «die Revolution der triumphierende Reflex des Ressentiments». Es handele sich um ein Unternehmen «gesellschaftlicher Verhexung», und als solches verlange es Sühneopfer. Der Terror sei «das Beschwörungs- und Läuterungsritual, der liturgische Apparat, die Messe und das Mysterium». «Nach Beendigung des Festes etabliert sich das Ritual. Die Terrororgie wird die Terrorkirche.» Natürlich ist diese Kirche machiavellistisch. Ihr geht es um die Durchführung einer «totalen Beschlagnahme des Individuums für die Gesellschaft».

Damit ist der Marxismus also erledigt: er reduziert sich auf ein psycho-soziologisches Phänomen ohne innere Bedeutung; er ist eine Religion, in der weder die Gottheit noch Dogmen wichtig sind, sondern allein der Machiavellismus der Priester: ein bloßes Instrument in den Händen des Unternehmens, das die menschliche Leichtgläubigkeit eigennützig ausbeutet.

Dennoch bleibt ein Problem, das die rechten Intellektuellen ganz besonders beschäftigt: die Existenz von linken Intellektuellen. Sie sind nicht benachteiligt wie die Proletarier, sie manifestieren nicht diesen Willen zur Macht, der die Rädelsführer antreibt: Wie erklärt sich ihre Verirrung? Man braucht nicht lange zu suchen: einige Anpassungen genügen, und der Begriff des Ressentiments wird auch hier dienlich sein. Man dekretiert, die Angehörigen der Intelligentsia – seien sie auch in irgendeiner bürgerlichen französischen Familie zur Welt gekommen – fühlten sich in der Gesellschaft exiliert. Jedenfalls sitzen sie dort nicht in den ersten Logen: das genügt für ihren Haß auf die Gesellschaft und ihren Selbsthaß. Der Intellektuelle, sagt Aron, verabscheue den Bourgeois; Aron stellt sich keinen Augenblick lang vor, jene Feindseligkeit könnte die Kehrseite eines positiven Gefühls gegenüber den übrigen Menschen sein:[28] seiner Ansicht nach resultiert sie eindeutig aus einem Minderwertigkeitskomplex. Die Intellektuellen «können die ersten Ränge der Gesellschaft nur durch die Beseitigung derjenigen erreichen, die im Abendland ihre Macht dem Vermögen und dieses wiederum dem Zufall der Geschichte, Erbschaften oder außergewöhnlichen Talenten verdanken». Daher «flieht man zur roten Metropole, weil man die Gesellschaft, in der man lebt, verabscheut».[29]

Monnerot hat zwar etwas subtilere Erklärungen versucht, doch den Eindruck von Komplexität vermag er nur dank einer völligen Unklarheit zu erwecken. Man muß unter anderem die Passage zitieren, wo er beschreibt, wie es den Kommunisten gelang, der Atombombe entgegenzutreten: «Mit psychologischen Methoden, unter Ausnutzung religiöser, moralischer und metaphysischer Motive machen sich die Kommunisten an die Wissenschaftler heran, die die Herstellung dieser Waffen ermöglicht haben. Sie arbeiten daran, daß es für die, deren Berechnungen und Erfindungen die neuen Waffen lancierten, ein moralischer Imperativ wird, *ihre Patente zwar nicht direkt Rußland und den russischen Soldaten preiszugeben, aber doch den Dienern, den Boten, den Befürwortern einer ‹gerechteren› Weltanschauung.*»[30]

Wie wird diese Arbeit ausgeführt? Woraus bestehen diese Methoden? Monnerot erläutert es etwas weiter unten: «Die kommunistischen Politiker wissen, daß man bei jedem Menschen auf die Bedürfnisse, die Leidenschaften, die Laster, die Schwächen, die ihn treiben, setzen muß; der *schwache Punkt* jedes einzelnen Individuums, dessen Einbeziehung nützlich ist, macht die *Stärke* solcher Gruppen aus.»

Wir nehmen also an, eine Mannschaft kommunistischer Psychotechniker durchquert Amerika, bietet den Atomwissenschaftlern Geld, Ehrungen, Frauen, Drogen, Whisky, kleine Knaben an, je nach dem jeweiligen schwachen Punkt des einzelnen. Wie führt die Ausnutzung des schwachen Punktes zum Erwachen eines «moralischen Imperativs» im Herzen von Wissenschaftlern? Der Vorgang bleibt mysteriös. Um dieses Geheimnis zu lüften, muß man auf die Tiefenpsychologie zurückgreifen. Im Kapitel zur «Psychologie der weltlichen Religionen» erklärt Monnerot, daß die Individuen, die an einer Privatneurose erkrankt sind, in der Teilnahme an einer Kollektivneurose eine Linderung ihrer Leiden erfahren; er beschreibt ausführlich die Wahnvorstellungen, denen die kommunistischen Intellektuellen kollektiv ausgesetzt sind: Doch noch einmal, wie steckt man sich an? Warum ist beispielsweise Monnerot nicht angesteckt worden? Als letzte Möglichkeit greift Monnerot Arons Erklärung auf: der linke Intellektuelle sei vom Ressentiment beherrscht.

Der Kommunismus «präsentiert sich all jenen, die meinen, sie hätten bei einer radikalen Veränderung nichts zu verlieren und alles zu gewinnen, als ein Fortschritt: es handelt sich also ... um all jene, die ohne im eigentlichen Sinn benachteiligt zu sein, sich dennoch marginalisiert fühlen (das ist der besondere Fall derjenigen, die die Intelligentsia bilden)».

Trotz seinem soziologisch-psychoanalytischen Jargon bietet Monnerot keine präzise Lösung des Problems: Warum sind bestimmte Intellektuelle links? Koestler hat in der Physiologie nach Antworten gesucht: ihm zufolge muß die «Ermüdung der Synapsen»[31] berücksichtigt werden. Diese ist Ergebnis «einer allgemeinen Schwächung der Verbindungen zwischen den Gehirnzellen, die die Nervenimpulse weiterzuleiten hätten. Diese Ermüdung kann Ergebnis einer ständigen Vergewaltigung des Bewußtseins des Betroffenen sein.» In einer der jüngsten Ausgaben von *Preuves* hat sich Koestler die Mühe gemacht, einen «Kleinen Führer der Politneurosen»[32] zu verfassen. Doch allgemein finden die Rechten selber alle diese Erklärungen unzureichend. Man beschränkt sich auf die Feststellung, die UdSSR und die Kommunisten verfügten über «psychische Methoden», die um so gefährlicher seien, je geheimer sie seien. Zur Erklärung des Briefes von Geneviève de Galard an Ho Tschi Minh und einiger Verlautbarungen der Generalin de Castries hat die Zeitung *Dimanche-Matin* sich gar «Gehirnwäsche»-Techniken vorgestellt. Durch

Verfügung über Drogen, Zaubertränke, Hexereien und Magie ist die kommunistische Partei ein Zauberer, dessen finsteren Künsten die Massen und bestimmte Individuen passiv ausgesetzt sind.

Die Theorie der Elite

Das auffallendste an den hier untersuchten antikommunistischen Texten ist die Vorstellung vom Menschen, die sie uns einmütig nahelegen. Ob Proletarier oder Intellektueller, er ist von der Realität radikal abgekoppelt: sein Bewußtsein erfährt passiv die Gedanken, Bilder, psychischen Zustände, die es zufällig heimsuchen; entweder werden sie von äußeren Faktoren rein mechanisch verursacht oder von den Betroffenen selbst im Wahn der Phantasie hervorgerufen. Trotz den der Psychoanalyse und Soziologie entlehnten Finessen tut jene Philosophie nichts anderes, als den alten psycho-physiologischen Idealismus fortzusetzen, mit dem schon Bergson abgerechnet hatte. «Die Wahrnehmung ist eine reale Halluzination»: man begnügt sich, den alten Satz von Hippolyte Taine dem Zeitgeschmack anzupassen. Ist die Revolte des Proletariers oder die Empörung des Intellektuellen durch die Situation gerechtfertigt, so handele es sich um einen Zufall, den der Halluzinierende nicht überprüfen könne: er sei rückhaltlos in seiner Immanenz eingeschlossen. Er reagiere auf seine Halluzinationen mit absolut irrationalen psychischen Entladungen, die sich entweder durch das Geheimnis organischer Kräfte oder durch

Launen der Subjektivität erklärten. Zeigten diese Reaktionen doch eine gewisse Zweckmäßigkeit, so sei diese rein egoistisch. Von der Welt getrennt, sei das Individuum *a fortiori* von seinesgleichen getrennt; es kommuniziere nicht mit ihnen, es empfinde ihnen gegenüber keinerlei positive Gefühle: sein einziger Antrieb sei das Interesse, das es für sich selber hegt und das sich entweder als leere Ambition oder, wenn diese Ambition unerfüllt bleibt, als Ressentiment äußert. Auch diese Moral ist nicht neu: sie übernimmt die Gemeinplätze des alten christlichen Pessimismus und des naturalistischen Skeptizismus. Wenn Monnerot zum Beispiel erklärt, wie man die linken Intellektuellen «einfängt», ähnelt er jenen Müttern und Ehefrauen, die, auf ihre gallige Weisheit vertrauend, ihren Söhnen und Ehemännern vorwerfen, sie hätten sich von einer Schlampe «einwickeln lassen». Diese Welt sei eine Welt von Ganoven und Düpierten, die sich sinnlos und zwecklos aufregen; der Mensch sei ein bösartiges und stupides Tier. Das ist es, was die Denker der Rechten vertreten.

Nichts ist willkürlich in diesem desillusionierten Zynismus. Wir haben es gesehen: nichts stört den Privilegierten so sehr wie die Existenz der anderen Menschen, der Armen, Hungernden und Barbaren. Wenn aber der Mensch nur Verachtung verdient, gibt es keine Skrupel mehr: man darf ihn für eine Null halten. Deshalb betreibt jede Literatur, die ihn rückhaltlos diskreditiert, das Spiel der Rechten. Vautel, Céline, Léautaud werden von ihr bereitwillig aufgenommen.

Allerdings bleibt eine ernste Schwierigkeit: Sind diejenigen, die die menschliche Misere brandmarken, keine Menschen? Wenn jedes Bewußtsein wahnhaft, jede Handlung eigennützig ist, wie können sie uns dann davon überzeugen, daß sie die Wahrheit besitzen und daß ihre Zwecke objektiv gültig sind? Führte man den Zynismus konsequent zu Ende, wäre man gezwungen, mit de Sade zu schlußfolgern: «Alle Leidenschaften haben einen zweifachen Sinn, Juliette: für das Opfer sind sie sehr ungerecht, für den jedoch, der sie ausübt, ganz und gar gerecht...» Doch damit wird auf jeden Anspruch auf eine universelle Gerechtigkeit verzichtet; jeder kämpft für sich, jener Realismus liefe auf die Anerkennung des Klassenkampfes hinaus. Und das ist genau das, was man vermeiden will. Die Bourgeoisie legt Wert darauf, das Recht auf ihrer Seite zu haben. Dafür ist es nötig, daß ihre Denker sie über die vulgäre Menschheit erheben.

Lange Zeit hat die Religion den Privilegierten als Ideologie gedient; pervertiert durch die Erbsünde, blind, schuldig, erscheint der Mensch im Licht des Christentums als ein Anti-Wert; es gibt für ihn nur ein Heil: er muß sich den göttlichen Absichten unterwerfen; und diese zeigen sich in der Welt, so wie sie ist. Der Privilegierte akzeptiert hier in voller Demut den ihm zugewiesenen Platz; er ist von Gott erwählt, das genügt zur Begründung seines Rechts; was die Benachteiligten betrifft, so wird ihnen allein durch die Entsagung die himmlische Belohnung zuteil, die die Gerechtigkeit in aller Ewigkeit wiederherstellt. «Jede Macht kommt von Gott», schrieb um das Jahr 1000 ein Mönch von Saint-Laud. «Gott selber hat gewollt, daß unter den Menschen die einen Herren und die anderen Leibeigene sind, damit die Herren Gott verehren und lieben und die Leibeigenen ihre Herren verehren und lieben.» Danach hat die kapitalistische Bourgeoisie Gott in ihren Dienst genommen. 1761 erklärte Hyacinthe de Gasquet vor denjenigen, die er die «Ökonomen der Vorsehung» nannte: «Jesus Christus selber ist eure Bürgschaft: in seine göttlichen Hände und auf sein angebetetes Haupt legt ihr das Kapital.» Im 18. Jahrhundert haben die Philosophen für die Meinungsfreiheit gekämpft; doch als die Bourgeoisie an der Macht war, hat sie begriffen, wie nötig es ist, «religiöse Hoffnungen» im Volk zu unterhalten; damit sicherte sie sich gleichzeitig ein gutes Gewissen. Noch heute gibt es eine christliche Denkrichtung, die sich auf Gottes Autorität beruft, um die Ausbeutung des Menschen durch den Menschen zu rechtfertigen. «Der Mensch», so schreibt Claudel in seinen *Mémoires improvisés*, «ist ein Rohstoff, den man bearbeiten muß, um alles, was möglich ist, aus ihm zu gewinnen. Infolgedessen ist es dummes Zeug, die Ausbeutung des Menschen durch den Menschen zu tadeln. Im Gegenteil, der Mensch ist ein Ding, das danach verlangt, ausgebeutet zu werden.» Allerdings ist das Christentum eine ambivalente Theorie geworden; auf Grund der Ansicht, jeder Mensch sei eine Gotteskreatur, betonen einige Christen die Würde des einzelnen und die grundlegende Gleichheit aller: sie streiten ab, daß Gott im Dienst der Mächtigen dieser Welt steht. Überhaupt kann der Rückgriff auf die Religion dem Bourgeois schon deshalb nicht genügen, weil er sich als Gottes Ebenbild ansieht: nicht als Herrscher mit willkürlichen Absichten, sondern als aufgeklärten Geist, dessen Entscheidungen rationale Motive haben; man verschmäht es nicht, sich auf ihn als Garant der etablierten Ordnung zu berufen, doch muß zunächst bewiesen werden, daß diese Ordnung eine göttliche Unterstützung verdient. Schließlich ist Tatsache, daß Gottes Kurs ziemlich gesunken ist. Seine Existenz ist zu ungewiß, zu fern, seine Absichten sind zu verborgen, als daß man ihn auf überzeugende Weise als Garanten der irdischen Hierarchien intervenieren lassen könnte. Man muß etwas anderes finden.

Man muß findig werden. Man versänke ja in nihilistischer Indifferenz, wenn man nach der Entwürdigung des Menschen nicht die Rettung des Bourgeois erreichte. Nachdem man bereits die Bedeutung der konkreten materiellen Unterschiede zwischen den Klassen herausgefunden hat, wird man noch eine weitere Art von Heterogenität zwischen ihnen herstellen: die privilegierte Klasse hat an einer transzendierenden Realität teil, die durch ihre Existenz sublimiert wird. Der reaktionäre Zynismus ist notwendigerweise von einer Mystik begleitet. Drieu war sich dessen bewußt, als er bedauerte, nicht an Gott zu glauben: «Er ist nur ein Vorwand, die Menschen zu fliehen: Gott.»[33] Das war zuviel an Aufrichtigkeit. Später zog er sich, ohne stärker zu glauben, aus der Affäre, indem er «das menschliche Ding» etwas anderem unterwarf, das er das *Göttliche* nannte. Als er in seinen *Notes pour comprendre le siècle* beweisen will, daß der Faschismus hingenommen werden muß, schreibt er: «Wenn der Mensch den Sinn für den Ruhm verliert, verliert er den Sinn für die Unsterblichkeit, und wenn er den Sinn für die Unsterblichkeit verliert, verliert er den Sinn für die Göttlichkeit. – Wenn aber das Göttliche stirbt, verblaßt die Natur, und das unmerklich absterbende menschliche Ding wird abscheulich.»

Als Atheist stellt sich Drieu das Göttliche natürlich als eine positive, konkrete Realität vor: für ihn wie für viele andere[34] ist es die transzendierende Projektion einer manchen Menschen immanenten Eigenschaft, die sie über die Menschheit erhebt. Je nach den Umständen nimmt diese sonderbare Tugend unterschiedliche Formen an: wir werden sehen, daß die Niederlage der Nazis in dieser Hinsicht seltsame Metamorphosen hervorgerufen hat. Doch ist ihre Definition immer negativ: man nennt sie übermenschlich, weil sie unmenschlich ist; sie ist das *andere* als der Mensch, das, was bei den Menschen nicht angetroffen wird: der bürgerliche Denker verwandelt diese Abwesenheit in eine mysteriöse Substanz, über die ausschließlich der Bürger verfügt. Durch sie verwandeln sich die Interessen der Bourgeoisie in Werte; die Existenz des Privilegs wird heilig, sein Besitz ein Recht, seine Nutznießung eine Pflicht; die Privilegierten heißen Elite, die Privilegien Überlegenheit, das Ganze Zivilisation. Die Masse dagegen ist nichts. Und dann kann verkündet werden, die Ungleichheit verwirklichte die Gerechtigkeit.

Die radikalste aristokratische Haltung besteht darin, die Menschheit in zwei Teile aufzuspalten und diese Spaltung als gegeben zu betrachten. Nietzsche hat von Machiavelli und Gobineau die Hierarchie übernommen, die Herren und Sklaven entgegensetzt, und wie sie gründet er diesen Gegensatz auf die Tatsache einer Rasse. Nur die Existenz der Großen – der Aristokraten, der Helden – hat eine Bedeutung; die anderen Menschen bilden die Masse: «Der Treibsand der Geschichte, alle sehr ähnlich, sehr klein, sehr rund.» Nietzsche erklärt: «Die Massen scheinen mir nur in dreierlei Hinsicht einen Blick zu verdienen: einmal als verschwimmende Kopien der großen Männer ..., sodann als Widerstand gegen die Großen, und endlich als Werkzeuge der Großen; im übrigen hole sie der Teufel und die Statistik!»[35]

Vor dem letzten Krieg war die Nietzsche-Tradition noch lebendig. Besonders Spengler greift die Idee wieder auf, wonach sich der Adel aus «elementaren Tatsachen des Blutes» erklärt und er allein ein historisches Dasein, ein reales Dasein besitzt. Der «Zufall Mensch» ist nur ein Moment der planetarischen Geschichte; er unterliegt dem «unergründlichen Geheimnis der kosmischen Flutungen». *Das* Leben und *die* Geschichte sind eins. *«Politik im höchsten Sinne ist Leben, und Leben ist Politik.»* Es wäre allerdings primitiv zu glauben, das Leben, die eigentliche Substanz der menschlichen Realität, bewohne jedes lebende Individuum. Das Leben verkörpere sich in Rassen. In ihrer Urform verwirkliche sich die Rasse im Bauerntum, das sozusagen ein Stück Natur ist; in den hohen Kulturen steigere sie sich bis zum allerhöchsten: sie verwirkliche sich im Adel. «...der Adel (ist) *der eigentliche Stand*, der Inbegriff von Blut und Rasse, ein Daseinsstrom in denkbar vollendeter Form.» Eine tiefe Verwandtschaft bestehe zwischen dem Adel und dem Volk, das, auf die Realitäten der Rasse, der Sprache und der Landschaft gegründet, mit einer Seele begabt sei und ebenfalls eine substantielle Realität besitze. In den anderen Ständen aber zerfalle diese Realität. Das Priestertum sei der «eigentliche *Gegen-Stand*», genauso wie Raum und Zeit stehen sich auch Priestertum und Adel entgegen, es sei «die Nichtrasse, die Unabhängigkeit vom Boden, das freie, zeitlose, geschichtslose Wachsein». Das Bürgertum dagegen sei aus dem Widerspruch zwischen Stadt und Land entstanden, seine Einheit sei lediglich eine des Widerspruchs, und es sei völlig substanzlos. Mit ihm entwickele sich Wissenschaft und Wirtschaft, es organisiere sich in Parteien: und damit breche das Zeitalter der Massen an, durch das sich die Geschichte selbst aufhebe. Die Masse sei «das absolut Formlose, das jede Art von Form, alle Rangunterschiede, den geordneten Besitz, das geordnete Wissen mit Haß verfolgt». Sie sei «Ausdruck der Geschichte, die ins Geschichtslose übergeht. Die Masse ist das Ende, das radikale Nichts.» Dem Elitemenschen, dem Helden stellt Spengler den Massenmenschen entgegen, das in seiner materiellen Existenz betrachtete, der Lebenshaltung unterworfene Individuum, und er schreibt: «Sich ernähren und sich bekämpfen: den Rangunterschied beider Lebensseiten läßt ihr Verhältnis zum Tode erkennen.[36] Es gibt keinen tieferen Gegensatz als den von *Hungertod und Heldentod*. Wirtschaftlich wird das Leben bedroht, entwürdigt, erniedrigt durch den Hunger im weitesten Sinn: ... Die Politik opfert Menschen für ein Ziel ... die Wirtschaft läßt sie nur verderben ... Der Krieg ist der Schöpfer, der Hunger der Vernichter aller großen Dinge ... Der Hunger weckt jene häßliche, gemeine, ganz unmetaphysische Art von Lebensangst, unter welcher die höhere Formwelt einer Kultur jäh zusammenbricht und der nackte Daseinskampf menschlicher Bestien beginnt.»[37]

Die Bourgeoisie singt jedesmal mit Spengler gemeinsam im Chor, wenn sie die Menschen, die sich erlauben, Hunger zu haben, des «schäbigen Materialismus» bezichtigt. Allerdings bringt diese edle kriegerische Moral sie etwas in Verlegenheit. Unter die Sandkörner, die die Massen bilden, zählte Nietzsche auch alle Bürger. In der beabsichtigten Konfusion der Naziideologie haben unzählige von ihnen die eigene Sache mit der der «Herrenrasse» verbunden: die Herrenmenschen haben den Krieg verloren. Bei allem Respekt, den das Bürgertum den Hierarchien des Blutes nach wie vor entgegenbringt, hat es keinen Grund mehr, ihnen alle übrigen unterzuordnen: der Spiritualismus löst den Rassismus ab. In dieser

Hinsicht steht ihr Scheler näher als Spengler. Für Scheler bestimmt sich der Wert nämlich durch einen bestimmten vitalen Adel, der uns dem Göttlichen näherbringt. Scheler hält einen wesentlichen Punkt aufrecht: der Wert ist nicht etwas, was erworben wird; weil er vital ist, bleibt er an die Rasse gebunden, ist er angeboren; doch die nackte Tatsache der Rasse reicht zu seiner Begründung nicht aus; der Wert erscheint als Vermittlung zu einer Transzendenz; bestimmte geistige Gnaden sind nach einer organischen Vorherbestimmtheit auf die Menschen verteilt. Unter den Vorbildern, deren Ausstrahlung den Menschen hilft, sich zu Gott zu erheben, nimmt der Held einen hohen Rang ein; doch der des Genius ist noch höher, und es ist der Heilige, der an der Spitze der Hierarchie steht. Von diesen Nuancen abgesehen ist die Moral Schelers genauso unerbittlich gegenüber der «menschlichen Bestie» wie die Nietzsches und Spenglers. Wir haben bereits gesehen, daß er «die Liebe zu all dem, was Menschengesicht trägt», nur auf das Ressentiment zurückführen kann. In der Tat konzentriert sich eine derartige Liebe «zuvörderst auf *die niedrigsten und tierischsten* Seiten der Menschennatur, – und diese sind es ja zunächst, die ‹alle› Menschen gemein haben». Er fügt hinzu: «Wer sähe aber darin nicht den im geheimen glimmenden Haß gegen die positiven höheren Werte, die eben wesenshaft *nicht* an das ‹Gattungsmäßige› gebunden sind.» Der gattungsmäßige Zusammenhang der Menschen ist das «sittliche Proletariat», das aus Haß oder aus Ressentiment auf die Träger der Werte meint, selber Werte schaffen zu können: lächerliche Anmaßung! «In der Masse herrschen die Gesetze frei, die auch das tierische Herdendasein zusammenhalten … In der puren Masse würde der Mensch zum Tiere.» [38]

136

Der Übergang vom Rassismus zum Spiritualismus wird bei Jaspers vollzogen. Als lebhaft am Nationalsozialismus interessierter Deutscher lehrt Jaspers heute in einem besiegten Deutschland: er überträgt die arroganten Gedanken Spenglers und Schelers in die Sprache des Besiegten. Der auf sich selbst reduzierte Mensch scheint Jaspers wie Spengler und Scheler ohne jegliche Bedeutung zu sein: «Nicht der Mensch als Daseinsexemplar, sondern der Mensch als mögliche Existenz ist liebenswert, in jedem einzelnen sein möglicher Adel.» Doch die Idee des Adels ist stark verändert worden: der Adel ist heute nicht mehr Privileg einer Klasse, einer Rasse, einer Kaste: er ist eine Seelengemeinschaft, eine gewisse «Öffnung zum Transzendenten». Denn oberhalb der empirischen Welt ist das Transzendente: es allein existiert, es allein hat Wert. Die Menschen haben nur Würde durch Teilhabe an seinem Wesen. Alle *können* daran teilhaben: in diesem Sinn gibt sich die Moral von Jaspers einen demokratischen Anstrich; in Wirklichkeit verlangt sie eine pluralistische und hierarchisierte Gesellschaftsform; das Transzendente öffnet sich nur den individualisierten Formen: dem «beseelten» Volk – nicht der formlosen Masse; den in den substantiellen Formen von Vaterland, Familie, Rasse und Zivilisation verwurzelten Individuen – nicht dem Menschen der Masse. Damit bleibt der Adel einer Handvoll von Menschen vorbehalten. «Das *Problem* des menschlichen Adels ist jetzt die *Rettung der Wirksamkeit der Besten, welche die Wenigsten sind.*» Eingeschlossen in ihrer empirischen Existenz, untereinander nur kontingente Beziehungen habend, ist die überwältigende Mehrheit der Menschen nur eine *Masse,* in der die menschliche Substanz geleugnet wird. «Der Mensch ist, wenn er als Masse da ist, doch in der Masse nicht mehr er selbst. Masse ... löst auf.» «Die Masse dagegen ist ungegliedert, ihrer selbst unbewußt, einförmig und quantitativ, ohne Art und ohne Überlieferung, bodenlos und leer. Sie ist Gegenstand der Propaganda und Suggestion, ohne Verantwortung, lebt auf tiefstem Bewußtseinsniveau.[39]

Es herrscht Einmütigkeit: der Mensch, in dem sich nichts anderes als er selbst verkörpert – Blut, Leben, Transzendenz – ist ein «radikales Nichts». Man wird sich anstrengen, uns zu beweisen, daß er in keinem Bereich Existenz besitzt. Seine eigene Geschichte entgeht ihm, und er ist unfähig, sie zu transzendieren.

Die Geschichte

Die Geschichte entzieht sich den Menschen im allgemeinen und den Massen im besonderen: zum Beleg dieser These werden am liebsten die Autoritäten Burnham, Spengler und Toynbee zitiert. Es kann hier keine detaillierte Untersuchung ihrer Denksysteme vorgenommen werden, aber wir werden versuchen, ihren Geist herauszustellen.

Die menschliche Natur ist schlecht, und sie ist unveränderbar, behauptet Burnham getreu den machiavellistischen Prinzipien: dieser Pessimismus reicht zur Verurteilung der Geschichte. Wenn der Mensch gleichbleibt, ist Fortschritt unmöglich, hat keine einzige äußere Veränderung Sinn. Von Pareto hat Burnham die Theorie vom «Kreislauf der Eliten» übernommen. Die

Geschichte wird nicht von Massen, sondern von Generalstäben gemacht; daß sie sich ändert und erneuert, liegt allein daran, daß es zwischen den Eliten, die die Macht anstreben, Konflikte gibt: einige werden beseitigt, andere siegen; jener Vielfalt entspricht der Pluralismus der Zivilisationen: zwischen diesen gibt es zwar Kausalitätsverbindungen, aber ihre Aufeinanderfolge ist nichtsdestoweniger diskontinuierlich; die Ersetzung einer Führungsmannschaft durch eine andere ist ein Zwischenfall ohne jegliche Zweckmäßigkeit. Denn einerseits verfolgen die Individuen, die die Welt leiten, kein einziges objektives Ziel: sie wollen die Macht um der Macht willen. Andererseits ist keine gesellschaftliche Entwicklung in der Lage, das Los der Menschen zu verbessern; es ist eine Mystifizierung unter anderen, den Menschen definitiv von der Not befreien zu wollen, da er *per definitionem* ein «begehrliches Tier» ist.[40] Eine solche Theorie ist zwar nicht eigentlich eine Katastrophentheorie, denn sie spricht weder von Dekadenz noch von Apokalypse; Burnham sieht eine rationale Entwicklung des Kapitalismus voraus: dem Regime, das die Besitzenden privilegiert, soll die «Ära der Organisatoren» folgen, die das Kapital der Technokratie unterordnen wird. Doch streitet sie der Geschichte jeglichen Sinn ab; diese sei ein schwachsinniges Auf-der-Stelle-Treten. Die Eliten streiten sich absurderweise um eine Macht, von der sie nicht den geringsten Gebrauch machen: die Menschen gewinnen nie etwas.

Immer wenn die Antikommunisten die Politik entzaubern und die Revolutionsidee vernichten wollen, plündern sie gern Burnham: Aron und Monnerot zum Beispiel kopieren ihn und schreiben ihn seitenlang ab. Zur Bekämpfung der «Revolutionsromantik» wiederholt Aron endlos, die Revolution sei nichts anderes als die Auswechslung des Führungspersonals; der desillusionierte Skeptizismus, der seine Artikel inspiriert, ist ein direktes Erbe der machiavellistischen Weltanschauung Burnhams. Monnerot seinerseits schreibt:[41] «Weltrevolution heißt Weltstörung im Kreislauf der Eliten.» «Revolutionen zeigen, daß die Eliten zu wünschen übriglassen.» Usw.

Wir haben allerdings gesehen, daß der Pessimismus der Rechten notwendig von einer Mystik begleitet werden muß. Und wenn Burnham gegen die «Illusionen» des Sozialismus Waffen der Polemik liefert, ist dafür das positive Gegenstück seines Werks äußerst dürftig. Wie will er, nachdem er die Absurdität der Geschichte aufgezeigt hat, jene Elite verteidigen, die doch gerade die Geschichte macht? Wenn die Auserwählten blindlings eine leere Macht anstreben, wie wollten sie uns für ihre Sache gewinnen? In Wirklichkeit ist Burnham ein so frenetischer Anhänger des Antikommunismus, daß er nicht das Bedürfnis hat, sich zu rechtfertigen. Er ist Amerikaner: er will, daß Amerika die Welt beherrscht, mehr nicht. Doch einmal stellt er sich mit gespielter Naivität die Frage: «Ist ein kommunistisches Weltimperium wünschenswert?» Seine Antwort ist von erstaunlicher Verlegenheit. «Eine kommunistische Weltwirtschaft würde den materiellen Wohlstand der Mehrheit der Menschen nicht steigern», behauptet er. Aber zwei Seiten weiter räumt er ein: «Über die Hälfte der Erdbevölkerung kennt bereits das niedrigste Lebensniveau, ihre materielle Situation kann sich kaum verschlimmern, sie könnte sich sogar verbessern.» Über die Hälfte, ist das nicht die Mehrheit? Es sei denn, ein Auserwählter könnte zwei oder zehn gewöhnliche Erdbewohner aufwiegen? Burnham verläßt in Eile das unsichere Terrain der Mathematik. Es gibt andere ökonomische Werte als den materiellen Wohlstand: die Sicherheit, die Freiheit; und abgesehen von den ökonomischen Werten existieren in unserer Zivilisation «Ideale» – deren Abschaffung übrigens «vielleicht vorzuziehen ist» (*sic*), doch die allerdings «zumindest partiell wirksame» Ideale sind. Es sind: der absolute Wert der menschlichen Person, das Ideal der individuellen Freiheit und Würde und auch das Ideal einer objektiven Wahrheit. Kurz, Burnham schließt: «Obwohl in unserer Geschichte wie in jeder Geschichte in der Praxis meist die Stärke darüber bestimmt, was die Gesetze als gerecht erklären, hat uns schon immer die *Idee* aufgebracht, die Stärke könnte wirklich gerecht sein.» Die *Idee* einer praktisch nicht existierenden Gerechtigkeit aufrechterhalten ist kein besonders begeisterndes Ideal: und es scheint wenig logisch «über die Hälfte der Erdbevölkerung» im Namen des «absoluten Werts der menschlichen Person» zum «niedrigsten Lebensniveau» zu verurteilen. Was die «objektive Wahrheit» betrifft, fragt man sich, von welchem Interesse sie für einen überzeugten Machiavellisten sein kann. Eigentlich sind die Anhänger Burnhams genauso verlegen wie er, wenn man sie nach dem Motiv ihres Kampfes fragt. Aron fühlt sich nur dann wohl, wenn er gegen die kindischen Illusionen seiner Gegner zu Felde zieht; sobald er aber genötigt ist, moralische Gründe für die Unterstützung Amerikas und des Kapitalismus zu suchen, mangelt es ihm an Überzeugtheit. «Die alten christlichen, humanistischen Werte», die dem Kommunismus entgegenzusetzen sind, versucht er weder zu benennen noch zu begründen. «Die Wahrheit bleibt für mich der höchste Wert», sagt er einmal. Warum? Und um welche Wahrheit handelt es sich?

Eigentlich verfährt der machiavellistische Pessimismus gleichermaßen streng mit der Elite wie mit den Massen; in einer solchen Perspektive kann man das absurde Beispiel der menschlichen Leidenschaften nur mit hoffnungslosem Zynismus betrachten. Nach einer Mystik muß anderswo gesucht werden.

Die Systeme von Spengler und Toynbee bieten mehr Stoff. Ihre Weltanschauung ist tragischer als jene der Machiavellisten. Sie ordnen die Geschichte dem Kosmos unter, sie verurteilen die Vielfalt der Zivilisationen, deren Entstehen von nichtmenschlichen Zufällen bestimmt wird, zum Tode, sie schneiden die Menschheit von jeder Zukunft ab und verkünden ihre Bedeutungslosigkeit. Aber gerade weil für sie etwas anderes als der Mensch existiert, können sie bestimmten Menschen ein übermenschliches Heil anbieten. Innerhalb jedes historischen Zyklus preisen sie Formen, die die Geschichte transzendieren und deren Existenz auf glückliche Weise mit den Interessen der Privilegierten verbunden ist.

«Es handelt sich in der Geschichte um das Leben und immer nur um das Leben, die Rasse, den Triumph des Willens zur Macht, und nicht um den Sieg von Wahrheiten, Erfindungen oder Geld», schreibt Spengler am Ende seines Buches. Nicht nur scheinen ihm die Rolle von Technik und Wirtschaft nebensächlich, sondern auch der Mensch als Produzent und Produkt seines Produktes wird aus der Geschichte verwiesen. Der Gegenstand der Geschichte, ihre Realität hat mit «der Existenz der menschlichen Bestie» nichts zu tun.

«Ich sehe in der Weltgeschichte das Bild einer ewigen Gestaltung und Umgestaltung, eines wunderbaren Werdens und Vergehens organischer Formen», schreibt er.

Jene Formen, sind die Kulturen; sie weisen alle untereinander Analogien auf, die auf dem «undurchdringlichen Geheimnis der kosmischen Flutungen» beruhen; aber sie entwickeln sich getrennt voneinander, auf diskontinuierliche Weise; sie wachsen eine nach der anderen bis zu dem Moment, wo sie ihr Schicksal, nämlich eine Zivilisation, verwirklicht haben und nacheinander untergehen. «Eine Kultur wird in dem Augenblick geboren, wo eine große Seele aus dem urseelenhaften Zustande ewig-kindlichen Menschentums erwacht... Eine Kultur stirbt, wenn diese Seele die volle Summe ihrer Möglichkeiten in der Gestalt von Völkern, Sprachen, Glaubenslehren, Künsten, Staaten, Wissenschaften verwirklicht hat und damit wieder ins Urseelentum zurückkehrt.» Spengler faßt das Drama jener Entstehungen und jener Untergänge so zusammen: «So schließt das Schauspiel einer hohen Kultur, diese ganze wundervolle Welt von Gottheiten, Künsten, Gedanken, Schlachten, Städten, wieder mit den Urtatsachen des ewigen Blutes, das mit den ewig kreisenden kosmischen Fluten ein und dasselbe ist. Das helle gestaltenreiche Wachsein taucht wieder in den schweigenden Dienst des Daseins hinab, wie es die chinesische und römische Kaiserzeit lehren; die Zeit siegt über den Raum, und die Zeit ist es, deren unerbittlicher Gang den flüchtigen Zufall Kultur auf diesem Planeten in den Zufall Mensch einbettet, eine Form, in welcher der Zufall Leben eine Zeitlang dahinströmt, während in der Lichtwelt unserer Augen sich dahinter die strömenden Horizonte der Erdgeschichte und Sternengeschichte auftun.» [42]

Aus dieser kosmischen Heraufbeschwörung tritt über das unintelligible Spiel der Zufälle die Bedeutung der «elementaren Tatsachen des Bluts» hervor. Das Leben, wir haben es gesehen, verkörpert sich im Adel, der die «leibgewordene Geschichte» ist. Die Niederlage des Adels, das Heraufkommen der Massen bedeutet das Ende der Geschichte: die Menschheit versinkt im Schweigen, im Unbewußtsein, im Nichts.

Zwischen Spengler und Toynbee gibt es einige Unterschiede: der erste zählt acht Zivilisationen auf, von denen jede tausend Jahre dauert und deren Ende unausweichlich ist; für den zweiten gibt es neunundzwanzig, deren Dauer variabel ist und deren Entwicklung dem menschlichen freien Willen und dem göttlichen Willen Raum läßt; Toynbee geht von gewissen gegenseitigen Beeinflussungen aus und denkt vage an eine Fortschrittsidee: doch handelt es sich um einen geistigen Fortschritt, den allein Gott ermessen kann, und nicht um eine menschliche Errungenschaft. Im Wesentlichen konvergieren die beiden Systeme. Auch für Toynbee ist die Aufeinanderfolge der Zivilisationen diskontinuierlich, haben die wirtschaftlichen Faktoren nur sekundäre Bedeutung; die Geschichte hängt von einem kosmischen Faktor ab: dem alternierenden Rhythmus von statisch und dynamisch (in vorchinesischer Ausdrucksweise yin und yang). Der Wechsel von Yin zu Yang ist die Antwort auf eine Herausforderung des Milieus, der Rasse. Nach einer Wachstumsperiode aber bricht die Zivilisation nieder; ein «inneres» und ein «äußeres» Proletariat sondern sich dann von ihr ab. Das ist die Zeit der Unruhen, auf die die Zivilisation mit der Schaffung eines «Universalstaats» reagiert; dieser aber, zwischen beiden Proletariaten gefangen, zerfällt. Überlebte je eine Zivilisation, würde sie uns bis zur Vorstufe des Übermenschlichen führen. Aber sofern Gott uns keinen Aufschub gewährt, scheint die Zukunft des Abendlandes schwer kompromittiert: schon sind wir in die Periode der Unruhen eingetreten. Und Toynbee endet: «Das Werk des Erdgeistes, wie er webt und seine Fäden am Webstuhl der Zeit zieht, ist die zeitliche Geschichte des Menschen, wie diese sich in der Entstehung und dem Wachstum, dem Niederbruch und dem Zerfall der menschlichen Gesellschaftskörper manifestiert; und in all diesem Lebenswirrwarr und Tatensturm können wir den Taktschlag eines elementaren Rhythmus hören, dessen Variationen wir kennengelernt haben . . . Dieser elementare Rhythmus ist der alternierende Taktschlag von Yin und Yang . . . Die Bewegung, die diesen Rhythmus schlägt, (ist) weder das Fluktuieren einer unentschiedenen Schlacht noch der Kreislauf einer Tretmühle. Die fortwährende Drehung eines Rades ist nicht eine leere Wiederholung, wenn es bei jeder Umdrehung das Fahrzeug um soviel näher an sein Ziel trägt . . . In dieser Sicht ist die Musik, die der Rhythmus von Yin und Yang taktiert, der Sang der Schöpfung . . .»[43]

Toynbees Symbol des Rads erfreut sich heute großer Beliebtheit. Es ist unter anderem von Abellio aufgegriffen worden, dessen Prophezeiungen von einigen rechten Intellektuellen mit großem Ernst zur Kenntnis genommen worden sind. Ihm zufolge bietet sich die Geschichte in Form von Zyklen dar: Involution – Evolution, getrennt von Sintfluten: das Ganze ist Bestandteil eines einzigen Zyklus, der mit der Apokalypse endet. Die Gesamtheit der Zyklen bildet eine Spirale: es gibt wie bei Toynbee eine vage Zukunft der Menschheit, doch haben wir keinerlei praktischen Einfluß auf diesen kosmischen Prozeß; der Mensch von heute ist in seiner privaten Sintflut eingeschlossen, und Handeln bleibt ihm untersagt: es wäre notwendig entweder vergebliche Geste oder Verrat. Die einzige Zuflucht ist, sich eine «Arche» zu bauen, um von einer Welt zur anderen zu gelangen; diese Arche müßte in einer Art geistlichen Ordens «die eher der Aufklärung als der Macht verschriebenen Geister» versammeln. «Diese Gesellschaft der Geister verhält sich gleich indifferent gegenüber den politischen Regimen, die sie alle im klaren Bewußtsein ihrer Relativität integriert.»

Es ist auffallend, daß jede Art von Hirngespinst pluralistischen, zyklischen, katastrophischen Typus sich heute eines bestimmten Publikums sicher sein kann. Man hat versucht, die verschwommenen Träumereien eines Guénon zu feiern, der mittels obskurer Symbolik das bevorstehende Ende des Abendlandes entziffert. Man kommt zur indischen Philosophie zurück, insofern sie kosmologisch, antihistorisch ist und das Nicht-handeln predigt: Schiwas Rad wirft seinen langen Schatten über Leben und Tod der Zivilisationen. Nachdem der Konservative die menschliche Natur einmal als unveränderlich definiert hat, liebt er darüber hinaus die Vorstellung, die Geschichte drehe sich im Kreis: nie ändert sich jemals etwas. Man stimmt zwar Nietzsches Idee von der ewigen Wiederkehr nicht restlos zu, aber man gibt zu, daß es zwischen den Kulturen derartig starke Analogien gibt, daß jeder Versuch, die Welt zu reformieren, von vornherein verloren ist. Selbst wenn von einem ethischen Standpunkt aus beklagt wird, daß die Struktur der Gesellschaft ist, wie sie ist, bleibt doch bestehen, daß die Sehnsüchte nach einer besseren Welt auf jeden Fall zum Bereich der Utopie gehören: der luzide Realist beugt sich der morphologischen Notwendigkeit, die die künftigen Gesellschaften zur Wiederholung der Ungerechtigkeiten und Mißstände unserer eigenen verurteilt. Ob die Geschichte nun einen Kreis oder eine Spirale beschreibt, jede Entwicklung leitet eine Dekadenz ein, jede Zukunft ist innerhalb des Kosmos erstarrt; die Menschheit tritt vergebens auf der Stelle, verloren in einer Unermeßlichkeit, die sie übersteigt; das Verhältnis des Menschen zur Gesellschaft ist nebensächlich: wesentlich ist seine Beziehung zum Universum, über das er nichts vermag.

Doch während dieser verhängnisvollen Zyklen gibt es unterschiedlich düstere Momente; das Abendland ist seit langem in seinen Untergang eingetreten: Spengler aber glaubte noch, daß der Cäsarismus seinen Tod hinausschieben könnte, und predigte in kaum verhüllter Sprache ein faschistisches Engagement. Nachdem alle Hoffnungen der Rechten geschwunden sind, glaubt sie heute an das unmittelbare Bevorstehen der Katastrophe, an die Machtlosigkeit des Handelns. Mit Jaspers versucht das besiegte Deutschland diesen Pessimismus zu übernehmen. Jaspers verleiht ihm eine noch endgültigere, aber weniger dramatische Gestalt, als es Spengler getan hatte. An Stelle der zynischen, aggressiven oder resignierten Verzweiflung Burnhams, Spenglers und Toynbees bietet er dem Menschen eine transzendentale Weisheit an. Ja, Geschichte ist Scheitern: aber es ist gut, daß es so ist.

Jaspers zufolge wird die geschichtliche Realität durch eine Vielfalt substantieller Formen konstituiert: Rassen, Zivilisationen, Völker, es ist dieser Pluralismus, der die Geschichte zum Scheitern verurteilt; trotz einer gewissen Kommunikationsmöglichkeit zwischen diesen Formen bringt ihre Vielfalt notwendig Konflikte, Vernichtungen mit sich. Doch andererseits versündigte man sich gegen das Transzendente, wenn man sich anmaßen wollte, die Menschheit zu vereinen; die Abschaffung der

Grenzen, die Klassen und Nationen trennen, das ist «ein Prozeß der *Nivellierung* ...», den man mit Grauen erblickt». Wir haben ja gesehen, daß der Mensch sich dem Transzendenten öffnet und sich als Existenz verwirklicht nur durch seine Zugehörigkeit zu einer Gemeinschaft, die die immanente Einheit einer Seele besitzt, also begrenzt und differenziert ist. Die Masse ist dem Transzendenten verschlossen. Sie ist nur in der Lage, sich irdische Zwecke wie das Glück der Menschheit zu setzen. «Ein vollendeter Endzustand kann in der menschlichen Welt niemals erreicht werden, weil der Mensch ein Wesen ist, das ständig über sich hinausdrängt, nicht nur unvollendet, sondern unvollendbar ist. Eine Menschheit, die nur sie selbst sein wollte, würde in der Beschränkung auf sich das Menschsein verlieren ...» Die Menschheit würde das Glück nur um den Preis der Würde der Existenz finden. Im Namen der höheren Interessen des Seins muß sich also das Scheitern der Geschichte und das Unglück der Menschen fortsetzen. Auf der empirischen Ebene ist dieses Scheitern natürlich verwirrend und hat die Geschichte keinen klaren Sinn: ein Strom treibt die Menschheit mit ihren alten Kulturen auf irgendeine Zerstörung oder irgendeine Erneuerung hin. Doch von einem überlegenen Standpunkt aus müssen wir froh darüber sein, denn dieses irdische Scheitern ist die allerhöchste «Chiffre der Transzendenz». Genau in dem Maße, wie sie zu nichts führt: «... die Geschichte (ist) das Offenbarwerden des Seins.» «Das Geschichtliche ist das Scheiternde, aber das Ewige in der Zeit.» [44] Um den Erfordernissen des Transzendenten zu entsprechen, muß ich meine Geschichtlichkeit auf mich nehmen, das heißt auf meinen Wurzeln bestehen und die Geschichte als den Horizont meiner Gegenwart betrachten, als die

Weise, in der sich das Ewige mir darbietet. Ich darf aber nicht auf das Handeln setzen, es ist nur der ständig von Vernichtung bedrohte Schein der Gewißheit des Seins.

Also stimmen die Perversität der menschlichen Natur, das kosmische Verhängnis und die Erfordernisse des Transzendenten in der Verurteilung des Handelns überein. Man braucht nur noch luzide das Schicksal zu denken, mit Toynbee zu Gott zu beten, mit Abellio auf eine Arche zu flüchten oder sich mit Jaspers dem Transzendenten zu öffnen. Doch für alle, die ein Interesse an der Aufrechterhaltung des *status quo* haben, ist die Verzweiflung alles in allem ein hervorragendes Alibi: der katastrophische Quietismus dient der etablierten Ordnung. Und diese düsteren Perspektiven gewähren einer Klasse, die sich verurteilt weiß, zumindest einen morosen Trost: ihre Liquidierung wird ein geistiges Desaster sein.

Mission der Elite

Wenn zwar eine Moral der Ataraxie dem individuellen Egoismus des Bürgers nützt, so bleibt doch sein Klassenegoismus weiterhin kämpferisch: er verurteilt zwar die Geschichte, doch will er nichtsdestoweniger das Moment der Geschichte aufwerten, das ihn privilegiert. Nach der Reduzierung des Menschen auf Nichts, rettet sich die Elite, indem sie sich selbst vergöttlicht. Ihr Vorgehen ist hier ähnlich. Es gibt, sagt sie, Formen, Ideen, Werte, die die Geschichte transzendieren und die verteidigt werden müssen.

«In dem Kampf, der heute auf der Erde stattfindet»,
schreibt Stephen Spender, «stehen jene, die die ewigen
Werte aufrechterhalten wollen, gegen jene, denen zur
Durchsetzung ihrer politischen Prinzipien jedes Mittel
recht ist – auch wenn es sich um an sich respektable Prinzipien handelt.» Mircea Eliade erklärt: «Die einzige
Rechtfertigung der organisierten Kollektivitäten – Gesellschaft, Nation, Staat – ist in letzter Instanz die Schaffung und Erhaltung der geistigen Werte. Die Weltgeschichte berücksichtigt nur die kulturschaffenden Völker.» Wenn es um das Anpreisen der ewigen Werte und
Wahrheiten geht, dann entdecken, wie wir gesehen haben, sowohl die machiavellistischsten unserer Denker
als auch die skeptischsten wie Burnham und Aron gelegentlich eine Platonikerseele in sich.

Es gibt eine gemeinsame These aller von uns behan-
delten Systeme, die für den Bürger eine große Hilfe ist,
wenn er die Verteidigung seiner Interessen als Pflicht ein-
klagt: den Pluralismus. Es ist der Pluralismus, der den
Geschichtspessimismus begründet: er ist es auch, der die
Ergänzung dieses Pessimismus durch eine Kampf-
ideologie ermöglicht. Die gesamte denkende Rechte hat
beschlossen, ihn als ein für allemal feststehende Wahrheit zu betrachten. «Doch für uns», schreibt Monnerot
unter anderem, «gibt es mehrere Sklavenhaltergesell-
schaften, mehrere Feudalismen und mehrere Kapitalis-
men, die alle ihre eigene Geschichte haben, die sich im
Laufe dieser Geschichte stark verändert haben und die
sich alle im Laufe der jeweiligen Geschichte genauso
oder fast genauso von sich selbst unterscheiden, wie sie
sich von den anderen unterscheiden.»[45] Das simple
Schema von Marx, der Ausbeuter gegen Ausgebeutete
stellt, ersetzt man durch ein dermaßen komplexes Bild,

nach dem sich die Unterdrücker untereinander genauso stark unterscheiden, wie sie sich von den Unterdrückten unterscheiden, daß letztere Unterscheidung ihre Bedeutung verliert. Vor allem aber erlaubt der Pluralismus den Zivilisierten, jene «Gräben» zu errichten, von denen Jules Romains nostalgisch träumt. Dieser hat gut begriffen, daß es schwierig ist, das kapitalistische Europa im Namen des Universellen zu verteidigen. Man braucht die enorme Naivität eines Rougemont, um schreiben zu können, daß es für uns Europäer darum geht, «für eine ganz besondere Kultur verantwortlich zu sein. Diese Kultur ist der Hof (*sic*) einer Zivilisation, die *ihrerseits* im guten wie im bösen tatsächlich universell geworden ist.»[46] Spengler erklärt mit bedeutend mehr Logik, daß es keine ewigen Wahrheiten gebe und der einzige Maßstab einer Lehre ihre Notwendigkeit für das Leben sei. In der Tat kann sich ein pluralistisches Denken nicht ohne Widersprüchlichkeit die Ewigkeit aneignen. Allerdings liefert uns der Pluralismus das Mittel, die Schwierigkeit, die er hervorruft, zu umgehen: das Ideal der Universalität wird durch die Anerkennung einer Vielfalt von Wahrheiten ersetzt; wir müssen uns auf diejenige beschränken, die uns eine vitale Notwendigkeit aufzwingt. Die bürgerliche abendländische Zivilisation ist die einzige, der wir substantiell verbunden sind; nicht nur wird die Zivilisation von morgen keinen einzigen Fortschritt darstellen, sondern wir sind von dieser fernen Zukunft durch einen radikalen Abgrund getrennt; da wir keinen Einfluß auf sie haben, ist sie für uns nur ein leerer Begriff; unsere einzige Angelegenheit ist jene Form, der wir angehören; der Untergang, der sie bedroht, verheißt keine neue Form: er kündigt nur den Triumph des Formlosen an. Jenseits davon ist alles Nacht und Schweigen. Kümmern wir uns also um Europa, um das Abendland: nichts anderes geht uns an. Jaspers bestätigt hier wieder die Spenglersche These. Es gibt für ihn eine Vielfalt von Wahrheiten, die durch ihr Verhältnis zum Sein miteinander kommunizieren, aber in ihrer Getrenntheit gelebt werden müssen. «Meine Wahrheit, die ich, sofern ich existiere, schlechthin bin als Freiheit, stößt an eine andere Wahrheit als existierende; durch sie und mit ihr wird sie selbst; sie ist nicht einzig und allein, sondern einzig und unvertretbar als zu anderen stehend.»[47] Sich selbst sein ist das höchste moralische Gesetz, heißt sich dem Transzendenten öffnen. Ich erreiche diese Wahrhaftigkeit nur, indem ich meine Endlichkeit annehme, anstatt sie überschreiten zu wollen. Also ist es meine Zukunft als abendländischer Bürger, bedingungslos die bürgerliche abendländische Zivilisation zu wollen.

Selbstverständlich wird das Heil der Zivilisation gegen die Massen durchgesetzt; denn diese greifen im Weltgeschehen nur als Zersetzungselemente ein; sie lösen die Ordnungen auf, sie rufen die Schismen hervor, sie leugnen das Transzendente und entleeren die menschliche Realität ihrer Substanz; durch sie geht alles zugrunde und wird nichts geschaffen. Es ist Aufgabe der Elite, diese «wundervolle Welt» *der* Kulturen zu retten. Der *abendländische Mensch* fühlt sich heute mit einer Mission beauftragt: aber man wird zeigen, daß der Nichtprivilegierte nicht den Namen Mensch verdient. Der Anspruch der Massen, geschichtlich Handelnde zu sein, wird nicht nur abgewiesen, sie werden auch noch von der Welt des Denkens, der ethischen und ästhetischen Werte ausgeschlossen; wir werden sehen, mit welchen Tricks.

«Der gesunde Menschenverstand ist die am besten verteilte Sache der Welt.»[48] Die Rechte könnte eine derartig grob demokratische Behauptung nicht unterschreiben. Was sich die Gesamtheit der «menschlichen Bestien» teilt, ist allein die Tierhaftigkeit. Das Denken ist weit davon entfernt, eine gemeinsame Grundlage zu bilden, auf der sich alle Menschen erkennen können, sondern in den Augen des Bürgers ist es vielmehr eine auserwählte und auserwählende Eigenschaft.

Wir haben gesehen, daß die bürgerlichen Theoretiker einen psychophysiologischen Subjektivismus lehren: die Ideen spiegeln nicht das gedachte Objekt, sondern die Mentalität des denkenden Subjekts wider. Diese Mentalität ist ein ziemlich mysteriöser Komplex, der zwar zum Teil von äußeren Faktoren abhängt, doch vor allem ein bestimmtes Wesen ausdrückt: es gibt eine schwarze Seele, einen jüdischen Charakter, eine fernöstliche Weisheit, eine weibliche Sensibilität, eine gesunde Bauernschläue usw. Die Natur des Wesens bestimmt die Seinsebene, die jedem erreichbar ist. Denn diese subjektivistische Philosophie ist auch antiintellektualistisch: es ist keine Philosophie des Bewußtseins, sondern des Seins. Die *co-naissance*[49] ist nach Claudel eine Kommunion; sie untersteht weder dem Verstand noch der Vernunft; der Mensch der Rechten verachtet das «primitive» systematisierte Wissen, das methodisch weitergegeben wird und aus Büchern geschöpft werden kann: Wert schreibt er nur der *erlebten Erfahrung* zu, die ein an derselben Substanz teilhabendes Objekt und Subjekt jeweils miteinander verbindet.[50] Zwischen den bewußten Individuen herrscht also eine Hierarchie; jene, die am meisten «vitalen Adel» und einen größeren substantiellen Reichtum besitzen, zelebrieren die vollendetste Kommunion mit dem Sein. Die substanzlose Masse ist zu einem tierähnlichen Dösen verurteilt, das von Wahnvorstellungen und Delirien unterbrochen wird. Die in einer substantiellen Form verwurzelten Individuen – das heißt jene, die die bürgerliche Ordnung akzeptieren – haben alle etwas Wertvolles zu offenbaren: von ihrem Standort aus, innerhalb ihrer Grenzen begreifen sie Wahrheiten, die dem rationalistischen Theoretiker entgehen. Die blutende und gebärende Frau hat für die Dinge des Lebens einen tieferen «Instinkt» als der Biologe, der Bauer vom Boden eine genauere Intuition als ein diplomierter Agronom. Der Kolonialherr hört sich ironisch die Theorien des Ethnologen an: einen Neger lernt man nur dann wirklich verstehen, wenn man ihn schlägt. Spengler erklärt, die konkrete Form der Rasse ließe sich nicht vom Forscher begreifen, der analysiert und abwägt, sondern sie offenbare sich dem Rassemenschen.

«Edle Menschenrassen unterscheiden sich aber in ganz derselben geistigen Weise wie edle Weine. Ein gleiches Element, das sich nur dem zartesten Nachfühlen erschließt, ein leises Aroma in jeder Form verbindet unterhalb aller hohen Kultur in Toskana die Etrusker mit der Renaissance, am Tigris die Sumerer von 3000, die Perser von 500 und die anderen Perser der islamischen Zeit. Alles dieses kann für eine messende und wägende Wissenschaft nicht erreichbar sein. Es ist für das Fühlen mit untrüglicher Gewißheit und auf den ersten Blick da, aber nicht für die gelehrte Betrachtung. Ich komme also zu dem Schluß, daß Rasse ebenso wie Zeit und Schicksal etwas ist, etwas für alle Lebensfragen ganz Entscheidendes, wovon jeder Mensch klar und deutlich weiß, solange er nicht den Versuch macht, es durch verstandesmäßige und also entseelende Zergliederung und Ordnung begreifen zu wollen ... Deshalb ist das einzige

Mittel, der totemistischen Lebensseite nahe zu kommen, nicht die Einteilung, sondern der physiognomische Takt.»[51]

Durch die gesamte Spenglersche Phraseologie hindurch findet man einen der beliebtesten Gemeinplätze der Rechten wieder. Maurras lehrte, daß ein Jude nie einen Racine-Vers würde *empfinden* können. Drieu la Rochelle griff in seinem Roman *Gilles* den «modernen» Einschlag der Juden an, deren rationale Denkart sich dem Instinktiven und Komplexen auf der Welt verschließe. Nie werde ein Entwurzelter, ein Deklassierter die Klasse, die Rasse verstehen können, in die er eindringe. In *Les déracinés* von Barrès ist Racadot trotz seiner Intelligenz durch die Tatsache seiner Entwurzelung zum Irrtum verurteilt, während der schwachsinnige, aber fest auf dem Boden seiner Ahnen sitzende Saint-Phlin sich mühelos in der Wahrheit bewegt. Bürgerliche Eltern überzeugen sich gegenseitig gern davon, daß ihr Sohn, und sei er auch der Schlechteste der Klasse, ein «gewisses Etwas» besitze, das dem brillantesten Stipendiaten abgehe.

Dieses System macht es den «aktiven konzeptiven Ideologen» einfach. Es ermöglicht ihnen, das Autoritätsprinzip zu ihrem Vorteil wiederherzustellen. Das höhere Individuum – durch Blut, Adel oder durch seine Öffnung zum Transzendenten – sei in der Lage, die Gesamtheit der Formen, die die Realität konstituieren, in ihrer Quasi-Totalität zu empfinden: nur es allein. Dank diesem Postulat überwindet der rechte Denker munter die offensichtlichen Widersprüche seiner Haltung: greift er als Antikommunist die Marxisten an, sieht er in den Ideen nur eine oberflächliche Rationalisierung unbewußter Triebe, finsterer Kräfte. Geht es um ihn selbst, erklärt er sie als objektiv begründet. Pluralist, wenn er sich mit *fremden* Ideen befaßt, betrachtet er *seine* Wahrheit als etwas Absolutes. Doch dieser Mangel an Gegenseitigkeit ist seiner Ansicht nach völlig gerechtfertigt: die Singularität bestimmter Menschen – der Auserwählten, denen er angehört – besteht gerade darin, daß sie das Universelle erreichen. Er schließt seine Gegner in eine leere Immanenz, seine Untergebenen in ihre beschränkte Partikularität ein und erhebt sich über sie als ein Meister, dessen Offenbarungen durch einen Glaubensakt angenommen werden müssen. Das ist eine unendlich schwache, zugleich aber unanfechtbare Position. Der wirkliche Abraham ist sich nie sicher, Abraham zu sein, aber niemand kann den Napoleons in den Anstalten beweisen, daß sie nicht Napoleon sind. Diese Ambiguität begründet den scharfen Ton, den rechte Schriftsteller gern annehmen. Sie unterwerfen ihre Gedanken keinem fremden Urteil: sie verkünden Wahrheiten, deren einzige und ausreichende Garantie ihr eigener Wert ist. Beweisen hieße sich erniedrigen: der Meister ist über jede mögliche Anfechtung erhaben, er verlangt bedingungslose Zustimmung.[52] Welche Wahrheit könnte ihm entgegengestellt werden, wo sich doch gerade ihm die höchste Wahrheit offenbart?

Diese Erkenntnistheorie impliziert notwendig, daß das Wirkliche selbst irrational ist. Hier stößt man erneut auf eins der Paradoxe des bürgerlichen Denkens. Die «aktiven Mitglieder» der Bourgeoisie glauben an die Wissenschaft, betreiben sie und wenden sie an; ihre Ideologen bemühen sich, sie in Verruf zu bringen. Man weiß, welche versponnene Interpretation sie beispielsweise zum Indeterminationsprinzip abgegeben haben, als sie behaupteten, die Materie selbst sei Unordnung und Kontingenz. Der Glaube an natürliche Notwendigkeiten ist nämlich die erste Voraussetzung zur Befreiung des Menschen; umgekehrt ist der Mensch in einem chaotischen, durch Denken nicht beherrschbaren Universum erdrückt, passiv, versklavt; sein Elend ist offensichtlich: er ist nur ein verächtliches Tier. Er weiß sich verloren, er ist bereit, folgsam auf die Stimme des Auserwählten zu hören, der ihn führen will. Deshalb behauptet der Denker der Rechten, die Natur sei launisch und mysteriös; die analysierende und klassifizierende Wissenschaft erfaßt nur die oberflächlichen Erscheinungen; sie wird von einem geheimen Leben beseelt, von unsichtbaren Strömen durchdrungen. Ihre wahre Realität ist nicht diese empirische Welt, wie sie sich uns zeigt: es ist ein verborgenes Sein, eine kosmische Substanz oder ein transzendierender Geist. Spengler zufolge ist die äußere Realität nur «*Ausdruck und Symbol. Die Morphologie der Weltgeschichte wird notwendig zu einer universellen Symbolik.*»[53]

Jaspers, der, wir sahen es, Spenglers Thesen nach den Bedürfnissen des postfaschistischen Deutschlands spiritualisiert, entnimmt ihm die Idee des physiognomischen Takts und benutzt sie, um aus der Physiognomie der Dinge die Transzendenz herauszulesen. Anstatt die Wirklichkeit zu zerlegen, wie es die Wissenschaft tut, muß man sie, sagt er, mittels «Chiffren» lesen, die uns Totalitäten offenbaren. Die Natur ist eine «unendlich vieldeutige» Chiffre. Die Geschichte auch, insofern sie Scheitern ist. Das Bewußtsein überhaupt ist eine Chiffre, und die allerhöchste Chiffre ist die Existenz selbst.

Diese Esoterik bekräftigt die Bedeutung des Meisters. Die Enthüllung der Geheimnisse ist einigen wenigen

Eingeweihten vorbehalten, die mit einer angeborenen Gnade begabt sind. Es wundert einen nicht, daß sich von daher einige Denker zum Okkultismus, zur Alchimie, zur Astrologie hin orientieren. Hitler glaubte an Horoskope: wenn man dank dem «physiognomischen Takt» einen ganzen Menschen durch die Form seines Schädels erfassen kann, weshalb dann nicht auch durch die Linien seiner Hand oder durch die Sternkonstellation des Himmels? Die kosmische Flut durchdringt und vereint alles, man kann alles mögliche durch alles mögliche erkennen. Wenn der Mensch nicht auf den anderen Menschen, sondern auf den Geist der Erde abgestimmt ist, entscheidet sich sein Schicksal eher in den Sternen oder im Kaffeesatz als auf öffentlichen Plätzen. Die Mystik führt zur Magie. So erklärt sich der Erfolg der mehr oder weniger fernöstlich beeinflußten Symbolik bei der Rechten, ihre begeisterte Aufnahme der Bücher von René Guénon, René Daumal, Schmidt, Raymond Abellio, der Kredit, das Ansehen eines Gurdjieff.

Die Mystik führt auch zum Schweigen. Der Antiintellektualismus der Rechten zeigt sich in ihrem Verhältnis zur Sprache. Der Sprache vertrauen, die allen gemeinsam ist, ist eine vulgär demokratische Haltung; die hinter Symbolen und Chiffren verborgene Wahrheit ist nicht in Worte zu fassen. Nietzsche sah die Sprache als Verrat an: «Welcher schöner Wahn ist die Sprache!» Spengler schreibt: «*Sprache und Wahrheit schließen sich zuletzt aus.*» Je tiefer eine Kommunikation ist, um so mehr gelingt es ihr daher, auf das Zeichen zu verzichten. «Das reinste Sinnbild für ein Einverständnis, welches die Sprache wieder überwunden hat, ist ein altes bäuerliches Ehepaar, das abends vor dem Hause sitzt und sich schweigend unterhält.»[54] Brice Parain beendet seinen Essay über die Sprache mit der Behauptung: «Je näher wir dem Schweigen sind, um so näher sind wir der Freiheit.»[55] Jaspers zufolge führen die Chiffren zum Unfaßlichen. Die drei Sprachen der Transzendenz verhallen letztlich im Schweigen: das Scheitern ist jenes Schweigen. Die letzte Chiffre ist Schweigen. Diese stumme Ruhe ist die allerhöchste Offenbarung. «Das Nichtsein allen uns zugänglichen Seins, das sich im Scheitern offenbart, ist das Sein der Transzendenz.»[56] Das dem gesellschaftlichen Leben, der empirischen Existenz angemessene Wort kann ja nicht die Wahrheit des Menschen ausdrücken, die seine Beziehung zum Kosmos, zum Transzendenten ist. Die gesprochene Unterhaltung entspricht nur der Masse; die selbstseienden Menschen kommunizieren nur durch die Substanz, in der sie gemeinsam verwurzelt sind: das gleiche geheimnisvolle Fluidum durchströmt sie, eine gleiche Form entzückt sie. Die rechte Literatur glänzt, wenn es um eine Beschreibung jener wortlosen Verständigungen, um ein Rühmen jener stummen Weisheiten geht. Die Wahrheit der Schlichten, der Bauern, Frauen, Eingeborenen, Diener, der armen Handwerker ließe sich nicht besser als durch Schweigen ausdrücken.

Doch die rechten Intellektuellen reden selber viel; die Freiheit der Meinung ist sogar eine derjenigen, die sie am vehementesten fordern. Und im allgemeinen glauben sie wenig an Tischrücken. Die meisten bleiben einem gewissen Rationalismus treu; sie geben jedoch dem Irrationalen immer den Raum, der zur Durchsetzung ihrer Autorität notwendig ist. Wenn die Wahrheit universell nachweisbar wäre, dann würde das Denken in demokratischer Weise für alle zugänglich sein: aber sie ersetzen die strengen, notwendigen Verhältnisse, die die Wissenschaft feststellt, durch lockere, anfechtbare Beziehungen. Für sie besteht die Aufgabe des Denkers darin, jenseits des empirisch Gegebenen jene allein dem «physiognomischen Takt» zugänglichen «Formen» zu erreichen und besondere Beziehungen zwischen ihnen zu spüren. So nimmt sich Spengler die Aufgabe vor, eine Morphologie zu schaffen, und sein gesamtes System fußt auf formalen Vergleichen zwischen Formen: auf Analogie. Die Analogie spielt eine immense Rolle bei allen rechten Theoretikern. Sie ist unter anderem die einzige Erklärungsweise, auf die Monnerot in *La sociologie du communisme* zurückgreift. Im ersten Kapitel setzt er Kommunismus und Islam gleich, und die Fortsetzung des Buchs entwickelt nur noch die Konsequenzen aus diesem Vergleich. Außerdem greift er schon tausendmal abgedroschene Analogien zwischen Kommunismus und Kirche, zwischen 20. Jahrhundert und hohem Mittelalter wieder auf. Will er Lenin erklären? Er schreibt: «Das Problem der Machtlosigkeit der Plebs hatte bereits eine *analoge*[57] Lösung wie die Lenins erfahren, nämlich *mutatis mutandis* die Militarisierung ... Die *Analogie*[58] bewährt sich. Lenin ist, ohne es zu wissen, der erste Theoretiker und der erste Praktiker des *Cäsarismus* unserer Zeit gewesen.» Wenn Toynbee darüber Aufschluß geben will, daß einige Zivilisationen stagnieren, während andere fortschreiten, begnügt er sich mit einem Bild: bei Bergtouren kommt es vor, daß die ermüdeten Bergsteiger sich an einem Felsüberhang ausruhen; einige schlafen ein, andere nehmen einen neuen Anlauf: das ist der Schlüssel der Geschichte.

Man merkt, welche Freiheit der Laune des Theoretikers überlassen wird: die Tatsachen zwingen ihm keine Interpretation auf; von Spengler bis Jaspers – über Toynbee und so viele andere – denkt sie sich jeder nach seiner Phantasie. Pouillon hat in einem Artikel in *Les Temps Modernes* vom Juni 1954 gezeigt, wie die Idee von einer objektiven Kontingenz der subjektiven Willkür dient: «Sie schwächt also nicht den historischen Determinismus, sie begnügt sich damit, ihm seine Einheit abzusprechen; sie zerstückelt ihn. Das ist das, was sie Kontingenz nennt; sie impliziert für ihn keine neue Konzeption des Kausalitätsverhältnisses, sie ist schlicht und einfach ein Bruch, den sie an manchen ausgewählten Stellen ansiedelt, je nachdem, was sie beweisen will.» Ein weiterer Vorzug des Pluralismus besteht darin, daß er Diskontinuitäten in das Universum einführt, die die eigennützigen Interventionen des denkenden Subjekts begünstigen.

Die Theorie der Formen befriedigt außerdem jene grundlegende Tendenz des bürgerlichen Denkens, auf die wir bereits hingewiesen haben: den Idealismus. Man beteuert uns, die Formen existierten substantiell, allerdings handelt es sich um eine untergründige, unzugängliche Existenz; und konfrontieren wir sie mit der empirischen Welt, erscheinen sie als reine Mythen. Wie man die Wirklichkeit mit dem Mythos elegant umgehen kann, dafür hat uns Boutroux 1914 ein ausgezeichnetes Beispiel gegeben, als er den Krieg definierte: «Der Kampf Descartes' gegen Kant.» So definiert man auch heute den Koreakrieg: der Kampf der Zivilisation gegen die Barbarei; und schon hat man die Koreaner weggezaubert. Wer wird in *L'islam du XXe siècle* die Proletarier aus Fleisch und Blut finden, die der kommunistischen Partei angehören? *Die* englische Demokratie, *das* französische Werk, *die* Kultur: hinter diesen großen Idolen glauben sich die Ausbeuter, die Kolonialherren sicher.

Der transzendentale Idealismus ist für den Konservativen eine glückliche Ergänzung des psychophysiologischen Idealismus: dieser isoliert die Dinge vom Bewußtsein, jener ersetzt sie durch Abstraktionen; sowohl ihrer
Anwesenheit wie ihrer Existenz beraubt, sind sie absolut
nichts. Von daher kann jeder nach Herzenslust am intelligiblen Himmel weiterspinnen. Man kann ihm ideale
Beziehungen zuschreiben, die keiner irdischen Verkörperung entsprechen: zum Beispiel rechtfertigt Burnham
das kapitalistische System durch das *Ideal* eines nicht auf
Gewalt fußenden Rechts, erkennt aber gleichzeitig an,
daß es in der Praxis heute die Gewalt ist, die das Recht
begründet. Andere verbinden den Kapitalismus mit der
Wahrheit, der Ehre, der Freiheit: die Ideen koexistieren
im Himmel genauso mühelos wie die Wörter auf dem
Papier.

Dennoch ist die idealistische Sublimierung meist nicht
ganz und gar willkürlich. Unter Berufung auf einen substantiellen Pluralismus nimmt der bürgerliche Theoretiker dem Menschen der Masse die denkende Würde und
schließt ihn mit Hilfe des Idealismus von der Welt der
Werte aus. Die «schönen Kategorien», die er an den
Himmel projiziert, sind eigentlich bürgerliche Kategorien: es ist ein leichtes zu behaupten, ihr Los sei an das der
Privilegierten gebunden und der Unterdrückte habe
daran keinen Anteil.

Man weiß zur Genüge, daß zum Beispiel der Begriff
der Freiheit sich in seinem Verständnis von der bürgerlichen Freiheit her definiert. Freiheit gibt es dort, wo die
Bürger frei sind: das ist es, was Lartéguy in seiner Re-
portage *Quinze jours à Hanoi* in *Paris-Presse* unge-
schminkt zum Ausdruck bringt. Er schreibt: «Haiphong
ist eine der häßlichsten Städte der Welt ... Die Gerüche

sind fürchterlich ... Elend und Schmutz erregen Übelkeit, die Prostitution floriert. Es ist aber dennoch die Freiheit.» Die Prostituierten, die Schmutzigen, die Elenden sollten nicht gegen die Freiheit protestieren, die Lartéguy und eine Handvoll Privilegierter in Haiphong genießen: es ist *die Freiheit.* Woanders wird der Sinn des Wortes durch die Lage der Bourgeoisie positiv definiert: Léon Werth gibt das in dem bereits zitierten Satz klar zu. Ein System der Freiheit durch sein Gegenteil, nämlich das stalinistische Regime, definieren heißt es positiv durch das kapitalistische System definieren. Für den einstigen amerikanischen Sklavenhalter umfaßte die Idee der Freiheit das Recht, Sklaven zu besitzen; bei dem heutigen Bourgeois umfaßt sie das Recht, Proletarier auszubeuten.

Ebenso werden Kultur und Intelligenz von bürgerlichen Normen her definiert: also ist es der Bürger, bei dem man sie antrifft. Und zwangsläufig, so bemerkt Crozier, beweisen in Amerika die Intelligenztests – die sogenannten IQs –, daß die Reichen intelligenter sind als die Armen. «Kinder von Reichen haben im Schnitt höhere IQs als Kinder von Armen. Da die durch die IQs quotierten Kenntnisse und Verhaltensweisen Kenntnisse und Verhaltensweisen von Reichen sind, wäre das Gegenteil auch erstaunlich. Sogar der amerikanische Durchschnitt ist ein Durchschnitt für Reiche.» [59]

Es kommt vor, daß bestimmte Ideen in einer makellosen Reinheit erstrahlen, ohne daß die Bourgeoisie davon irgendeine Verkörperung in sich entdeckt: zum Beispiel wird heute oft verkündet, daß *die Frau* sich verliert, daß sie verloren ist. Und *der Mann* selbst? Findet sich von ihm in der Mitte unseres Jahrhunderts noch ein würdiges Exemplar? Wenn die Elite mit ihren Katastrophenvisionen gelegentlich bereit zu sein scheint, sich selbst aus der Menschheit auszuschließen, dann geschieht das nur, weil sie sich gefährdet weiß: weil sie die Gegenwart im Namen einer milderen Vergangenheit wehmütig verurteilt, fasziniert sie das Bild von dem, was sie einst war. Dennoch bleibt ihr Anspruch bestehen. Über die besonderen Kategorien hinaus nimmt sie die höchste Kategorie für sich in Anspruch: das Menschliche. Wie wir gesehen haben, brauchen die bürgerlichen Denker den Glauben, der Mensch, der unteilbare, stimmige, einzige Mensch, spreche durch ihren Mund. Der Bourgeoisie liegt daran, sich als universelle Klasse zu setzen. Also wird man die Idee vom Menschen von der bürgerlichen Partikularität her konstituieren. «Der Mensch ist das, was die Menschen sind», sagt Marx; dieser Realismus verbietet jede Schummelei. Der Idealist dagegen erhebt sich zur Idee, indem er all das in seinen Verkörperungen eliminiert, was er als akzidentell empfindet: es ist an ihm, zu entscheiden, was er als wesentlich empfindet. Und nachdem erst einmal gesetzt ist, daß er allein den Menschen verkörpert, wer könnte ihm dann widersprechen dürfen?

Der Mensch wird von den abendländischen Denkern gern mit dem Ausdruck: Menschliche Person bezeichnet. Diese Idee führt uns in den Bereich der Ethik: wir werden genauer untersuchen, durch welchen Taschenspielertrick er der Masse versagt bleibt.

Die Moral

Vor dem letzten Krieg war die rechte Moral von einem wilden Heroismus geprägt.[60] Spengler machte sich in der Nachfolge von Nietzsche eine arrogante Vorstellung vom Helden: «Denn nur der Handelnde, der Mensch des Schicksals, lebt letzten Endes in der *wirklichen* Welt.»[61] Er ist derjenige, der die Geschichte macht, er handelt, er führt Kriege; Spengler übernimmt die Lobrede Nietzsches auf das Leben des Kriegers und den Soldatentod. Die wirkliche Kommunikation zwischen den Menschen, die der Sprache nicht gelingt, wird durch die Gewalt erreicht. «Der Degen ist der kürzeste Weg von einem Herzen zum andern», schreibt Claudel. Die Vielfalt der Rassen und Kulturen, die radikale Trennung zwischen den Individuen hat zur Folge, daß die Wahrheit des Menschen nicht Freundschaft, sondern Kampf ist. «Es stimmt nicht, daß die Welt glücklich und einig sein will. Sie besteht aus Gegensätzen und Spaltungen», schreibt Drieu. Und auch: «Der Kampf der Existenzen ist nicht dazu da, überwunden zu werden.» Damals beklatschte man die Gewalt, auch wenn sie frei von Heldentum war: der Mensch behauptet sich durch Massaker, durch Pogrome. Die Trennung, die dasselbe wie die Existenz ist, verwirklicht sich vollständig im Blut des anderen: man beweist *seine* Wahrheit durch Morden oder wenigstens durch Mordlust. «Nichts wird ohne Blut geschaffen», schreibt Drieu weiter in *Le jeune Européen*. «Ich sehne mich nach einem Blutbad wie ein Greis angesichts des Todes.» Nachdem sich Gilles – in dem gleichnamigen Roman – vierhundert Seiten lang gesucht hat, findet er sich in dem Moment, wo er ein Gewehr nimmt, um auf spanische Arbeiter zu schießen. Drieu bewundert das Dynamische der jungen Nazis, er schließt sich Doriot an. Damals begrüßte man in Mussolini, in Hitler die Inkarnation des Helden.

Das vergossene Blut hat der Bourgeoisie nicht genutzt. Das Gewehr ist ebenso veraltet wie der Degen; der anonyme Völkermord durch die Atombombe kann kaum als eine Behauptung der Existenz betrachtet werden; wenn heute einige Abendländer sich lebhaft den Krieg wünschen, geschieht es nur aus einem Schreckensrausch. Die besiegte Rechte macht sich von Größe eine weitaus bescheidenere Vorstellung als früher. Ihre Moralisten predigen nicht mehr Heldentum, sondern Weisheit. Diese Verwandlung der faschistischen Raserei in bürgerlichen Spiritualismus hat, wie wir gesehen haben, Jaspers übernommen. Aus seiner Philosophie des Transzendenten stammt die praktische Moral, die er der Nachkriegselite anbietet.

Jaspers nennt den Elitemenschen einen Helden, und die allerhöchste Tugend des Helden ist für ihn der Adel. Aber diese Wörter haben einen anderen Sinn. «Das *mögliche Heldentum des Menschen* ist heute in der Tätigkeit ohne Glanz, im Bewirken ohne Ruhm ... so bewährt er sich heute vor der Masse, die ungreifbar ist ... Der moderne Held als *Märtyrer* würde seinen Gegner nicht vor Augen bekommen und selbst unsichtbar bleiben als das, was er eigentlich ist.» [62]

Der Held ist also Märtyrer geworden; er wird vor allem negativ bestimmt: durch seinen Widerstand gegen die Masse; ein blinder Widerstand: er weiß weder, wogegen, noch, wofür er kämpft; das gilt für viele Antikommunisten; Jaspers meint dennoch, der Idee der *Berufung* einen positiven Inhalt geben zu können: «Die Besten im

Sinne eines Adels des Menschseins... sind ... die Menschen, die sie selbst sind.» Er präzisiert: «Das Wunderbare, das einzige eigentlich Seiende, das mir begegnet, ist der Mensch, der er selbst ist. Nicht in der Starre eines objektiv gewordenen Gültigen hält er sich, sondern er erlaubt und vollzieht das Fragen ohne Grenze... Er kommt in der Fraglichkeit der Selbstreflexion im konkreten Augenblick sich selbst aus seinem Grunde entgegen... Er kommt zu sich wie ein Geschenk ... Selbstreflexion ist aufgehoben zum faktischen Existieren.» So sieht also das Ziel jenes dunklen Kampfes aus: man muß die Möglichkeit, «sich selbst zu sein», erhalten. Doch handelt es sich hier um keinen anarchischen Individualismus, wie bei Gide, der Nathanael beschwört, aus sich «das unersetzbarste aller Wesen» zu machen. Die Wahrhaftigkeit ist nach Jaspers eine Überschreitung zum Transzendenten: «Wo ich ganz ich selbst bin, bin ich nicht mehr nur ich selbst.»[62a] Und sie erwirbt sich nicht durch mehr oder weniger willkürliche Handlungen, sondern durch *Treue*. Jaspers nähert sich hier Barrès, wenn er die Verwurzelung des Individuums im «Boden und den Toten» rühmt. Zur Selbstverwirklichung muß jeder auf seinen Banden, seiner Rasse, seiner Familie, seinem Land, seinen Traditionen und seinen Freundschaften bestehen; von seiner Vergangenheit her muß er die Besonderheit seiner gegenwärtigen Situation annehmen; durch die Hinnahme seiner Endlichkeit erreicht er die Tiefe und öffnet sich dem Transzendenten. Das ist kein einsamer Erfolg; «Wahrer Adel ist nicht in einem isolierten Wesen. Er ist in der Verbundenheit der eigenständigen Menschen ... Adel der selbstseienden Geister ist *zerstreut* in der Welt ... Die Einheit dieser Zerstreutheit ist wie eine unsichtbare

Kirche eines *corpus mysticum* in der anonymen Kette der Freunde...»[63]

Jaspers' Gebot: sich selbst sein ist einer der von der Rechten wiedergekäuten Lieblingsgemeinplätze. Ich zitiere nur: «Man muß dem durch das moderne Leben standardisierten Menschen seine Persönlichkeit zurückgeben. Die Geschlechter müssen wieder klar definiert werden ... Ferner kommt es darauf an, daß er sich im spezifischen und vielfältigen Reichtum seiner Aktivitäten entfaltet.» (Alexis Carrel, *L'homme, cet inconnu*, 1939). «Die Revanche an einem Zeitalter, das nur nach Massen zählen will, ... ist, daß einige Individualitäten so uneinnehmbar wie Festungen in ihm verharren. Nichts kann etwas gegen sie ausrichten. Hier ein Engländer, dort ein Deutscher und einige weitere, zerstreut, allein, werden die Herausforderung begriffen haben. Der Rest ist reine Farce.» (Braspart 1948 in *La Table Ronde* im Zusammenhang mit Jünger.)

Claude Elsen rühmt 1949 in *La Liberté de l'Esprit*: «Das einzige lohnende Engagement: das, was man sich selbst, allein sich selbst gegenüber eingeht: die luzide Verwirklichung seiner selbst und seines einsamen – unersetzlichen – Schicksals.»

Jacques Laurent schreibt 1954 in *La Parisienne*: «Für den Schriftsteller ist das Problem nicht, die Politik zu akzeptieren oder zu ignorieren, sondern ... über die Politik hinauszugehen. Dort ist er er selbst. Und ein Schriftsteller, der nicht er selbst ist, ist überflüssig.»

Ebenso stößt man bei zahlreichen jener unersetzlichen Individuen auf den Traum von einem *corpus mysticum*. Abellio möchte diese Individuen in einer Art *Arche* versammeln. Monnerot schlägt die Gründung eines Ordens vor – natürlich zur Bekämpfung des Kommunismus.

168

Wir kennen die Formel, die im vergangenen Jahrzehnt immer wieder auftauchte: «Wir sind einige wenige, die immer noch...»: wer sie ausspricht, behauptet seine Zugehörigkeit zu einer heldenhaften minoritären Elite.

Doch welcher konkrete Inhalt ist dem Motto «sich selbst sein» zu geben? Die Antwort ist einmütig: man muß sich unterscheiden. Die von Jaspers gepriesene Treue ist die Behauptung unserer jeweiligen Endlichkeit, also das Bestehen auf unserer Unterschiedlichkeit. Die Bedeutung dieses Begriffs ist unter anderen von Rougemont herausgestellt worden. Von Scheler hat er den Gegensatz zwischen Individuum, einem simplen Bestandteil der Massen, und *Person* übernommen, die er so definiert: «Das mit einer Berufung betraute Individuum, die es aus der Masse hervorhebt, es aber praktisch wieder an die Gemeinschaft bindet.» Frei sein, «sich selbst sein» ist ein und dasselbe: sich immer unterscheiden. «Die einzige Freiheit, die für uns zählt, wird jeder echte Europäer sagen[64], ist die, mich zu verwirklichen, meine Wahrheit zu suchen, zu finden, zu leben... Wirkliche Freiheit gibt es also immer nur im Bedürfnis, im Recht und in der Passion, sich vom Nachbarn zu unterscheiden.» Im Namen der Person, also des Unterschieds, predigt Rougemont mit dem bekannten Eifer die Verteidigung Europas gegen die Barbarei. Die ganze Rechte stimmt in den Chor ein. Selbst Aron gibt seinen machiavellistischen Skeptizismus auf und begeistert sich romantisch für «die unersetzbare Berufung jedes einzelnen menschlichen Wesens, jenes Funkens, der alles ist»[65]. Und selbstverständlich muß in Claudels Erklärungen das Wort Individuum im Sinn von Person verstanden werden: «An erster Stelle kommt das Individuum, und die Gesellschaft existiert nur, um aus dem Individuum alles herauszuholen, was es geben kann.» «Das Individuum ist unersetzlich ... Es geht nicht um die Verwirklichung der Menschheit im allgemeinen, es geht um die Verwirklichung des Individuums.»[66] Die Sehnsucht nach einer Zivilisation, wo jedes Individuum «mit einer Berufung betraut» ist, hat Paul Sérant zu einem erstaunlichen Potpourri der von der Rechten benutzten Klischees inspiriert; über die Soldaten von Diên Biên Phu schreibt er: «Sie bezeugen eine *Zivilisation*, wo nicht irgend etwas von irgendwem gemacht wurde, wo es *Berufungen* gab und wo die ihre zu Recht als eine der höchsten geehrt wurde. Dieser Zivilisation hat die moderne Welt den Tod geschworen ... Der Begriff der Berufung ist gleichzeitig mit der *Ehre* selbst entehrt worden; denn eine Verkörperung der Ehre gibt es nur in der Verwirklichung einer Berufung. Doch wird diese häßliche Unordnung von den *Besten* nicht hingenommen: trotz der *Nivellierung* und *Uniformierung*, trotz alldem behaupten sich die *Persönlichkeiten* und bilden sich die zerstörten *Kasten* wieder neu.»[67]

Es gibt allerdings ein Problem bei dieser Angelegenheit. Kurioserweise spricht Rougemont von Individuen, die mit einer *Berufung betraut* sind: von wem betraut? Dieses Wort, das ihm herausrutscht, ist bezeichnend. Eine Berufung, die ihren Namen verdient, muß ein Ruf an sich selbst sein; man versteht sehr gut, daß die Privilegierten die *vorteilhaften Unterschiede* als Bedingungen ihrer Authentizität und ihrer Freiheit beanspruchen, wer aber wird die benachteiligenden Unterschiede reklamieren? Denn die einen können nicht ohne die anderen existieren: ohne Reiche keine Armen, ohne Herren keine Sklaven. Zu welcher Zeit haben Menschen je leidenschaftlich die Freiheit gefordert, sich durch Armut, durch Sklaverei zu unterscheiden? In Wahrheit ist es ein makabrer Witz, die Vergangenheit als eine Ära zu bezeichnen, in der Leibeigene, Handwerker, Arbeiter, kurz, die Unterdrückten, *geehrt* lebten, einer *Berufung* folgend. Und eine schändliche Unaufrichtigkeit ist nötig, um zu behaupten, in einem kapitalistischen Europa könne ein Proletarier *seine* unersetzliche Wahrheit suchen und finden.[68] Alexis Carrel, der ansonsten nicht gerade skrupelhaft war, bekannte: «Es scheint, daß die moderne Organisation der Geschäfte und die Massenproduktion mit der Entfaltung der menschlichen Person unvereinbar sind.»[69]

Im übrigen stimmen Rougemont und die anderen wirklichen Europäer darin überein, daß sich allein der Auserwählte als Person verwirklicht. Laut Jaspers definiert sich der Held durch seinen Widerstand gegen die Masse: keine Masse, keine Helden. Das Vorhandensein einer undifferenzierten Menschheit ist nötig, damit sich wenige durch den Unterschied zu ihr hervorheben können: diese Hervorhebung ist demnach *a priori* einigen wenigen vorbehalten. Allen Menschen die Würde einer Person zuschreiben hieße ihre Gleichheit behaupten, wäre Nivellierung, Uniformierung, Sozialismus. Es gibt allerdings keinen Anlaß, der Zivilisation jene Exklusivität vorzuhalten. Da «jedes menschliche Wesen» sich durch eine «unersetzliche Berufung» auszeichnet, ist der Handarbeiter, der Facharbeiter kein menschliches Wesen; von daher ist es unerheblich, daß dieses System ihm nicht ermöglicht, aus sich eine Person zu machen; den Namen Mensch verdienen allein die, denen eine solche Verwirklichung möglich ist: also ist sie allen Menschen möglich, die dieses Namens würdig sind.

Ließe man sich auch nur einen Augenblick von dem

eigennützigen Idealismus der zum Denken berufenen Personen täuschen, müßte man sich doch über ihre seltsame Auffassung von Ethik wundern. Für alle wirklichen Moralisten, für die Weisen der Antike oder für Spinoza, ist die Moral eine bestimmte Art, die Realität der Welt zu leben. Dagegen schlägt man hier eine Fälschung der Welt vor, damit überholte Werte erhalten bleiben. Die Masse existiert: unsere Ideologen stimmen dem zu; sie müßten sich also die Aufgabe setzen, eine Moral der Masse zu definieren; dagegen beziehen sie im Namen einer imaginären Vergangenheit entschieden Position gegen die «moderne Welt», gegen die Gegenwart und die Zukunft. Ihre Absichten sind allerdings allzu durchsichtig, als daß wir uns länger dabei aufhalten müßten. Es geht nach wie vor um die Leugnung der Massen zugunsten der Elite. Im Bereich der Ästhetik wird mit den gleichen Mitteln das gleiche Ziel verfolgt.

Die Kunst

Die Hände einer schönen Frau bewundernd, erklärt eine Figur von Drieu: «Wenn ich ihre Füße und ihre Hände sah, pries ich die Grausamkeit ihrer Familie, die seit beinahe drei Jahrhunderten Indianer mit Füßen trat, um die Vollkommenheit der Muße in solch zarten und festen Fingern zu sichern.» Dieser provozierende Scherz ist Ausdruck eines der aristokratischsten Dogmen der Rechten: die Schönheit muß man dem Menschen vorziehen. Die Schönheit ist eine der höchsten Formen jener inhumanen Realität, die die Wahrheit des Menschlichen bildet und die *gegen* die Menschen bewahrt werden muß. «Das Menschliche bewahren, dafür sorgen, daß es noch lange einen menschlichen Ausdruck der Welt in Liedern, Tänzen, Monumenten geben wird»: das ist laut Drieu das allerhöchste Ziel. Und die Massen behindern es, denn: «Die Menschheit ist häßlich, ob sie aus Chicago oder Pontoise stammt.» [70]

Das Los der Schönheit ist unmittelbar mit dem der Kunst verknüpft; es ist eine gegebene Realität, die sich durch ästhetische Kontemplation erfassen läßt; doch vollkommen verwirklicht sie sich nur in der Kunst, die sie neu schafft. Nur in der Kunst überschreitet sich der Mensch endgültig selbst; dieses Überschreiten ist wichtiger als die lebenden Kreaturen, die sein Instrument sind. Das ist der Sinn von folgendem Text Malraux' aus der *Psychologie de l'art:* «Die Götter mögen am Tag des Jüngsten Gerichts gegenüber den einst lebenden Formen das Volk der Statuen aufstellen! Nicht die Welt, die sie geschaffen haben, wird ihre Anwesenheit bezeugen, sondern die der Statuen!» Die Formen, in denen sich die menschliche Existenz ausdrückt, siegen über die Kontingenz ihrer Verkörperungen; diese sind Spielbälle des Schicksals: die Kunst dagegen ist ein Anti-Schicksal, sie versetzt uns in die Ewigkeit. Was ist schon das ephemere Individuum angesichts des Ewigen? Und die abendländischen Ästheten halten jener empirischen Welt nicht nur ihre Vergänglichkeit vor, sondern auch ihre Unordnung, ihre Absurdität. Die Kunst ersetzt dieses Chaos durch ein geordnetes, bedeutungtragendes Universum. Caillois lobt an Saint-John Perse, daß bei ihm das «Universum nur in Gattungen und Arten, in Stufen, Graden, Kategorien und Promotionen existiert». Durch die Gnade seiner Poesie: «Das Ritual und die Zeremonie halten für einen Augenblick an einem Ort den Lärm der Welt an.»

Es sind die Interessen der Kunst, die die Verteidiger des Abendlandes vorzugsweise hochhalten; die übrigen ewigen Werte sind vieldeutig, ungreifbar. Die Kunst besitzt eine unbestreitbare Realität. Der Mensch der Linken erkennt sie genauso an wie der Konservative, er mißt ihr größte Bedeutung zu: doch gerade deswegen fragt er sich bestürzt, mit welchem Recht die Bourgeoisie in Zeitschriften und auf vielen Kongressen und Festspielen, die sie seit einigen Jahren veranstaltet, die Sache der Kunst mit der eigenen Sache gleichsetzt.

Diese Gleichsetzung ist ein ziemlich neues Phänomen. Im vorigen Jahrhundert und sogar noch am Anfang dieses Jahrhunderts war die Literatur oft eine authentische Revolte gegen die Bourgeoisie: man denke nur an Rimbaud, Mallarmé, die Surrealisten. Das negative Moment der Revolution – das die Revolte ja gerade ist – war damals noch nicht überschritten; eine intellektuell-moralische oder ästhetische individuelle Auflehnung hatte einen Sinn, hatte Tragweite. Heute ist es nicht mehr möglich, gegen die Bourgeoisie zu sein, ohne sich positiv ihren Gegnern anzuschließen: wohl oder übel ist der Künstler engagiert; will er eine anarchische Unabhängigkeit behalten, wird er sofort von der Bourgeoisie vereinnahmt; sie duldet seine Frechheiten, seine Beleidigungen mit mütterlicher Nachsicht und zeigt damit, welche Freiheit die Kultur bei ihr genießt. Die Poesie, die einst auf den Trümmern der bürgerlichen Werte entstand, wird vom Bürgertum heute als Waffe gegen die Massen benutzt.

Nochmals: Mit welchem Recht? Man kann verstehen,

aus welchem Grund die letzten Heiden verzweifelt eine Zivilisation, die sie für einzigartig hielten, gegen die christliche Barbarei verteidigten. Der abendländische Bürger bewundert jedoch Kathedralen ebenso wie Tempel; er hat gelernt, um mit Soustelle zu sprechen: «Man ist immer der Barbar von irgendwem.» Wie kann man sich auf seine besondere Kultur berufen, um diejenige abzulehnen, die von der Zukunft hervorgebracht werden wird? Der Zivilisierte antwortet, daß ihn allein diese vorhandene Zivilisation interessiere und daß ihr Schicksal sie in eine Ära treibe, in der das Formlose seinen Triumph feiern wird; unsere Aufgabe ist, diesen Tod zu verzögern: die künftigen Geburten, die sich in Jahrhunderten ereignen werden, gehen uns nichts an. Das Argument, dem wir in seiner Allgemeinheit bereits begegnet sind, scheint in diesem Bereich besonders formal; man erkennt hier die gleiche Perversion wie im Bereich der Ethik: wie die Moral trotzt eine authentische Kunst der Welt in ihrer lebendigen Zukunft; das Menschliche erstarren lassen und endlos seine toten Formen nachahmen wollen hieße ihr entgegenarbeiten; die Werke, die die bürgerlichen Intellektuellen heute am meisten schätzen, sind Plagiate; doch Stendhal oder Madame de Lafayette, die sie parodieren, waren gerade durch ihre Neuheit groß. Und wenn die Kunst ein Anti-Schicksal ist, wird sie morgen genausogut wie heute über die Zeit siegen. Die erste Sorge eines neuen Rimbaud[71] müßte sein, über die Schranken zu springen, die ihn schützen sollen.

Man erwidert uns, der Mensch könne dem Schicksal nur in bestimmten Momenten seines Schicksals trotzen und die nahe Zukunft werde die Barbarei des Hohen Mittelalters wiederauferstehen lassen. Diese Zukunft –

nach den Prophezeihungen der katastrophischen Elite – sei der Kommunismus: Kommunismus und Kultur seien unvereinbar. Viele Intellektuelle und Künstler stimmen damit nicht überein. Aron und Monnerot werfen ihnen sogar vor, sich dem Kommunismus anzuschließen, weil sie von ihm eine «Förderung» erwarten. Sollte also das kommunistische System sie doch begünstigen? Daß sie das erwarten, beweist nichts: man hat festgestellt, daß sie falsch denken; ihre durch Ressentiment pervertierte Meinung ist gleich Null. Den eigenen Verirrungen stehen unfehlbare Evidenzen gegenüber: durch den Mund von Stanislas Fumet ergreift die Kunst in Person das Wort: «Nicht wir Schriftsteller und Künstler weisen die Knechtschaft zurück, die uns zugedacht wird, sondern das *Wesen der Kunst*, die Reinheit ihrer Intention versagt sich ihr. Falls Ihre Philosophie es nicht merkt... die Kunst mit ihrer Unfehlbarkeit sagt, daß sie ein Irrtum ist und daß ihre moralische Anwendung Betrug ist. Die Ästhetik verdeutlicht das Lächerliche der Ethik.» [72]

Die Freiheit, die die Kunst verlangt, ist die bürgerliche Freiheit, die sich mit Schmutz, Armut und Korruption arrangiert: das Fortleben dieser Makel ist für sie sogar notwendig. Denn die Freiheit ist der Unterschied: darum müssen neben dem Guten das Böse, neben den Armen die Reichen sein. Das ist eine neue Art, die Ungerechtigkeit zu rechtfertigen: der abendländische Künstler behauptet, sie sei zu seinem Werk notwendig. Hören wir zum Beispiel Montherlant: «Ich bin Dichter, ich bin sogar nichts anderes, und ich muß die ganze Vielfalt der Welt mitsamt allen ihren angeblichen Gegensätzlichkeiten lieben und erleben, weil sie der Stoff meiner Poesie sind, die in einem Universum, wo nur das Wahre und das Gute herrschten, an Hunger sterben würde, wie wir an Durst sterben würden, tränken wir nur chemisch reines Wasser.»[73]

Es ist also gut, daß Millionen Menschen an Hunger sterben, um Montherlants Poesie dieses Los zu ersparen, viele abendländische Genies stimmen dem zu: Sollen doch Hunger, Armut und Barbarei fortleben, wenn mein Werk diesen Preis verlangt! Die vornehmen Geister pflichten ihnen bei: das Böse aus der Welt schaffen hieße die Erde verwässern, ihr das «scharfe Salz»[74] nehmen, das dem Leben erst seinen Geschmack gibt. Eine der Tugenden unserer Zivilisation ist gerade, daß sie schuldig ist, hat Thierry Maulnier erklärt. Das Unglück der Menschen ist für das Transzendente notwendig, behauptet Jaspers; man versichert uns, daß es außerdem für die Schönheit und die Kunst unentbehrlich sei. Theorien und Politik, die das Glück der Menschheit verfolgen, seien auf vulgäre Weise ametaphysisch und grob antiästhetisch. Erhalten wir also diese Welt, so wie sie ist.

Nochmals, man sieht nicht recht ein, weshalb eine erneuerte Menschheit unfähig wäre, sich durch «Lieder, Tänze, Monumente» auszudrücken. Und die Konservativen wiederholen so oft: «Es wird immer Unglück auf Erden geben», daß man das Argument gegen sie kehren könnte: wenn die Unterdrückung weggefegt ist, wird die wahre Geschichte der Menschheit beginnen, und keiner hat behauptet, sie würde einfach sein; in Wahrheit ist es uns unmöglich, sie vorherzusehen. Wer *a priori* dem Neuen mißtraut, ist vielleicht ein Akademiker: bestimmt kein Künstler. Mascolo bemerkt treffend: «Worauf immer man es reduzieren mag, es ist nicht zu optimistisch zu meinen, daß immer noch genug ‹Schicksal› bleiben wird, um den künstlerischen Akt hervorzurufen, der die Verkörperung seiner Leugnung ist.» Er fügt hinzu: «Jene mit dem Unglück paktierende Kunst kann keine große Kunst sein. Sie verrät letztlich immer das Unglück und damit auch sich selbst.» [75]

Es wäre allerdings naiv, das eigennützige Geschwätz der abendländischen Genies ernst zu nehmen: ihr Zweck ist allzu offensichtlich. Drieu, der in seiner Jugend oft alles ausgeplaudert hat, hat offen zugegeben: «Ich vermag nicht zu lieben. Die Liebe zur Schönheit ist ein Vorwand, die Menschen zu schmähen.» Diese Wörter bestätigen, was Sartre im Saint Genet gezeigt hat: «Der Ästhetizismus stammt keineswegs von einer bedingungslosen Liebe zum Schönen: er entsteht aus dem Ressentiment.» Er ist eine Waffe, die man einerseits benutzt, um die etablierte Ordnung zu rechtfertigen, und andererseits, um sich anzumaßen, diejenigen, die von dieser Ordnung unterdrückt und geopfert werden, zu verachten.

Angehörige der amerikanischen Elite haben mir eines Tages folgende Überlegung vorgetragen: «Hemingways Bücher sind Bestseller; doch das breite Publikum liebt nur schlechte Literatur: also macht Hemingway schlechte Literatur.» Der Syllogismus ist unabweisbar, sofern man die Prämisse akzeptiert: Masse und Wert schließen sich gegenseitig aus. Auf diesem Ausschlußprinzip fußt die Ästhetik der Rechten. Nur das Seltene ist kostbar: mit seiner Verbreitung hebt es sich auf. So verhält es sich beispielsweise auch mit der Eleganz; das ist ein rein negativer Begriff; Elegante behaupten sich durch Unterscheidung von den übrigen Frauen: wären alle elegant, wäre es keine einzige mehr, der Begriff selbst verschwände. Deshalb ist die Eleganz derjenige der ästhetischen Werte, den die Elite am liebsten anpreist; sie schätzt auch die Vornehmheit, die *per definitionem* ein Privileg einiger weniger ist. Die Schönheit selber wird als etwas Schwieriges, Geheimes, etwas der Masse nicht Zugängliches verstanden: was diese liebt, ist sofort diskreditiert.

Es gibt allerdings einen ästhetischen Begriff, dessen Inhalt positiver erscheint: die Qualität. In Wirklichkeit ist ihr Schicksal eng mit dem der hierarchisierten Gesellschaften verbunden. Jede menschliche Person, bleibt sie nur artig an ihrem Platz, besitzt einen gewissen substantiellen Wert: dieser äußert sich in der Anmut einer weiblichen Geste, in der Noblesse einer bäuerlichen Geste und vor allem in der Qualität des handwerklichen Erzeugnisses. Allerdings produziert das Handwerk nicht viel: das Qualitätserzeugnis ist rar, also einer Handvoll von Liebhabern vorbehalten, die allein das nötige geübte Auge besitzen. Seinen Wert bezieht es weitaus weniger aus dem sinnlichen Vergnügen, den es bereitet, als aus seinem aristokratischen Charakter. Ein alter Wein enthüllt dem Gourmet, der ihn kostet, eine *substantielle Form:* das wahre Frankreich; hätte er als Serienprodukt die gleiche Würze, die gleiche Blume, gäbe er den Kennern keinen Vorwand mehr, sich hervorzuheben: selbst wenn sie ihn noch mit Freude tränken, interessierte er sie nicht mehr. Ebenso haben maschinell erzeugte Spitzen – die die Handgemachten so genau kopieren, daß sie sogar deren Fehler imitieren – keinerlei Wert, da sie Massenprodukte und den Massen zugänglich sind; weder einen ökonomischen Wert noch einen ästhetischen, beides gehört zusammen. Entgegen allem Anschein umfaßt auch die Qualitätsvorstellung ein Ausschlußprinzip: man kann sagen, daß in einer vermaßten Menschheit Kunst und ästhetische Werte nicht vorkämen, da nur das, was sich den Massen verschließt, als wertvoll definiert wird.[76]

Wert und Privileg

So also rechtfertigt die Elite das System, das sie begünstigt. Die Menschen sind nichts: nur die übermenschliche Realität zählt, die sich ausschließlich in hierarchisierten Gesellschaften verkörpert; daran hat die Elite einen maßgeblichen Anteil; und wenn das Individuum zu einer Wahrheit gelangen, sich als Person verwirklichen, die Schönheit demonstrieren will, hat es keine andere Wahl, als die Hierarchie zu akzeptieren. Dann erkennen es die Auserwählten als ihresgleichen an und billigen ihm die berühmte «Gleichheit in der Unterschiedlichkeit» zu. Tatsache ist, daß jene, denen diese Unterschiedlichkeit aufgezwungen wird, sich weniger gleich fühlen, wie Orwell sagen würde, als die, die sie wählen: die meisten fühlen sich sogar überhaupt nicht gleich. Ihre Disziplinlosigkeit läßt sie zur Masse herabsinken, deren grobe empirische Existenz durch nichts gerechtfertigt ist. Die Masse hat weder zum Wahren noch zum Guten, noch zum Schönen Zugang. Das Göttliche würde menschlich werden und verschwände, wenn es allen gemeinsam wäre: doch diese Gefahr läuft es nicht, da es von einem Ausschlußprinzip her definiert wird. Wir haben gesehen wie die Zivilisation unter dem Vorwand, die Werte zu verteidigen, der Gesamtheit der

Menschen die Rechte und die Vorteile vorenthält, die sie als solche bezeichnet. Nichtsdestoweniger besteht der abendländische Denker darauf, daß die Werte universell sind: durch seine Bemühung ist das Universum auf einige wenige reduziert worden.

Es bleibt jedoch ein schwieriger Übergang: Wo werden die vitalen oder geistigen Werte mit den materiellen Werten vereint? Und passen die letzten beiden Wörter überhaupt zusammen, da die Materialität doch unwürdig ist? Die Heiligen sahen die Tugend als Selbstzweck an; dachten sie an eine Belohnung, stellten sie sie sich genauso geistig vor wie die Tugend selber. Man könnte sich zwar äußerstenfalls vorstellen, daß der Weise und die Helden die übrigen Menschen führen und von ihnen verehrt werden wollen: aber doch nicht, daß sie verlangen, besser bezahlt zu werden als sie. Doch über den Begriff von *Verdienst* verbindet die Bourgeoisie auf geheimnisvolle Weise Wert mit Genuß. Scheler zögert nicht, zu erklären: «Aus diesem Grunde dürfen die Werte des Angenehmen, resp. die sie tragenden Dinge, Verhältnisse (z. B. Besitz) als Quelle der Annehmlichkeit nicht an alle Menschen gleich verteilt werden – nach ‹Gerechtigkeit› –, sondern so, daß sie gemäß ihrem Lebenswert einen wechselnd großen Anspruch darauf haben. Jede ‹gleiche› Verteilung der Annehmlichkeitswerte (und jede Tendenz dazu) würde also die Träger der höheren Lebenswerte ‹ungerecht› schädigen, und darum ‹schlecht› sein; denn sie würden das Leben als solches schädigen.» [77]

Der Anspruch auf die materiellen Güter im Namen immaterieller Tugenden nimmt selten eine so naiv zynische Form an. Man wird lieber argumentieren, Vermögen, Muße und die bürgerlichen Tugenden seien zur Entfaltung der höheren Tugenden, der hohen Qualitäten nötig: Man mußte die Indianer mit Füßen treten, damit die Hände der schönen Camilla so vollkommen sein konnten. Dieser Umweg ist aber gefährlich; denn beginnt man damit, die Materialität in ein System einzuführen, wird es schnell schwierig, sie im Zaum zu halten. Wenn die Verdienste, deren sich die Elite brüstet, den empirischen Bedingungen ihrer Existenz unterworfen sind, kann man dann nicht annehmen, daß bei gleicher Begünstigung alle Menschen fähig wären, sich zu den gleichen Gipfeln emporzuschwingen? Man merkt, wohin uns eine solche Hypothese führen könnte.

Das seriöseste Argument ist das, auf das Jaspers hinweist. Das Überleben eines «Adels des Menschen», die Erfordernisse des Transzendenten brauchen die Aufrechterhaltung einer hierarchisierten Gesellschaft, was materielle Unterschiede miteinschließt; verfügte die Elite über keine ausreichende ökonomische Macht, um die Kollektivität zu kontrollieren, würde sie vermassen. Die aristokratische Seele verlangt also nicht direkt nach empirischen Vorteilen: sie will nur, daß sich zum geistigen Wohle aller die Situation, die sie begünstigt, fortsetzt.

Das System ist äußerst kohärent: es hat die Kohärenz einer Tautologie. Und das Postulat, auf dem es beruht, ist ebenso willkürlich wie ein Gewaltakt: man verkündet die Substanzlosigkeit der Masse, und alles übrige ergibt sich von selbst. Doch woran erkennt man den ontologischen Reichtum einer Gruppe oder eines Individuums? Die Substanz gehört nicht der empirischen Welt an, sie äußert sich nur durch Zeichen. Nun ist das einzige Zeichen, das den Auserwählten hervorhebt, das Privileg: über die Privilegien erkennt und behauptet sich die Elite und sondert sich ab.

Der ganze Trick besteht darin, aus dem Privileg den Ausdruck eines Werts zu machen, dessen bloßes Vorhandensein dem Privilegierten das Recht auf das Privileg verleiht: er muß die ökonomische Macht besitzen, um das Gute, das sich in ihm verkörpert und für das seine Macht ein Zeichen ist, verteidigen zu können. Anders ausgedrückt, der Auserwählte verdient die Annehmlichkeitswerte dadurch, daß er sie besitzt. Die Schlußfolgerung ist normal, da die Verdienstskala von den Besitzenden zur Legitimierung ihres Besitzes aufgestellt worden ist. Getarnt durch die Gewichtigkeit großer Systeme läuft die bürgerliche Ideologie auf die Binsenweisheit hinaus: das Privileg gehört dem Privilegierten.

Guido Piovene, einer der erbittertsten Antikommunisten, beweist die Notwendigkeit des «Kalten Krieges» mit genau diesen Schlußfolgerungen: er gibt zu, daß die Rechtfertigungen der umfangreichen antikommunistischen Literatur alle Geschwätz sind: «Die meisten dieser Argumente machen uns perplex und erweisen sich, abgesehen von unserer praktischen Zustimmung, als wenig hilfreich, als oberflächlich und provisorisch, genauso oder fast so wie die des Gegners gegen uns. Sie zielen immer entweder zu hoch oder zu niedrig ... Ich lasse die Argumente des Idealismus in allen seinen Formen, der sich auf den ‹Vorrang› und die ‹Überlegenheit des Geistes›, ‹den Geist, der die Geschichte macht›, beruft, beiseite, denn es sind Argumente, die heute banal geworden sind. Ebenfalls unnötig ist es, auf die patriotischen Argumente einzugehen ... Aber es gibt ein von Intellektuellen geschätztes Argument, das mit seinen Varianten für Tausende von Werken und Traktätchen sorgt. Es bezieht sich auf die Lügen der kommunistischen Welt, ihre Mißachtung der Wahrheit ... Wir erleben alle in unterschiedlichem Ausmaß dieselbe Krise der Wahrheit und der Seele; niemand kann das letzte Wort haben.» Und Piovene schließt: «In unseren Ländern ist die Bourgeoisie wenig überzeugend und hat wenig gültige Gründe, sich zu verteidigen, abgesehen vom Selbsterhaltungstrieb und von der Kampfbereitschaft ihrer Mitglieder, die die Werte, die sie verkörpern, durch ihre simple Existenz bestätigt sehen.»[78]

Das Leben der Auserwählten

Da die Überlegenheit des Privilegierten die letzte Rechtfertigung des Systems ist, das ihn begünstigt, muß diese besondere Konfiguration des Menschen näher untersucht werden. Die Auserwählten haben den Rest der Menschheit aus ihrem geistigen Universum ausgeschlossen, sie sind unter sich: Welches Wunderwerk werden sie aus sich machen?

Dem Vorausgegangenen zufolge darf man die «Chiffre» ihrer Existenz nicht im Handeln suchen. Tatsache ist, daß die «aktiven Mitglieder» der Bourgeoisie auf dieser empirischen Welt Zwecke verfolgen, die sie sich ernergisch zu Herzen nehmen; und ihre Ideologen verleihen der Verteidigung der Zivilisation auf mystische Weise Werte und eine objektive Bedeutung: die Menschen, die diesen Kampf führten, würden sich wahrhaftig zu transzendenten Realitäten hin überschreiten. Allerdings haben wir gesehen, daß der Kampf heute eher negativ als eroberungslustig ist und daß demzufolge die Moral der Bourgeoisie zum Quietismus neigt: ihre Weltanschauung und ihre immanentistische Psychologie tendieren in diese Richtung.

Der bürgerliche Denker rechtfertigt den Quietismus durch den geschichtlichen Katastrophismus; dieser Pessimismus wird häufig von einem kosmologischen Optimismus begleitet: die Geschichte ist verdammt, doch im großen und ganzen ist das Universum gut; der ästhetische Abstand erlaubt jedenfalls, es für gut zu halten. Nietzsche lehrte das «amor fati», man soll, empfahl er, «ja zum Leben sagen». Nach seinem Vorbild finden sich diejenigen, die auf dieser Welt die besten Plätze einnehmen, tapfer damit ab: Montherlant beispielsweise hat sein ganzes Leben lang unermüdlich verkündet: «Alles ist gut.» Er schrieb schon 1927: «Ja, jeder hat recht, immer. Der Marokkaner und die Regierung, die auf ihn schießt. Der Jäger und das Wild. Das Gesetz und der Gesetzlose. Und ich, wenn ich dies kaltblütig hinschreibe, wenn ich es in der Erhitzung einer Aufwallung verfluche.»[79] Er wiederholt es 1938 in seinen *Carnets:* «In welchem Sinn können wir glücklich das Elend der Welt ertragen? Genauso wie wir ertragen, daß es in New York Nacht ist, wenn in Paris die Sonne scheint.» Und 1951 sagt er folgendes: «Was habe ich seit vierzig Jahren anderes getan, als zu akzeptieren? Die anderen zu akzeptieren, mich selbst zu akzeptieren, die Umstände zu akzeptieren: billigend zu akzeptieren ... Jetzt lebe ich in einer Welt, wo alles vom dreifachen Siegel des Wahns, der Niedrigkeit und des Schreckens gezeichnet ist. Und dennoch läßt mich heute noch meine globale Zustimmung angesichts des Satzes erzittern, der mich insgeheim bereits in meinem zwanzigsten Lebensjahr geheimnisvoll berührte: ... *Trotz unserem Unglück lassen mich mein fortgeschrittenes Alter und die Größe meiner Seele alles gut finden.»* [80]

Alles ist gut, wenn unsere Seele groß genug ist, das Elend anderer und unsere eigenen Privilegien zu ertragen; Montherlants Vergleich legt diskret nahe, daß das Schicksal der Menschen die großen natürlichen Zyklen imitiere: morgen wird der Arbeitslose seinerseits Millionär sein und Montherlant Bergarbeiter. Und wenn sich das Rad nicht schnell genug dreht, lehren uns zahllose Gelehrte, daß Alles und Nichts äquivalent sind: die Abwesenheit Gottes kommt seiner Anwesenheit gleich, das Nichts des Bewußtseins verweist auf die Fülle des Seins, das Elend des Menschen macht seine Größe aus, durch Entbehrung erreicht man den wahren Reichtum. Eine verstümmelte Dialektik, wo These und Antithese unmittelbar gleichgesetzt werden ohne ihre gemeinsame Überschreitung zu einer höheren Synthese: das ist die Methode, mit der die Rechte gern Verwirrung stiftet und die Geschichte anhält; der Knecht braucht nicht Herr zu werden; er ist es bereits, zumindest behauptet das der Herr. Seine Philosophie kann noch viele andere Formen annehmen; ob sie nun auf diese oder jene Weise begründet wird – Stoizismus, Mystizismus, Naturalismus –, diese Haltung der Zustimmung, die Montherlant entzückt, ist jedenfalls unter Privilegierten äußerst verbreitet. Sie ist es, die Pingaud in seinem *Éloge du consentement* lobt: «Die Zustimmung ist der Gegensatz der Eroberung.» Der zustimmende Mensch «kann mit niemandem eine Verbindung eingehen ... er weigert sich, irgend jemandem zu gehören, und sei es auch sich selbst ... er versucht nicht, ein Werk zu verwirklichen, kämpft nicht für irgendeine Sache, stellt keine Regeln auf. Vor ihm liegt die Ewigkeit, denn er lebt bereits willentlich in der Ewigkeit. Er fürchtet sich nicht zu sterben, weil er bereits tot ist. Und da er bereits tot ist, da er bereits in der Ewigkeit lebt, kann dieser Mensch ohne Reue die Geschichte annehmen. Er nimmt sie nicht als eine Aufgabe an, aus der er Profit ziehen wird, als eine Eroberung, die ihn stärken wird, sondern als *eine Evidenz, die er nur feststellen kann.* Der Mensch der Zustimmung wird also der Freund und Helfer aller sein. Seine Liebe, seine Treue sind universell.»[81]

Man sieht in diesem Text, wie eng die Vorstellungen von Zustimmung und Ataraxie miteinander verknüpft sind: es geht darum, keine Partei zu ergreifen, nichts zu tun. Diese Art, die Geschichte anzunehmen, indem man sich darauf beschränkt, sie festzustellen, ist ungefähr das, was Jaspers lehrt.

Er interessiert sich für die *Verweigerung* in ihren drei Formen des Selbstmords, der Mystik und der Ironie: nicht der revolutionären Aktion; und vor allem legt er den Akzent auf die Treue; die Treue besteht darin, sich in der Vergangenheit zu verwurzeln und die Endlichkeit unserer gegenwärtigen Situation anzunehmen, so wie sie sich uns zeigt. Ob mit Ironie, mit Melancholie gefärbt oder mit einer Mystik erhellt, die bürgerliche Weisheit stellt meistens die Maxime auf: hinnehmen.

Schließt sie das Handeln vollkommen aus? In dieser Frage stimmen nicht alle rechten Intellektuellen überein. Claude Elsen und Claude Mauriac haben früher in *La Table Ronde* lange darüber debattiert und vor kurzem auch Jacques Laurent und Thierry Maulnier. Elsen und Laurent sind hartnäckige Quietisten: die geringste Handlung sei Befleckung, sie reiche aus, das reine Wunder, «sich selbst zu sein», zu trüben. Claude Mauriac räumt ein, daß zur Bewahrung der Werte, die die Handlung überschreiten, zuweilen gehandelt werden muß; Thierry Maulnier meint, daß einige ewige Prinzipien effektiv verteidigt werden müssen. Sicher ist jedenfalls, daß für sie alle das Individuum etwas anderes ist als seine Handlungen, es wird nicht durch sie definiert: seine Wahrheit ist woanders.

Der Wert also, der den Elitemenschen auszeichnet, ist nicht etwas, was man erwerben kann: ob vital oder geistig, Adel ist eine innewohnende Gnade. Und wie könnte eine Unternehmung ein klarsehendes Individuum ernsthaft interessieren, da es sich doch in seiner Immanenz eingeschlossen weiß? Ein wirkliches Verhältnis hat es nur zum eigenen Ich: jeder äußere Zweck bleibt ihm fremd; verfolgt das Individuum doch einen Zweck, so nicht deshalb, weil er sich ihm objektiv aufgezwungen hätte: es geschieht aus einer subjektiven Laune. Die Kritik der Antikommunisten am Marxismus fußt, wie wir sahen, ganz auf dieser radikalen Trennung des Subjekts von seinen Zwecken; die Unternehmen, die sich als uneigennützig ausgeben, sind nur die Verkleidung egoistischer Absichten. Diese Interpretation ist eine offensichtliche Projektion: für den Bourgeois, dessen Lage sowieso angenehm gesichert ist und der sich grundlegend im Egoismus verschanzt, ist die Handlung ein überflüssiger Luxus, ein willkürliches Spiel. Drieu hat diese Gleichgültigkeit gegenüber dem Inhalt von Engagement in *La suite dans les idées* zum Ausdruck gebracht: «Warum sollten wir nicht die Fahne wechseln? Warum sollten wir nicht das Rote dem Weißen vorziehen? So läuft die Liebe. Wir wollen Neues. Man bietet es uns an, nehmen wir es. Neues, Neues. Werfen wir Bomben!»

Und in der Tat sucht sich Gilles, Drieus Held, eine

Ideologie, wie er sich bei Charvet ein Hemd aussucht; zunächst optiert er für den Kommunismus; dann wird er seiner überdrüssig und wird Faschist. Nach einer ähnlichen Kehrtwendung erklärte Ramon Fernandez in der gleichen Zeit: «Ich liebe nur abfahrende Züge.» Mit wem reiste er? Wohin fuhr der Zug? Das war ihm gleich. Man handelt, um sich eine subjektive Befriedigung zu geben: ein Gefühl von Neuem, von Bewegung oder Mut. Wer meinte, ein sich selbst äußeres Ziel zu verfolgen, wäre ein Gimpel. Das ist das, was Montherlant in *Service inutile* behauptet: «Sie werden mir sagen, es gebe keine Sache, für die sich zu sterben lohne. Das ist sehr wahrscheinlich. Doch leidet man und stirbt man nicht für diese Sache. Es geschieht für die Idee, die uns dieses Leiden und dieses Sterben von uns geben ... Man muß absurd sein, mein Freund, man soll sich aber nicht täuschen lassen. Kein Erbarmen für die Getäuschten.»

Diese machiavellistische Weisheit lehrt Montherlant wieder in *Le solstice de juin:* «Die Person des Gegners und die Ideen, die er vertreten soll, sind völlig unerheblich.» «Kampf ohne Glauben ist die Formel, auf die wir unvermeidlich stoßen, wenn wir die einzig annehmbare Vorstellung vom Menschen erhalten wollen: die, daß er gleichzeitig Held und Weiser ist.»

Als Nimier in einem Interview ungefähr folgendes gesagt hat: «Nein, ich war nicht bei der Miliz: blau stand mir nicht», setzte er diese Tradition fort. Die gespielte Frivolität seines Spruches bedeutete, daß er der äußeren Welt jegliche Wahrheit abstritt und nur sich selbst Wahrheit zugestand. Chardonne geht in die gleiche Richtung, wenn er in den *Lettres à Roger Nimier* schreibt: «Unsere Ansichten zeigen, daß wir so gemacht sind; das ist alles! ... Ich sehe meine eigenen Ansichten und die der anderen als Kindereien an: dazu haben mich meine Studien gebracht. Heutzutage sind die politischen Ansichten des Franzosen die Ansichten einer nervösen Frau; die Gedanken einer nervösen Frau, und da weiß ich, woher sie stammen. Ich mag so etwas nicht.»

Die Verachtung der objektiven Zwecke zeigt sich unter anderem in der Mythologie des Führers, wie er von der Rechten begriffen wird: nicht sein Werk interessiert, sonden seine Gestalt. Drieus Gedichte über «den Diktator», sein Roman *L'homme à cheval* sind vielsagend. Der Held von *L'homme à cheval* wird aus Zufall Diktator, ohne ein Motiv, er hat kein bestimmtes Programm: er erfindet ein Anliegen, da er als Diktator einen Vorwand braucht, sich zu manifestieren; doch in Wirklichkeit sind ihm alle Parteien gleichgültig, ist er abgeschnitten von seinem eigenen Land und von der ganzen Welt. Die Diktatur dient ihm letztlich nur dazu, den Adel seiner Seele zu preisen. Wenn ein Fürst mittelmäßig ist, beschränkt er sich darauf, die Macht um der Macht willen auszuüben; wenn ein Führer von guter Qualität ist, macht er aus ihr eine Askese; er wird der Größte von allen, weil er am stärksten von ihnen getrennt ist. Da er ohnegleichen ist, unterscheidet er sich von den anderen mehr als jeder andere: er ist um so mehr er selbst; in ihm verwirklicht der Elitemensch die höchste Individualität; und gerade daher kommt seine Autorität: seine Anhänger gehorchen ihm, nicht weil sie die objektiven Zwecke, die er verfolgt, übernehmen, sondern weil sie unter der Ausstrahlung seiner Persönlichkeit stehen. Wie der Herr und aus denselben Gründen verlangt er eine bedingungslose Zustimmung im Namen einer bestimmten Gnade, die ihm innewohnt. Max Weber lieferte vor dem letzten Krieg ein Porträt des «charismatischen» Führers, das Aron so zusammenfaßte: «Völlig seiner Aufgabe hingegeben, leidenschaftlich und dennoch klarsichtig, ist er Herr seiner Truppen, siegt er durch die Ausstrahlung seiner Persönlichkeit, nicht durch Schmeichelei oder Demagogie.» Er ist dem jüdischen Propheten ähnlich, der «das Volk geißelt und sich als Führer durchsetzt, weil er mit außergewöhnlichen Eigenschaften begabt ist.»[82] Der Mythos hat seit dem Tode Mussolinis und Hitlers viel an Glanz verloren. Doch lebt er immer noch. Es ist beispielsweise auffallend, daß Malraux, wenn er in *Paris-Match* über General de Gaulle redet, mit keinem Wort zu erkennen gibt, ob ihn das gaullistische Programm oder Unternehmen jemals interessiert hat; er hat lediglich erklärt, durch die Größe des Mannes verführt worden zu sein.

Sinn und Bedeutung dieser subjektivistischen Haltung zeigen sich nirgendwo deutlicher als in dem Essay, in dem Thierry Maulnier für den Menschen das «Recht auf Irrtum» fordert.[83] Er erklärt: «Das Recht auf Irrtum ist das grundlegende Recht des Menschen, das sämtliche anderen einschließt.» Es stimmt, die Anerkennung dieses Rechts schließt notwendig eine globale Vorstellung vom Menschen ein: die Reduzierung auf seine Immanenz ermöglicht alle egoistischen Forderungen des Bürgers. Für einen Menschen, der an die Bedeutung seiner Zwecke glaubt, ist das Scheitern ein absolutes Unglück: es wieder gutzumachen, ist unmöglich, außer man repariert es objektiv. Wahrscheinlich würde Thierry Maulnier zögern, einen Weichensteller, der einen schlimmen Unfall verursacht hat, im Namen des Rechts auf Irrtum an seinem Posten zu lassen: auch wenn sich mildernde Umstände für ihn finden, hat er sich objektiv disqualifiziert. Das *Recht auf Irrtum* impliziert also, daß die Moral sich nicht auf dieser empirischen Welt ansiedelt, sondern auf einer transzendenten, das heißt im Grunde subjektiven Ebene. Das Gute liegt in irgendeinem Himmel: und die Qualität der Seele, die es sucht, wird nicht vom Erfolg, sondern von der Reinheit ihrer Absichten bestimmt. Die Moral der Absicht geht mit dem bürgerlichen Subjektivismus einher; sie widerspricht aber schon der Vorstellung von einem Unternehmen: Warum sollten empirische Zwecke verfolgt werden, wenn diese keine einzige ethische Bedeutung haben? Die Kontemplation ist dann das einzige denkbare Verhältnis zum Transzendenten. Das dümmste daran ist, daß die von Maulnier verteidigten «Irrtümer» sehr konkreter Natur sind: Es sind politische Fehler, die Menschenleben gefährdet haben. Soll angenommen werden, Mord habe mit Ethik nichts zu tun? Vielleicht, wenn die empirische Existenz der Menschen nicht zählt; doch dann wäre ein Zustimmen zu den Verbrechen, die gegen sie begangen werden, noch gar nicht einmal ein «Irrtum»; mit de Sade könnte man sich das Recht zusprechen, sie mit Füßen zu treten.

Doch nimmt der bürgerliche Subjektivismus nicht diese extreme Form an; der Bürger ist dem System, das er verteidigt, integriert, und selbst wenn er meint, letztlich nur mit sich selbst zu tun zu haben, so geschieht das über seine Beziehungen zu anderen. Mangels Taten werden von ihm Verhaltensweisen erwartet: Welchem Gesetz sollen sie gehorchen?

Die gesellschaftliche Hierarchie gibt eine Antwort auf diese Frage; in der bürgerlichen Welt sind die Beziehungen der Individuen untereinander nie unmittelbar: jeder wird über die Funktion, die er ausfüllt und die ihn valorisiert, von den anderen anerkannt; diese Anerkennung wird durch Zeremonien und Rituale geregelt, sie hat einen institutionellen Charakter. Die Sitten, die Gesetze bestimmen die Beziehungen zwischen Eltern und Kindern, Ehemann und Ehefrau, Vorgesetzten und Untergebenen. Die Höflichkeit, die Manieren erinnern die Bürger ständig daran, daß sie ausschließlich über die Gesellschaft zu kommunizieren haben. Der Respekt, den sich Gleiche bezeugen, manifestiert ihre Achtung vor der Form oder der Institution, die sich in jedem von ihnen verkörpert: zwei Generäle, die einander grüßen, grüßen die Armee. Wenn vom festgelegten Kodex nicht besondere Umstände vorgesehen sind, erkennen sich die Menschen von Qualität daran, daß sie instinktiv das angemessene Verhalten finden: Dieser Instinkt ist das Ehrgefühl. «Die Ehre ist Sache des Blutes, nicht des Verstandes», erklärt Spengler. «Man überlegt nicht, sonst ist man schon ehrlos.» Die Ehre hat verschiedene Gesichter: Beim Untergebenen ist sie Treue, Hingabe; unter Gleichen ist sie Loyalität; beim Herrn ist die Haupttugend die Gerechtigkeit. Die Mythologien, die diese Moral preisen, sind hinreichend bekannt: die schlichte Würde der kleinen Leute, die Aufopferung der Frauen und der treuen Diener, die befolgte Disziplin, die übernommenen Aufgaben, Sohn und Vater, Soldat und Befehlshaber, Ehe, Heim, Familie; von Henry Bordeaux bis Claudel rühmt eine unerschöpfliche Literatur die bürgerlichen Institutionen und die hohen Tugenden, die durch sie erblühen.

Ärgerlich ist nur, daß diese Mythen heute ein wenig veraltet sind. Die alten Hierarchien sind wackelig, die Ordnung der Welt ist unsicher, die Ehre im Verschwinden begriffen: das ist Thema zahlloser Klagelieder. Angesichts der Massen, die nichts Nichtmenschliches verklärt, kehrt der Auserwählte zum Solipsismus zurück: «Alles Menschliche ist mir fremd», sagt am Ende der Held von *Le hussard bleu* von Roger Nimier. Das ist logisch, da die Rechte nur vermittelte Beziehungen zwischen den Menschen zuläßt; sobald die Institution verfällt, sobald die Vermittlung verschwindet, sind nur noch isolierte Atome vorhanden. Henry Bordeaux führt geradewegs zu Nimier.

Skeptisch und nicht mehr wohlmeinend schließt sich also die junge Literatur der Rechten im Subjektivismus ein. Keine wirkliche Kommunikation zwischen den Menschen. Die Liebe zum Beispiel ist nicht Vereinigung, sondern Einsamkeit: ein von Proust inspirierter psychologischer Idealismus, eine bestimmte Interpretation der Psychoanalyse machen es möglich, sie als ein immanentes Phänomen zu betrachten: sie ist die typische «falsche Halluzination»; das Objekt ist nur Vorwand; der Verliebte ist allein mit seiner Lust, seiner Begierde, seinen Mythen, seinen Komplexen, seinen Delirien. Ähnlich betreffen auch seine Verhaltensweisen gegenüber dem geliebten Wesen nur ihn selbst. So hat Costals in *Les jeunes filles* von Montherlant über Solange Dandillot und die kleinen Aufmerksamkeiten und Vergnügen, die sie ihm bereitet, immer nur eine Beziehung zu sich selbst: er stimmt seine Gesten auf die Gestalt ab, die er sein möchte. Das System dehnt sich auf alle menschlichen Beziehungen aus. Gegenüber den Untergebenen ist zum Beispiel die Generosität eine geschätzte Tugend; doch die generöse Geste, wie die Rechte sie versteht, ist nicht die Antwort auf einen äußeren Appell, sie wird nicht durch die Not anderer motiviert: es ist ein Vorwand für den höheren Menschen, seinen «vitalen Adel» zu demonstrieren; oder auch – wie bei Claudels

König von Neapel – seine Gleichmütigkeit gegenüber den Gütern dieser Erde zu beweisen. Doch kann der Auserwählte die Generosität auch kapriziös verweigern: es kann ihm Spaß machen, seine Gleichgültigkeit anderen gegenüber oder die Souveränität seines freien Willens oder auch seine Ablehnung konventioneller Tugenden zu demonstrieren. Da sein Verhalten ohnehin auf nichts gegründet ist, ist es beliebig. Das ist es auch, was die Fabel der Raupen bei Montherlant bedeutet: der Starke kann mit dem Schwachen jedes Spiel spielen, er allein ist Herr.

Die einzige Sorge des Auserwählten wird also der Kult seines Ich sein, das heißt die Pflege seiner Unterschiede. Die männliche Elite behauptet stolz ihre Männlichkeit, entsprechend einer hinreichend bekannten sexuellen Mythologie.[84] Die meisten Auserwählten erheben Anspruch auf eine rassische Besonderheit, die sie als eine Überlegenheit verstehen: Sie denken und leben als Bretone, als Mediterraner, als Seemannssohn, als Nachkomme der Ritter, der Großbürger oder der alten Bauernfamilien Frankreichs. Sie identifizieren sich mit ihrer gesellschaftlichen Funktion: in ihnen verkörpert sich *die* Mutter, *der* Großvater, *der* Ehemann; sie versehen ihren Beruf im Rahmen des Möglichen mit der heiligen Aura einer Berufung. Wollen sie eine noch stärkere Individualisierung – oder falls diese ihre einzige Zuflucht ist –, versuchen sie sich das zu schaffen, was man eine Persönlichkeit nennt; sie übernehmen einen Charakter, sie machen sich in diesem oder jenem Bereich zu Amateuren, Kennern, Anhängern; mit der Art, sich zu kleiden, mit dem Stil ihrer Einrichtung – ja, mit der Wahl der Gegenstände, die sie ins Grab mitnehmen – individualisieren sie ihre Gestalt. Natürlich müssen ihre Verhaltensweisen besondere sein; ein Held von Montherlant schiebt plötzlich die Frau, die er umarmt, weg, da zu viele Paare im gleichen Moment die gleiche Umarmung ausführen. Hier siegt wieder das Negative: es geht darum, den anderen nicht zu ähneln. In einer dekadenten Gesellschaft, wo Berufung und Ehre kein großes Ansehen mehr genießen, ist die einzige positive Moral ästhetischer Natur. Die Geste ersetzt die Handlung; und die Geste ist die ihres Inhalts entleerte Handlung, das Kontemplationsobjekt, das von weitem betrachtet wird: dieser Abstand wird eben gerade durch den Ästhetizismus gewonnen. Der geschätzteste Wert aber in diesem Bereich ist die Eleganz; und die Eleganz definiert sich durch ein Ausschlußprinzip. Die einzige Vorschrift ist im Grunde, zu schockieren, zu überraschen: wieder einmal zu beweisen, daß man anders ist. Ein so formelles Gesetz kann keine Fülle hervorbringen. Von seinesgleichen und von jedem wirklichen Zweck abgeschnitten, führt der Auserwählte ein inhaltsloses Leben; er tut nichts, er wirkt auf nichts ein. Jedem, der ihn an objektiven Kriterien mißt, erscheint er als nichts.

Allerdings hat er ein Mittel gefunden, diesem Urteil zu entgehen: er verleiht seinem objektiv leeren Leben Dichte, indem er es verinnerlicht. Daran läßt sich die Konversion der Rechten nach der Niederlage ermessen: Heldentum wird durch Innenleben ersetzt. Von der Geschichte belehrt, weiß die katastrophische Elite, daß es klüger ist, sich insgeheim mit sich selbst zu beschäftigen, als offen einen Gegner anzugehen. Der Adel des Bluts zeigte sich im vergossenen Blut, der Adel der Seele hält sich in den Falten der Seele verborgen. Die Philosophien der Transzendenz sind genau dazu gedacht, dem Individuum eine Zuflucht in seine Immanenz zu ermöglichen.

Wer aufrichtig an das Transzendente glaubt, erfährt seinen Glauben in Angst; die Heiligen wußten, daß es schwierig ist, Gottes Stimme von der Satans, die Gnade vom Hochmut zu unterscheiden: kein einziger von denen, die man für Heilige gehalten hat, hat sich je gerühmt, einer zu sein; schon dieser Anspruch hätte seine Tugend vergiftet. Wenn unsere modernen Helden weniger Skrupel haben, so deshalb, weil das Transzendente nur ein Gespenst ist, das ihnen als Vermittlung zwischen sich und sich dient. Es stammt von ihnen selber, sie haben ihre vorteilhaften Besonderheiten auf es projiziert: darum finden sie die Evidenz seiner Anwesenheit in sich selber, und sie reicht für ihre Rechtfertigung aus. Doch allein die empirische Handlung, die praktische Überschreitung eines Menschen zu irdischen Zwecken reißt den Menschen von seiner Immanenz los und definiert ihn objektiv: der Auserwählte verschmäht es aber, sich auf der Erde einzubringen, zu definieren, zu messen. Er zieht es vor, kraft seiner bloßen Autorität zu behaupten, daß er in der Stille und Einsamkeit seiner Seele seinen Wert, sein Verdienst, seine Teilhabe am Nichtmenschlichen, das den Menschen vergöttlicht, erfährt.

Keine Anfechtung könnte diese innere Evidenz erschüttern. Sie entzieht sich sogar dem intellektuellen Leben, denn die Wahrheit zeigt sich in einer spezifischen, meist unfaßbaren, nie vollkommen mitteilbaren Erfahrung; der Mensch der Rechten sucht gern Zuflucht bei der – ebenso unanfechtbaren wie unbegründbaren – Kraft seiner subjektiven Intuition: es muß doch irgend etwas an den Juden sein, da ich sie nicht ausstehen kann. Ohne den geringsten objektiven Beweis zu liefern, kann sich jeder für den hellsichtigsten, subtilsten, tiefsten aller Menschen halten: Die eigene Zustimmung genügt.[85]

Die ethischen und ästhetischen Qualitäten: Adel, Takt, Größe, Wahrhaftigkeit sind noch einfacher zu beanspruchen: kein Gegenstand steht zur Debatte; das Subjekt kümmert sich nur um seine Seelenzustände: es vergleicht, kombiniert, betrachtet, meditiert über sie, um andere hervorzurufen; Gewissensprüfung, psychologische Analyse sind ihm Vorwände, sich risikolos in den eigenen Augen zu unterscheiden. Das ist der große Vorteil des inneren Lebens: es gibt jedem die Möglichkeit, sich allen anderen vorzuziehen.

Dieses verborgene Leben entäußert sich gern in Unterhaltungen, Briefen, Tagebüchern, Essays und Romanen. Auf die Dauer wird man des Schweigens, der Einsamkeit, der Leere müde; dann bietet sich eine Zuflucht: man kann sie in Form von Literatur wieder aufgreifen. Die Literatur ist ungefähr die einzige Tätigkeit, die stark genug von der Wirklichkeit getrennt zu sein scheint, daß ein hartnäckiger Quietist sich ihr widmen kann.

Allerdings darf Schreiben kein Handeln bedeuten: nichts widert die Rechte von heute mehr an als «engagierte» Literatur. Auch in diesem Bereich hat sich vieles seit 1944 geändert. Drieu hatte sich vor und in dem letzten Krieg Hals über Kopf in die politische Literatur gestürzt. Bei einem während der Besetzung gehaltenen Vortrag hielt Maxence den Intellektuellen der Zwischenkriegszeit heftig vor, sich aus allem herauszuhalten. Damals glaubten sich die rechten Intellektuellen auf der Seite der Sieger; es war die Zeit des Heldentums. Vom Handeln angewidert, wollen sie heute eine Literatur, die außerhalb der Welt bleibt, die ihnen hilft, die Wirklichkeit zu tarnen, zu leugnen oder zumindest zu fliehen. Ein Leben ohne Inhalt verlangt natürlich Bücher ohne Inhalt. Die Literatur hat einen Wert, insofern sie Schriftsteller und

Leser von der Masse abhebt; je esoterischer sie ist, um so besser erfüllt sie diese Rolle; der Elite vorbehalten, dient sie ihr als Rechtfertigungsvorwand; ihre Existenz ist also notwendig, und man mißt ihr sogar allergrößte Bedeutung bei: doch unter der Bedingung, daß sie nichts sagt; man hat Jacques Chardonne dafür gelobt, wie gut ihm in seinen *Lettres à Roger Nimier* gelungen sei, über Nichtigkeiten zu sprechen, das heißt über nichts zu sprechen.

Das ist nicht so leicht. Mascolo sagt vom Schriftsteller: «Er spricht immer vom Menschen. Er kann zwar nur Geschmack an Formen haben. Doch letztlich zeichnet sich immer die menschliche Form ab. Sie transportiert den ganzen Sack der Ideen, Werte, Prinzipien, die man gerade dort nicht antreffen wollte ... Allerdings ist es nicht möglich, vom Menschen zu sprechen, das heißt, überhaupt zu sprechen, ohne davon zu sprechen, was der Mensch trägt. Er ist Träger. Selbst die bildenden Künste entgehen diesem Gesetz nicht.»[86] Tatsache ist, daß sich die verbissensten Gegner der engagierten Literatur selber dazu verleiten lassen, sobald sie sich an ein positives Werk machen. Die Essays von Thierry Maulnier drehen sich alle um politische Fragen; und *La maison de la nuit* ist der Prototyp eines engagierten Stücks. Wenn Jacques Laurent – mit *Le petit canard* – versucht, uns durch das Schicksal eines jungen Milizionärs zu rühren, schreibt er einen zumindest tendenziösen Roman. Seine angeblich nicht engagierte Zeitschrift, *La Parisienne*, ist tendenziös bis zum Fanatismus. Claude Elsen bewohnt keinen Elfenbeinturm, sondern polemisiert in *Dimanche-Matin*. Man kann weder den Solipsismus bis zum Äußersten leben noch ein inhaltloses Buch schreiben.

Dafür kann dieser Inhalt so bedeutungslos sein, daß er gleich Null ist. Vor der Niederlage der Nazis wünschte sich zwar die junge dynamische Rechte eine Kampfliteratur, doch die Mehrzahl der konservativen Schriftsteller beutete Themen aus, die es ihnen erlaubten, Sätze aneinanderzureihen, ohne etwas aufs Spiel zu setzen: Der Themenkatalog, den Emmanuel Berl um 1927 aufstellte, ist bis heute mehr oder weniger gültig.[87] Die Annehmlichkeiten des bürgerlichen Lebens werden zwar weniger gefällig als früher beschrieben: diese Sparte überläßt man den englischen Romanschreiberinnen. Dafür sind die Vorzüge des sogenannten psychologischen Romans noch nie stärker geschätzt worden. «Die Psychologie», bemerkt Berl, «weiß das Urteil, das die Dinge verlangen, durch eine im übrigen endlose Sammlung einzelner Fakten zu ersetzen, aus der kein einziges Urteil gezogen werden kann. Sie ist eine bestimmte Art der Disqualifizierung des Denkens geworden.» Der bürgerliche Autor psychologischer Romane interessiert sich nicht für die Situation seiner Helden: er studiert das menschliche Herz im allgemeinen; und er studiert es in seiner reinen Immanenz; wenn er uns eine Liebesgeschichte erzählt, existiert das geliebte Objekt kaum, noch weniger die Welt, in der die Liebenden leben. Oder man seziert die Seelenzustände eines einsamen Halluzinierenden; oder man bringt auch mehrere Halluzinierende zusammen, denen jegliche Kommunikation versagt ist – da Sprache ja Lüge ist –, und beschreibt uns die seltsamen Phänomene, die aus ihrem Zusammensein entstehen.

Die einzige Realität, die der bürgerliche Schriftsteller zur Kenntnis nimmt, ist das Innenleben. Abgesehen davon versucht er nur noch zu fliehen: in die Vergangenheit oder durch den Raum hindurch oder ins Irreale. Kindheitserinnerungen nehmen in den bürgerlichen Bibliotheken einen bevorzugten Platz ein; in ihrem Zu-

sammenhang führt man gern die Themen der Verwurzelung aus: Landschaft, Heim, Ahnen; das Kind, nicht
verantwortlich, asozial, abgesondert, ist das Modell, das
der rechte Intellektuelle sein Leben lang fortsetzen
möchte. Seine naive Sicht der Welt entkleidet sie ihrer
harten Widerstände und enthüllt sie als voller Wunder:
Wie oft ist *Le grand Meaulnes* von Alain-Fournier kopiert
worden![88] Wunderbar ist auch, was die Exotikexperten
liefern: sie bemühen sich, fremde Länder in ihrem un-
kommunizierbaren Geheimnis zu schildern; durch das
unreduzierbare Pittoreske der Landschaften, die un-
durchdringliche Mentalität der Einwohner lassen sie den
Menschen anders als der Mensch erscheinen. Traum-
und Abenteuererzählungen, phantastische Literatur: es
geht darum, uns die Welt und uns selber vergessen zu
lassen.[89]

Es kann hier natürlich nicht ein auch nur annähernder
Überblick über die bürgerliche Literatur von heute gegeben werden. Wir beschränken uns also auf einige An-
merkungen. Wir werden nur die beiden Themen näher
betrachten, die die größte Rolle im Denken und in der
Moral der Elite spielen: Diese sind eng miteinander verknüpft, die Themen Natur und Tod.

«Die Natur ist rechts», sagte Ramuz. Es stimmt, daß
die Natur eine der größten Idole der Rechten ist: sie taucht
als Antithese zur Geschichte wie zur Praxis auf.

Gegen die Geschichte bietet uns die Natur ein zykli-
sches Bild von der Zeit; wir haben gesehen, daß das Symbol des Rads den Fortschrittsgedanken zunichte macht
und die quietistischen Weisheiten begünstigt: in der endlo-
sen Wiederholung der Jahreszeiten, der Tage und Nächte
verkörpert sich konkret der große kosmische Reigen.
Die offensichtliche Wiederholung von Winter und Som-

mer macht den Revolutionsgedanken lächerlich und manifestiert das Ewige. Drieu hat unter den «modernen» absurden Figuren seines Romans *Gilles* die «schöne» Gestalt eines alten französischen Bauern: dieser hat am großen Schweigen der Erde teil, doch von Zeit zu Zeit ringt er sich zum Vorteil von Gilles einige starke Sprüche ab. Auf eine Eiche zeigend, murmelt er: «Es gibt etwas Ewiges im Menschen. Was diese Eiche sagt, wird in der einen oder der anderen Form immer wieder gesagt werden.»

Unter jenen unwandelbaren Wahrheiten und Wesenheiten, die uns die Natur offenbart, steht die menschliche Natur an erster Stelle; die Menschheit wird als eine gegebene Art verstanden und nicht als ein Produkt ihres Produktes: die Idee der Natur widerspricht der der Praxis.

Auf die Entwicklung der natürlichen Arten hat das Handeln nur einen nebensächlichen Einfluß: es trägt höchstens zur Entfaltung der im Ei keimhaft verborgenen Möglichkeiten bei, könnte sie aber weder schaffen noch verändern. Man wird sich auf die Natur berufen, wenn man die Pluralität der Rassen, der Kasten und ihre Ungleichheit behaupten will: die menschliche Art soll sich ähnlich den übrigen Tierarten in ursprünglich unterschiedliche Sorten unterteilen, deren Eigenschaften vererbbar sind. Obwohl die Elite die Idee des Adels spiritualisiert hat, will sie auf jeden Fall daran festhalten, daß ihre Überlegenheit angeboren ist: die Massen können sie ebensowenig erwerben, wie ein Gerstenkorn eine Weizenähre erzeugen kann. Dagegen genügt es, daß ein Weizenkorn auf guten Boden gesät wird, damit es wunderbar reift: es gefällt dem Privilegierten, sich vorzustellen, daß der Komfort und die Muße, die er genießt, ohne sein eigenes Zutun eine langsame und stille Bereicherung seiner selbst begünstigen. Handeln ist unerheblich; man hat zu sein: der bürgerliche Ideologe erwartet von der Natur die Bestätigung dieser Wahrheit.

Der Konservative setzt nicht nur die Menschheit und jedes einzelne Individuum mit den Früchten der Erde gleich: sondern auch die Gesellschaft selbst. Es ist häufig auf das Vorherrschen organischer Bilder bei der Rechten hingewiesen worden.[90] Spengler und Toynbee sehen in den Gesellschaften Organismen: der Pluralismus und der entsprechende Begriff von substantieller Form verlangen es. Allein die lebenden Organismen besitzen eine radikal von jeder anderen verschiedene und positiv vereinigte Individualität. Mit der Unterordnung der Menschen unter eine hierarchisierte Form, mit ihrer Unterwerfung unter eine prästabilierte Ordnung stellt die Ideologie der Rechten sie sich notwendig in der Abhängigkeit der Körperglieder vom Magen, der Bienen vom Bienenstock vor. Mit diesen Bildern leugnet sie die Autonomie der Individuen, ihre Fähigkeit, untereinander unmittelbare Solidarität zu üben, und vor allem leugnet sie die Kämpfe, die sie untereinander spalten; alle erscheinen gleichermaßen an der Erhaltung der Form interessiert, der sie angehören; die Gewalt verbirgt sich hinter der sanften Strenge einer vitalen Notwendigkeit.

Der naturalistische Optimismus will noch universeller sein: die Natur ist Harmonie, wie die Melone von Bernardin de Saint Pierre bewies; bei Claudel singt sie das Lob des Schöpfers; durch ihre Herrlichkeit verkündet sie, daß das, was ist, sein muß. Sie weist jedem seinen Platz in diesem Konzert an. An ihr hat sich unter anderem der Nationalismus berauscht: das Individuum verwirklicht sich nur dadurch, daß es sich nach seinem Heimatboden gestaltet. Die Substanz eines Landes, sagt uns

Spengler, offenbart sich in seinen Landschaften. Barrès wollte, daß die jungen Franzosen sich von französischen Landschaften nähren: er zeigt uns, wie Sturel und Saint-Phlin mit dem Fahrrad entlang der Mosel die lothringische Realität entdecken. In Österreich, in Deutschland ließen die jungen Nazis Pogrome und Waldspaziergänge fröhlich aufeinanderfolgen. Die Neofaschisten von Südtirol pflücken noch heute gern Edelweiß.

Der Nationalismus zahlt sich nicht mehr aus. Wenn heute Heidegger durch die Wälder geht, sucht er nicht mehr eine Kommunion mit einem besonderen Land, sondern mit dem Sein. Aber das Sein ist heute das große Alibi des abendländischen Zivilisierten: dieser rechtfertigt seine Gleichgültigkeit gegenüber anderen Menschen mit seiner Berufung zum Transzendenten. Allenthalben einsam träumend, ist er davon überzeugt, sich mit dem Ganzen zu verbinden. Im Schweigen der Dinge begreift er die angenehme Bestätigung jener verborgenen Realität, die allein Wert hat.

Dieses friedliche Bild der Natur ist nicht das einzige, das sich anbietet: man kann in ihr auch einen chaotischen Dschungel sehen, wo die Ungleichheit der Vorstellung von Gerechtigkeit widerspricht, wo allein die Stärke jedes Recht zunichte macht. Der Mensch ist dem anderen ein Wolf, das Leben ein Kampf, in dem der Stärkere siegt. Wenn auch diese Vorstellung der vorherigen scheinbar widerspricht, leistet sie doch den Unterdrückern dieselben Dienste: sie ermöglicht ihnen, der Natur ihre eigene Verantwortung zu übertragen. Die Ungleichheiten sind nicht ungerecht, wenn sie gegeben sind; das Unglück der Menschen ist kein Verbrechen, wenn niemand sein Urheber ist. Den Utopisten, die den Lauf der Welt verändern möchten, setzt die Natur ihre

unumstößliche Fatalität entgegen: «Man wird die Ungerechtigkeit, aus der diese Welt gemacht ist, nicht überwinden; die Gesellschaft wird wie die Natur immer ein
Chaos von Abscheulichkeiten sein», schreibt Chardonne in den *Lettres à Roger Nimier.*

Genaugenommen macht es einem die Natur leicht: sie
sagt, was man ihr diktiert. In der Stimme des Windes,
des Meeres, einer sich wiegenden Palme hört der
Mensch immer nur die eigene Stimme. Lothringen lehrt
Barrès die Größe des Grundbesitzes: das kommt daher,
wie Berl gezeigt hat[91], daß er lediglich ihre mit Wein-
bergen und Mirabellenbäumen bedeckten Hügel hat
betrachten wollen; die Hochöfen, die in den Ebenen
brennen, ignoriert er. Giono erklärt in einem jüngsten
Interview, er könne den Wert eines Buches nur ermessen, wenn er es unter freiem Himmel lese; nur wenige,
sagt er, halten jener Konfrontation mit Himmel und
Erde stand. Das bedeutet im Grunde, daß von seinem
Lebensstil her nur wenige Bücher Giono interessieren:
der Widerspruch kommt nur von ihm und nicht von den
Landschaften der Provence. In Wirklichkeit bietet die
Natur ein bequemes Alibi für die Auserwählten, die sich
angeblich nur von sich selbst herleiten; sie suchen bei ihr
ein sinnliches Bild der Abstraktionen, die sie sich zu-
rechtzimmern, und ihrer Seelenzustände. Sie ist eine der
Gestalten jenes Transzendenten, auf das sie sich berufen,
um den Menschen zu leugnen. Wer die Menschen liebt,
dem ist die Liebe zur Natur natürlich nicht verboten,
ganz im Gegenteil: aber man mißtraue jedem, der aus ihr
Lehren zieht.

Der Winter erzeugt den Sommer und der Sommer den
Winter. Die Natur stellt das Leben dem Tod gleich. Bei

Barrès sind der Kult des Bodens der Ahnen und der Totenkult unentwirrbar miteinander verknüpft: die Erde
ist ein riesiger Friedhof. Daß die Natur von den Schriftstellern der Rechten dermaßen verehrt wird, liegt vor
allem daran, daß sie ihnen dazu dient, den Vorrang des
Todes gegenüber dem Leben zu behaupten. «Ein Revol-
ver ist solide, er ist aus Stahl, er ist ein Gegenstand. Endlich die Herausforderung des Gegenstands», schreibt
Drieu am Schluß von *Feu follet*. Er liefert uns hier die
tiefe Ursache der Faszination, die der Tod auf den Menschen der Rechten ausübt: er ist das einzige *reale* Ereignis, das innerhalb eines auf die eigene Immanenz zurück-
gezogenen Lebens, eines inhaltlosen Lebens, geschehen
kann. Abgeschnitten von der Welt, abgeschnitten von
seinesgleichen, die ihm alle fremd sind, ohne Liebe,
ohne Ziel, ist der Mensch der Rechten in einer leeren
Subjektivität eingeschlossen, wo außer in der Vorstellung nichts passiert; allein der Tod *geschieht* ihm und
bleibt ihm zugleich innerlich; absolut einsam, ohne Beziehung zu anderen, ohne Gegenstand, ohne Zukunft,
verwirklicht er die radikale Trennung. Man stirbt allein.
Deshalb beschließt der Mensch der Rechten, im Tod die
Wahrheit seines Lebens zu sehen; der Tod bestätigt ihm,
daß jeder einzelne allein, getrennt lebt; in seinem Licht
unterstehe ich nur noch mir selbst; dieses Ich ist all jenen
fremd, die meinem Tod fremd sind: allen.

Wenn das Leben eine leere Form ist, deren einziger realer Inhalt der Tod ist, gilt es, den Vorrang des Todes zu
bezeugen: der Lebende hat keine andere sinnvolle Be-
schäftigung, als mit ihm zu spielen, ihn herauszufordern,
ihm zu entgehen, ihn zu akzeptieren. Man zelebriert
Heldentum, weil es dazu dient, das Recht auf Egoismus
zu begründen. Wer durch das Wagnis seines Lebens

seine Gleichgültigkeit ihm gegenüber beweist, braucht sich nicht um das Leben Fremder zu kümmern. Durch ihre Entscheidung, «gefährlich zu leben», behaupten die Herren, wie Nietzsche sagt, ihr Recht, die Sklaven in Sklaverei zu halten. «In jedem Sieg ist Verachtung für das Leben», sagt Nietzsche. Wer das Leben und die Gefahr am hochmütigsten verachtet, wird am großmütigsten den Sieg davontragen und ihn damit gleichzeitig rechtfertigen. Jene Verachtung nennt Nietzsche auch «Liebe». Noch höher als den Tod im Kampf veranschlagt er den Selbstmord: «Man sollte, aus Liebe zum *Leben* –, den Tod anders wollen, frei, bewußt, ohne Zufall, ohne Überfall.» [92] Die Verachtung bezieht sich auf den Inhalt und die Liebe auf die reine Form des Lebens; die allerhöchste Behauptung der Form ist die radikale Aufhebung des Inhalts durch den Selbstmord. Zwar realisiert allein der Selbstmord den Egoismus auf definitive und kohärente Weise: doch ist es nicht kohärent, weiterzuleben im bequemen Schatten des Todes?

In der Zeit, wo die Rechte kriegerisch war, betrieb sie die Apologie des Krieges, des Mordes. Durch Blutvergießen behauptete man seine Existenz und befruchtete die Furchen künftiger Ernten. Auch in diesem Punkt setzt sich das Negative durch; durch Töten befruchtet der Soldat nicht mehr den Boden: er reinigt ihn; das ist weniger exaltierend. Der Tod ist keine Erfüllung und keine Verheißung mehr. Was an ihm gefällt, ist, daß er diese Menschheit, die der Auserwählte für Nichts halten möchte, effektiv zu Nichts macht.

Vanitas vanitatum. Asche bist du, und zur Asche sollst du zurückkehren. Die katastrophische Elite zieht diese Welt, die sie verurteilt, gern in die große letzte Nacht mit hinein. «Diese Welt, die eines Tages wie jeder Planet aufhören wird, eine bewohnbare Welt zu sein, betrifft sie uns tatsächlich?» fragt sich Chardonne in den *Lettres à Roger Nimier*. Der Privilegierte denkt lieber, daß er nicht betroffen ist: So kann er weiterhin angesichts von «Barbarei, Hunger und Armut» ungestört seinen Garten pflegen. Im Lichte der großen Friedhofsgleichheit wäre es äußerst frivol, ihm die vorübergehenden Vorteile, die er genießt, streitig machen zu wollen.

Die Meditation über den Tod ist die höchste Weisheit derer, die bereits tot sind.

Schlußfolgerung

Ließen wir uns auf das Terrain ziehen, auf dem sich das bürgerliche Denken angeblich bewegt, erschiene es uns als ein Knäuel von Widersprüchen. Einerseits realistisch, hart, pessimistisch und zynisch, ist es andererseits auch spiritualistisch, mystisch und leicht optimistisch; es ist eine Philosophie der Immanenz und eine Religion des Transzendenten; obwohl substantialistisch und pluralistisch, vertritt es nichtsdestoweniger einen monistischen Idealismus; manchmal will es synthetisch sein, manchmal postuliert es den Atomismus. Kritisierte man es aber unter diesem Gesichtspunkt, wäre man in die Falle des Idealismus gegangen: man betrachtete die bürgerliche Ideologie als ein ursprüngliches, auf Wahrheitssuche fußendes Phänomen. Ihre Ambivalenz warnt uns, uns nicht täuschen zu lassen: jedes Denken findet nicht unter den Ideen, sondern auf der Erde statt und offenbart eine

Praxis: wenn das Denken der Bourgeoisie dermaßen schwerfällig ist, so deshalb, weil zwischen der Praxis und ihrer Enthüllung ein Widerspruch herrscht.

Die allererste seiner Schwierigkeiten rührt vom Wesen des Denkens selbst her: das Denken will auf die Dinge einwirken und universell sein. Doch man weiß ja, zu welchen unannehmbaren Schlußfolgerungen man kommt, wenn man die Realität universell wahrnimmt: keine Gräben mehr zwischen den Menschen, eine grauenvolle Nivellierung. Der Ideologe der Rechten trennt die beiden Ansprüche, die er nicht gleichzeitig befriedigen kann. Als Realist partikularisiert er das Denken durch das Wesen des gedachten Objekts und das des denkenden Subjekts: der Mediterrane denkt die mediterrane Realität konkret und spezifisch. Wenn er jedoch auf Universalität aus ist, derealisiert er sein Objekt und macht aus ihm eine reine Idee: er spricht vom Menschen im Namen aller, für alle, doch vom abstrakten Menschen, so wie er ihn erzeugt hat. Das Schema dieser Trennung ist folgendes: im Kern des empirisch Gegebenen ist eine Wertsubstanz vorhanden; über das Gegebene herrschen die Wert-Ideen. Bald auf der einen, bald auf der anderen Ebene stehend, springt das bürgerliche Denken vom Realen zum Universellen und umgekehrt; allerdings ohne beides je zu vereinigen; zwischen beiden gibt es einen Schnitt im mathematischen Sinn des Wortes; und ebenso wie die irrationale Zahl bleibt die Welt der Menschen außerhalb der einen und der anderen Religion; es gibt keine legitime Existenz.

Die Überlagerung der untergründigen Welt der «substantiellen Formen» durch einen Himmel, wo das Eine herrscht, spiegelt ein weiteres Zögern der Rechten wider: im Namen ewiger Wahrheiten und Werte verteidigt sie *diese* Zivilisation. Der historische Pluralismus verträgt sich schlecht mit einem platonischen Monismus.

Auf der moralischen Ebene ist jener Dualismus am interessantesten. Die Rechte ist gleichzeitig naturalistisch und artifizialistisch. Für sie gibt es eine menschliche Natur: und durch eine natürliche Auslese werden die Privilegierten über die Art erhoben. Das Wesen der Elite ist jedoch, daß sie eine auf dem Künstlichen fußende Ordnung durchsetzen will: dem «Welttumult» wird durch Ideen, Zeremonien, ethische und ästhetische Gesetze der Garaus gemacht. Dieses Vorgehen unterscheidet sich stark von einer Praxis: es gilt zu regulieren, nicht zu schaffen, eine statische Ordnung zu erhalten, nicht vorwärtszugehen; Moral und Kunst sollen die Vergangenheit perpetuieren, nicht die Gegenwart zur Zukunft überschreiten. Diese Vorgänge haben etwas Geheimnisvolles. Wie erklärt sich der Übergang der vitalen Werte zu den spirituellen Werten? Wie kann man auf *natürliche Weise* mit einer besonderen Fähigkeit begabt sein, das Transzendente zu erfassen und es durch die Kunst und das Künstliche auf die Erde herunterzuholen? Diese Frage wird von keinem einzigen System beantwortet. Sicher ist, daß der Artifizialismus, durch den eine Transzendenz evoziert wird, wegen der Perversion der menschlichen Natur notwendig ist. Wir haben oft auf den Kontrast zwischen der ästhetischen und mystischen Inbrunst der Rechten und ihrem bitteren Zynismus hingewiesen. Sie verurteilt die Illusionen, die sich auf dieser empirischen Welt die Menschen über sich selber machen, sie verwirft ihren Egoismus und behandelt ihre Entwürfe mit Leichtfertigkeit. Die Leichtfertigkeit wird allerdings Schwerfälligkeit, sobald die Elite von sich selbst und von der Ordnung, die sie unterstützt, redet.

Die Bourgeoisie glaubt an Clément Vautel und vibriert bei Déroulède. Sie schildert den Menschen in den schwärzesten Farben, um die Notwendigkeit eines Gottes nach ihrem Ebenbild zeigen zu können.

Versucht das bürgerliche Denken die Gesellschaft zu begreifen, ist es genauso zwischen zwei entgegengesetzten Tendenzen hin und her gerissen. Einerseits benutzt die Bourgeoisie gern organizistische Vergleiche, weil sie die Gesellschaft in synthetischen Gesamtheiten sieht und die Existenz von Formen behauptet, die durch eine synkretistische Intuition aufspürbar sind und deren Wahrheit über die ihrer Elemente siegt. Andrerseits betont sie die Diskontinuität der Geschichte: zwischen diesen diversen Formen gibt es keine Beziehungen, höchstens vage Analogien. Und die Individuen sind isoliert wie Atome, jedes einzelne ist über sich geschlossen und von allen abgeschnitten. Simone Weil – deren Denken die Rechte mißbraucht hat, obwohl sie der Bourgeoisie manchen Prozeß gemacht hat – hat häufig jene Leugnung von Beziehungen betont, die die Haltung des Bürgers ist: er flieht damit die Verantwortung, sagt sie. Der Atomismus ermöglicht es, die Verantwortung zu übersehen, die das kapitalistische System gegenüber denen trägt, die es benachteiligt; sie erscheinen nicht als Opfer des Systems, sondern als Spielbälle des Zufalls, wenn nicht gar als Urheber ihrer Mißgeschicke. Die Rechte will die statistischen Gesetze ignorieren: sie setzt ihnen die abstrakten Chancen des Individuums entgegen; sie meint, die Ausnahme dementiere die Regel, auch wenn ihre Besonderheit normal vorhersehbar ist. Bei der Lotterie gewinnt ein Los von Hunderten: die Rechte schließt daraus, jeder könne gewinnen, anstatt anzuerkennen, daß neunundneunzig unweigerlich verlieren müssen.

Der Begriff des Verdiensts verstärkt den der Chance. Ist ein Arbeitersohn intelligent, strebsam, wird er sich über seine Klasse erheben. Selbst wenn man die Vorstellung von einem Wettbewerb zwischen Tausenden von Individuen, wo nur das verdienstvolle erfolgreich ist, für begründet hielte, schlösse das zwangsläufig Tausende von Mißerfolgen ein. Es ist eine der größten Mystifizierungen des Liberalismus, die Kontingenz der global einer statistischen Notwendigkeit unterworfenen individuellen Fälle als Garant einer authentischen Freiheit zu betrachten. Der Vorzug dieser Lüge ist, daß dadurch, daß ich den anderen für sein Los verantwortlich mache, ich selber mir die Hände in Unschuld waschen kann. Es gäbe eine andere Weise, die Verantwortung zu fliehen: nämlich sich selbst als determiniert anzusehen; doch der Bürger legt Wert darauf, sich als souverän zu denken; allein der individualistische Atomismus erlaubt ihm, Freiheit und Verantwortungslosigkeit miteinander zu vereinbaren; ein Mensch der Linken dagegen denkt sich zugleich bedingt und verantwortlich.

Sämtliche Widersprüche des bürgerlichen Denkens reduzieren sich letztlich auf einen einzigen; es ist für die Bourgeoisie unmöglich, ihre praktische Haltung mit dem Denken in Übereinstimmung zu bringen: so sieht der Fluch aus, der auf ihrer Ideologie lastet. Das Proletariat ist sich seiner Besonderheit als Klasse bewußt: allerdings setzt es sich für dessen Aufhebung ein und manifestiert sich damit als universelle Klasse; die Bourgeoisie bemüht sich in der Praxis um die Erhaltung ihrer Partikularität; um sich als universell zu behaupten, ist sie gezwungen, sie auf der Ebene der Ideen zu leugnen, sprich, der Realität den Rücken zu kehren. Daher stimmen ihre Ideologen mit ihren aktiven Mitgliedern nicht überein, weil sie die Wahrheit, die diese leben, nicht zum Ausdruck bringen, sondern mit Illusionen verkleiden sollen. In der Praxis steht die Bourgeoisie im Klassenkampf, sie verteidigt, ja, setzt eine Politik durch, sie handelt; ihre Ideologen lehren den Katastrophismus, den Quietismus, den Skeptizismus, eine Philosophie der Immanenz, die jeden Entwurf verdammt. Die Bürger haben ein starkes Interesse an ihrer empirischen Existenz: ihre Moralisten verachten sie zugunsten des Transzendenten und feiern den Tod. Die Bourgeoisie will, daß man ihr Spiegel fabriziert, in denen sie sich betrachten kann: sie verlangt allerdings, daß es sich um Zerrspiegel handelt.

Der bürgerliche Verwandlungskünstler weiß genau, daß er die Wahrheit seiner Klasse verdreht; er nimmt ihr übel, daß sie in der Praxis die Mythen, die er für sie schafft, dementiert, und er weiß, daß er ihr suspekt ist; brutal mit seinen Ansprüchen von der gegnerischen Klasse abgewiesen, die in ihm nur ein Epiphänomen sieht, ist er zu einer Einsamkeit verdammt, die er zum System erhebt. Auf ihn trifft die Vorstellung des Ressentiments zu. Sein Ästhetizismus, sein Skeptizismus, seine Religiosität sind gegen die Menschen gerichtet. Er haßt sie nur deshalb nicht, weil er sich zwingt, sie zu verachten. Ob trübsinnig oder arrogant, er ist der Mensch der Verweigerung; seine wahren Überzeugungen sind alle negativ. Er sagt nein zur «modernen Welt», nein zur Zukunft, das heißt zur lebendigen Bewegung der Welt: aber er weiß, daß die Welt über ihn siegen wird. Er hat Angst: Was hat er von jenen Menschen der Zukunft zu erwarten, zu deren Gegner er sich gemacht hat? Er wappnet sich mit abstrakten Prinzipien gegen sie: jedes Menschenleben muß respektiert werden, man respektiere also auch meines! Er spricht im Namen des Universellen, da er nicht wagt, in seinem eigenen Namen zu sprechen. Oder er ermahnt sie – wie Thierry Maulnier in *La maison de la nuit* – vorbeugend zum Mitleid. Allerdings zweifelt er daran, gehört zu werden. Dann ist seine letzte Zuflucht, die gesamte Menschheit mit sich in den Tod zu reißen. Die Bourgeoisie will überleben, doch ihre Ideologen, die sich verloren wissen, prophezeien den universellen Schiffbruch. Der Ausdruck «bürgerliche Ideologie» bezeichnet heute nichts Positives mehr. Die Bourgeoisie existiert zwar noch: doch ihr katastrophisches, leeres Denken ist nur noch ein Gegen-Denken.

---

[1] Um die Bedeutung der in diesem Artikel zitierten Texte ermessen zu können, muß man sich daran erinnern, daß in den Augen der Denker der Rechten nur der Privilegierte mit einer wahren Existenz begabt ist. In der bürgerlichen Sprache ist das Wort *Mensch* gleich *Bürger*. Europa, das Abendland, das ist das Bürgertum Europas, des Abendlandes; oder, genauer noch, es ist die Idee, die sich der bürgerliche Denker von Europa, vom Abendland zurechtzimmert. Was den Nichtprivilegierten angeht, so bezeichnet man ihn gewöhnlich mit der Vokabel: Massen und billigt ihm nur eine negative Realität zu.

[2] 1880 zum Beispiel schrieb Pobedonoszew, der Oberprokurator des Heiligen Synods: «Vergleicht man die Gegenwart mit dem längst Vergangenen, so überkommt einen das Gefühl, daß man in einer anderen Welt lebt, *in der alles eine rückläufige Entwicklung zum ursprünglichen Chaos macht* – und wir, wir fühlen uns inmitten dieser Gärung ohnmächtig.» Zitiert nach Leo Trotzki, *Mein Leben* (1929), Fischer Taschenbuch Verlag, Frankfurt 1974, 91.

[3] Karl Jaspers, *Vom Ursprung und Ziel der Geschichte* (1949), R. Piper & Co., München 1983, 288. Anm. d. Übers.

[4] Pierre Drieu la Rochelle, (1893–1945): Schriftsteller. Wäh-

rend der Besatzung leitete er die *Nouvelle Revue française*, bemühte sich um einen genuinen «französischen Faschismus». Im April 1945 nahm er sich in Paris das Leben. *Anm. d. Übers.*

⁵ Oswald Spengler, *Der Untergang des Abendlandes* (1923), Deutscher Taschenbuch Verlag, München 1972, 1195. *Anm. d. Übers.*

⁶ *Parti Populaire Français:* 1936 von Jacques Doriot als Anti-Volksfrontpartei gegründet. Befürworter der Kollaboration. Doriot war zunächst kommunistischer Bürgermeister von Saint-Denis, 1934 wurde er aus der KPF ausgeschlossen. *Anm. d. Übers.*

⁷ Wir werden auf ihre modernsten Aspekte zurückkommen.

⁸ Paul Nizan, *Aden. Die Wachhunde. Zwei Pamphlete,* Rowohlt Taschenbuch Verlag, Reinbek 1969. *Anm. d. Übers.*

⁹ Karl Marx / Friedrich Engels, *Die deutsche Ideologie* in: Karl Marx / Friedrich Engels, *Werke,* Bd. 3, Dietz Verlag, Berlin 1962, 47. *Anm. d. Übers.*

¹⁰ Ebd., 46. *Anm. d. Übers.*

¹¹ *Camelots du roi:* Rechtsextremistische Schlägertruppe royalistischer Ausrichtung, Verkäufer der Zeitung *L'Action française,* 1908 entstanden, inspiriert von Charles Maurras und Léon Daudet. *L'Action française,* die gleichnamige Organisation, darf als geistige Heimat großer Teile der französischen Intellektuellen zwischen den beiden Weltkriegen gelten (so von Georges Bernanos, Robert Brasillach und Lucien Rebatet). Als vichyfreundlich wurde sie nach der Befreiung verboten. *Anm. d. Übers.*

¹² Drieus Fall ist von diesem Gesichtspunkt aus interessant. 1927 schrieb er in *Le jeune Européen:* «Wenn der Mensch stirbt, was bedeutet uns dann von dem Moment an, da er stirbt, dieses Universum, das sich von der Auflösung unserer teuren, unserer schönen Kategorien nähren wird. Ich leide zu sehr, ich überlasse es anderen.» Aber im September 1940 predigte er Frankreichs Integration in ein nazifiziertes Europa: «Als Metamorphose ist das Leben der Völker eine Reihe von Metamorphosen. Ein Volk durchschreitet die Jahrhunderte nur, indem es sein Gesicht verändert, und jedesmal, wenn es ein neues Ge-

sicht annimmt, läßt es das vorhergehende Gesicht wie eine tote
Haut, wie einen Fetzen Fleisch fallen – schrecklich anzusehen
für alle, die sich in diese alte Form verliebt haben... Jetzt ist
also von neuem die Metamorphose notwendig und zwangsläufig, in dem Schweiß und der Angst und dem Blut der Katastrophe. Frankreich muß auf die alten Formen des Nationalismus
verzichten. Frankreich muß sich vom Nationalen abwenden
und sich ins Soziale stürzen.» Drieu geht also davon aus, daß
man zur Rettung des Menschen auf gewisse besondere Formen
des Menschlichen muß verzichten können. Doch die Überschreitung, die er predigt, diente in Wirklichkeit den Interessen
seiner Klasse genauso wie heute die Überschreitung auf die
Zivilisation, auf das Abendland hin. Die *Metamorphose* wird
unannehmbar, sobald sie diesen Interessen widerspricht.

[13] Jacques Louis Talagrand, genannt Thierry Maulnier, (geboren
1909); Journalist und Schriftsteller. Freund Robert Brasillachs,
ab 1930 Mitarbeiter der *Action Française*. 1964 in die *Académie
française* aufgenommen. *Anm. d. Übers.*

[14] «Wenn ich mich frage», bemerkte Alain, «ob der Bruch zwischen Parteien der Rechten und der Linken, zwischen Menschen der Rechten und der Linken noch einen Sinn hat, fällt
mir als erstes ein, daß der Mensch, der diese Frage stellt, sicher
kein Linker ist.»

[15] Siehe dazu das Buch von Pierre Naville, *Psychologie, marxisme,
matérialisme*, 1945, wo die Frage detaillierter untersucht wird.

[16] Friedrich Nietzsche, *Ecce Homo* in: Friedrich Nietzsche, *Werke*,
Bd. 2, Carl Hanser Verlag, München 1965, 1078. *Anm. d. Übers.*

[17] Max Scheler, *Das Ressentiment im Aufbau der Moral* (1955), Vit-
torio Klostermann, Frankfurt 1978, 62. *Anm. d. Übers.*

[18] Oswald Spengler, a. a. O., 1159. *Anm. d. Übers.*

[19] Arnold Toynbee, *Der Gang der Weltgeschichte* (1946), Deutscher
Taschenbuch Verlag, München 1970. *Anm. d. Übers.*

[20] Jules Monnerot, *La sociologie du communisme*, Gallimard, Paris
1949. Ich werde dieses Buch, das wie eine Summa des zeitgenössischen Antikommunismus wirkt, oft zitieren. Monnerot
strebt nach Originalität durch sein Bemühen, seine Quellen zu
verwischen: er zitiert niemals, selbst wenn er abschreibt; er

interessiert uns hier durch die Menge der Allgemeinplätze, die er ausbeutet: unter anderem das Thema des Ressentiments.

[21] Hervorhebung von mir.

[22] Ebd., 19.

[23] Ebd.

[24] Genaueres siehe in dem Artikel von Michel Crozier, *Human Engineering* in: *Les Temps Modernes* vom Juli 1951.

[25] Max Scheler, a. a. O., 70. *Anm. d. Übers.*

[26] Oswald Spengler, a. a. O., 1158. *Anm. d. Übers.*

[27] Raymond Aron, *Les guerres en chaînes*, Gallimard, Paris 1951, 136 ff.

[28] Man erinnert sich an den Dialog zwischen der kommunistischen Abgeordneten Jeannette Veermersch und einem Abgeordneten der Rechten. Dieser rief aus: «Was für ein Haß im Herzen einer Frau!» – «Man kann das Volk nicht lieben, ohne seine Unterdrücker zu hassen», antwortete sie. Aber die bürgerliche Psychologie erkennt nur negative Gefühle als ursprünglich und authentisch an.

[29] Raymond Aron, a. a. O., 461–465. Man mag sich wundern, daß Aron den Begriff des Intellektuellen einer Françoise Giroud übernimmt und diesen als einen durch seine Faszination für Reichtum und Sozialprestige Verbitterten darstellt. Das liegt offenbar in der Logik eines bis zum Absurden getriebenen Subjektivismus. Abgeschnitten von seiner Tätigkeit, die ihrerseits von ihren Zwecken abgeschnitten ist, ist der Intellektuelle in einer machiavellistischen Perspektive nur ein dürftig befriedigter Wille zur Macht: Aber begreift Aron seine Vorhaben wirklich selbst so? Und glaubt er ehrlich, daß Irène Joliot-Curie vor Ärger zittert, wenn sie an die Herzogin von Windsor denkt, daß Einstein untröstlich ist, nicht Aga-Khan zu sein? Solche Gefühle können jedenfalls nur bei bürgerlichen Intellektuellen existieren: diese erkennen ja die bürgerlichen Werte an; und andererseits trifft zu, daß die «aktiven Mitglieder» ihrer Klasse eine gewisse Geringschätzung für die «konzeptiven Ideologen» an den Tag legen und ihnen kaum ihre Salons öffnen. Der linke Intellektuelle hat sowieso keine Lust, sich dort niederzulassen: er gibt absolut nicht zu, daß

Macht und Vermögen einen Menschen auf den «ersten Rang» stellen. Nur durch eine Projektion können Aron und Monnerot ihm eine Valorisationsweise zuschreiben, die ihm völlig fremd ist.

[30] Jules Monnerot, a. a. O., 130. Hervorhebungen von mir.

[31] Arthur Koestler, *The Age of Longing (Gottes Thron steht leer)* 1951.

[32] Monnerot und Koestler parodieren nur die Ideen der amerikanischen Techniker des *Human engineering*, deren Hauptoriginalität nach Michel Crozier ist, «alle Opponenten als Kranke zu betrachten und alle subversiven Meinungen und den Geist der Revolte als eine Form von Neurose anzusehen».

[33] Drieu la Rochelle, *La suite dans les idées*, Paris 1927.

[34] Scheler unter anderen spricht ständig vom *Göttlichen*, ohne daß Gott positiv definiert wird: bei Jaspers ist das Transzendente ebenso nur die Kehrseite einer Abwesenheit.

[35] Friedrich Nietzsche, *Unzeitgemäße Betrachtungen* in: Friedrich Nietzsche, *Werke*, a. a. O., Bd. I., 273. *Anm. d. Übers.*

[36] Wir werden auf diese wesentliche Tatsache zurückkommen: der Mensch der Rechten ordnet das Leben dem Tod unter. Er denkt das Leben durch den Tod.

[37] Oswald Spengler, a. a. O., 977, 973, 1000, 1004, 1148. *Anm. d. Übers.*

[38] Max Scheler, a. a. O., 70, 62, 70; *Vorbilder und Führer* (1915 / 16) in: Max Scheler, *Schriften aus dem Nachlaß*, Bd. I., Francke Verlag, Bern 1957, 265. *Anm. d. Übers.*

[39] Karl Jaspers, *Die geistige Situation der Zeit* (1932), Walter de Gruyter, Berlin / New York 1978, 181, 176, 36; *Vom Ursprung und Ziel der Geschichte*, 164. *Anm. d. Übers.*

[40] Man sieht hier, wie der subjektivistische Formalismus der Rechten ihrem Egoismus nützt. Um Bedürfnis und Begehren gleichsetzen zu können, muß man sie jedes konkreten Inhalts entleeren: der Anspruch des Hungernden und die Phantasien des Sybariten werden auf ein und denselben ungewissen Seelenzustand reduziert. Diese eigennützige Gleichsetzung eines pseudorealistischen Zynismus mit der idealistischen Abstraktion ist charakteristisch für die Rechte.

[41] In: *La guerre en question*, Gallimard, Paris 1951, natürlich ohne Burnham oder Pareto zu zitieren.

[42] Oswald Spengler, a. a. O., 1194, 29, 143, 1194. *Anm. d. Übers.*

[43] Arnold J. Toynbee, a. a. O., Bd. 1, 720. *Anm. d. Übers.* In den letzten erschienenen Bänden bemüht sich Toynbee um Optimismus; er glaubt, daß eine Koexistenz zwischen der UdSSR und den USA möglich ist. Aber da er seine ganze Hoffnung in eine «Superreligion» setzt, die Buddhismus und Christentum miteinander versöhnen würde, kann man seine Geschichtsphilosophie als ebenso katastrophisch wie die Spenglers ansehen, dem er sich entgegenzustellen behauptet.

[44] Karl Jaspers, *Die geistige Situation der Zeit*, a. a. O., 74; *Vom Ursprung und Ziel der Geschichte*, a. a. O., 266, 301, 290.

[45] Jules Monnerot, a. a. O., 258.

[46] In: *Preuves*, Januar 1946.

[47] Karl Jaspers, *Existenzerhellung. Existenz unter Existenzen* (1932) in: Karl Jaspers, *Philosophie*, Springer-Verlag, Berlin 1956, Bd. 2, 417. *Anm. d. Übers.*

[48] So lautet der erste Satz von Descartes' *Discours de la méthode*, *Anm. d. Übers.*

[49] So gelesen liegt bei dem Wort *connaissance* = Erkenntnis der Akzent auf der Vorsilbe *co* = mit. *Anm. d. Übers.*

[50] Daher kommt die Vorliebe der Rechten für «Klatsch»: methodisch festgestellten Tatsachen, wissenschaftlich nachgewiesenen Gesetzen ziehen sie die ins Ohr geflüsterte Anekdote vor: die privilegierte Erfahrung eines der Ihren hat sich dort niedergeschlagen, sie wird in privilegierter Weise weitergegeben; sie wollen keinen anderen Garanten ihrer Wahrheit als die Qualität der Auserwählten, die sie verbreiten. Im *Figaro* findet man fast täglich Beispiele für diese Methodologie.

[51] Oswald Spengler, a. a. O., 711–712, *Anm. d. Übers.*

[52] Gurdjieff, der den Magier spielte, trieb diese Haltung bis zum Äußersten und parodierte sie, als er, nachdem er einige sibyllinische Worte auf seine Schüler hatte fallen lassen, sich wütend weigerte, sie zu erklären. Aber auch bei seriöseren Leuten –

von Montherlant bis Aron – findet man tausend Beispiele für einen solchen verächtlichen Ton. Was man die «Impertinenz» der jungen Schriftsteller der Rechten nennt, ist eine der Formen dieser bequemen Arroganz.

53 Oswald Spengler, a. a. O., 64, *Anm. d. Übers.*

54 Ebd., 720, 721, *Anm. d. Übers.*

55 Brice Parain, *Recherches sur la nature et les fonctions du langage*, Gallimard, Paris 1942. *Anm. d. Übers.*

56 Karl Jaspers, *Metaphysik. Die Chiffre des Seins im Scheitern* in: Karl Jaspers, *Philosophie*, a. a. O., Bd. 3, 234. *Anm. d. Übers.*

57 Hervorhebung von mir.

58 Hervorhebung von Monnerot.

59 Michel Crozier, a. a. O. Balzac hat in der *Physiologie du mariage* das haarsträubendste Beispiel für dieses Verfahren geliefert. Er nimmt sich vor, von *der* Frau zu sprechen. Aber: «Wir werden zunächst von dieser totalen Summe ungefähr neun Millionen von Geschöpfen abziehen, die auf den ersten Anhieb ziemlich viel Ähnlichkeit mit der Frau zu haben scheinen ... Die neun Millionen Wesen, um die es hier geht, weisen auf den ersten Blick durchaus alle der menschlichen Spezies zugeschriebenen Merkmale auf ... aber daß wir in ihnen Frauen sehen, wird unsere Physiologie niemals zulassen ... Eine Frau ist eine seltene Varietät im Menschengeschlecht. Sie ist im allgemeinen an der Weiße, an der Feinheit, an der Zartheit ihrer Haut erkennbar. Sie gibt sich keiner schweren Arbeit hin ... Laufen ist für sie eine Erschöpfung. Läuft sie? Das bleibt ein Geheimnis ... Finden sich diese zufällig unter tausend anderen herausgegriffenen Züge bei jenen Geschöpfen wieder, deren Hände schwarz sind wie die der Affen und deren Haut gebräunt ist ... Ach! Wenn es überall auf der Welt Händlerinnen gibt, die den ganzen Tag zwischen der Kerze und dem Rohzucker sitzen, Bäuerinnen, die Kühe melken, Unglückliche, die man in den Manufakturen als Lasttiere benutzt oder die Kiepe, Hacke und Bauchladen tragen, wenn es leider zu viele vulgäre Geschöpfe gibt, für die das Seelenleben, die Wohltaten der Erziehung, die köstlichen Stürme des Herzens ein unzugängliches Paradies sind, und wenn die Natur gewollt hat, daß sie einen Raben-

schnabelfortsatz, ein Zungenbein und zweiunddreißig Wirbel haben, so mögen sie für den Physiologen in der Gattung Orang-Utan bleiben! . . . Der Mann des Gefühls, der Boudoirphilosoph werden sie, wie wir es tun, aus der Gattung Frau verbannen.»

[60] «Befehlend dienen, sich danach ein Leben ohne Furcht und Tadel ersinnen wie Bayard, dem Treue und Mut genügten; und nur daran denken, wenn es einem an Brustumfang mangelt, fühlen, wie die Augen tränennaß werden, das ist der Lyrismus der Rechten.» Alain.

[61] Oswald Spengler, a. a. O., 576. *Anm. d. Übers.*

[62] Karl Jaspers, *Die geistige Situation der Zeit*, a. a. O., 160–161, 176. *Anm. d. Übers.*

[62a] Karl Jaspers, *Existenzerhellung. Ich selbst in Kommunikation und Geschichtlichkeit* in: *Philosophie*, a. a. O., Bd. 2, 44; *Selbstsein als Freiheit*, ebd., 199. *Anm. d. Übers.*

[63] Karl Jaspers, *Die geistige Situation der Zeit*, a. a. O., 178. *Anm. d. Übers.*

[64] Wenn er es nicht sagt, ist er nicht echt, ist er kein Europäer, man vermutet, daß er kein Mensch ist; das ist wieder einmal ein Beispiel für die Art, in der die Rechte Ideen fabriziert. Veröffentlicht in *Preuves*.

[65] Raymond Aron, a. a. O., 479.

[66] Paul Claudel, *Mémoires improvisés*, Paris 1954.

[67] In: *La Parisienne*, Juni 1954; Hervorhebung von mir.

[68] Ein Text von Chardonne in *Lettres à Roger Nimier* liefert ein ausgezeichnetes Beispiel für die von der Rechten geschaffene Gleichsetzung von *Berufung* und *Unterdrückung:* «Ich habe *Lohn der Angst* gesehen. Die Fahrt dieser beiden Männer schockiert die Zartbesaiteten, weil es einen Lohn gibt. Sobald die kapitalistische Klaue erscheint, bäumt man sich auf. Der Ersteiger des Himalaja setzt sich denselben Gefahren aus, aber er tut es für nichts. Neugier treibt ihn; als erster ins Unbekannte vorstoßen. Das ist gut. Der Verleger müßte dem Autor sagen: diese schöne Arbeit, wirklich, die werde ich Ihnen nicht bezahlen. Das wäre schade, das würde alles verderben.»

[69] Alexis Carrel, *L'homme, cet inconnu*. Carrel läßt übrigens diese Bemerkung, die sein ganzes System niederreißen würde, völlig außer acht.

[70] Drieu la Rochelle, *L'homme à cheval*. Gallimard, Paris 1943.

[71] Mascolo bemerkt in seinem Buch *Le communisme*, Gallimard, Paris 1953, über die kleinen jungen Leute, die «Malraux applaudieren, wenn er von den unantastbaren Rechten des großen Individuums, des schöpferischen Genies, von Goya, Rembrandt, Cézanne spricht»: «Welches junge Genie könnte sich unter ihnen finden? Welcher zukünftige Rimbaud könnte denn jemals solchen Verteidigungen des Genies applaudiert haben, die Malraux periodisch ausspricht?... (Sie) sind nur begierig, ihren unheilbaren Mangel an Bedürfnissen unter die angeblichen Schutzmäntel zu bringen, die das Genie verlangt, das eben gerade niemals einen Schutzmantel hatte.»

[72] In: *Liberté de l'Esprit*.

[73] Henry de Montherlant, *Aux fontaines du désir*, Paris 1927.

[74] Paul Claudel.

[75] Dionys Mascolo, a. a. O.

[76] Es ist kaum nützlich, auf das Argument hinzuweisen: Künstler und Kunstliebhaber kommen nur aus der Elite. Bernard Shaw sagte den Amerikanern über die Schwarzen: «Sie zwingen sie, Schuhe zu putzen, und schließen daraus, daß sie nur zum Schuheputzen gut sind.» Man sieht, warum heute ein Facharbeiter nicht *Du côté de chez Swann* schreiben könnte und es schwerlich schätzen würde.

[77] Max Scheler, a. a. O., 93. *Anm. d. Übers.*

[78] Guido Piovene, *La guerre froide* in: *La Table Ronde*, August 1953.

[79] Henry de Montherlant, a. a. O.

[80] Zitat von Sophokles aus: *Ödipus auf Kolonos*. Als Ödipus, arm, blind, geschlagen mit Alter und Unglück, diesen Satz ausspricht, bezeugt er tatsächlich die Größe seiner Seele: Aus dem Mund eines jungen oder alten begüterten Bürgers gewinnt er einen ganz anderen Sinn.

[81] In: *La Table Ronde*, Mai 1953. Hervorhebung von mir.

[82] Raymond Aron, *La sociologie allemande contemporaine*, Alcan,

Paris 1935. Wir möchten betonen, daß Aron sich diese Beschreibung keineswegs zu eigen macht.

[83] Thierry Maulnier, *La face de Méduse du communisme*, Gallimard, Paris 1952.

[84] Der Fall der Frauen ist komplexer, denn der sexuelle Unterschied bedeutet für sie Unterlegenheit; jedenfalls übernehmen sie ihn nicht mit Arroganz.

[85] In dieser Hinsicht empfiehlt es sich unbedingt, das Vorwort von Pauwels zu seinem Buch über Gurdjieff zu lesen. Pauwels *empfindet* geheimnisvolle Affinitäten zwischen Lazareff und Paulhan: diejenigen, die wie er empfinden, gehörten, sagt er, derselben Geistesfamilie an, der einzigen, die etwas tauge; die anderen sind schlankweg blind. Wer also könnte ihm wirklich widersprechen, da sich ja der Wert des anderen an seiner Zustimmung mißt? In den Gruppen der «Eingeweihten» wird das Innenleben zu mehreren gelebt, ohne daß es seine Merkmale verliert.

[86] Dyonis Mascolo, a. a. O.

[87] Emmanuel Berl, *Mort de la pensée bourgeoise*.

[88] Unter anderen von Robert Francis, dem Bruder von Maxence und wie er entschiedener Faschist, in: *La grange aux trois belles*, Gallimard, Paris 1932.

[89] Es versteht sich von selbst, daß das *Wunderbare* rechts ist; nicht die *Poesie*. Und daß es bei weitem nicht unmöglich ist, die Wahrheit des Menschen über Kindheitserinnerungen, Reiseberichte, phantastische Geschichten zu bezeugen.

[90] Debidour bemerkt in einem Artikel über Gustave Thibon: «Es ist kurios, festzustellen, daß die Denker der Rechten die sozialen Bande immer mit Bildern aus der Biologie gepriesen haben: die Glieder und der Magen, der Baum, der Bienenstock; Symbole der Ordnung.»

[91] Deshalb bemüht sie sich immer, Verwirrung zu stiften und jene Entscheidung des Denkens, die ein Urteil ist, abzulehnen. Berl bemerkt von ihr: «Die Reflexion ist nicht mehr das, was Urteile erlaubt, sondern was es ermöglicht, das Urteilen hinauszuschieben. Angesichts eines Problems geht es zunächst darum, den Dreh zu finden, mit dem man sich von dem leben-

digen Zentrum entfernt, wo dieses Problem ein Ja oder ein Nein verlangt.»

92 Friedrich Nietzsche, *Götzendämmerung* in: Friedrich Nietzsche, *Werke*, a. a. O., Bd. 2, 1011. *Anm. d. Übers.*

Quellennachweis

Idéalisme moral et réalisme politique (Moralischer Idealismus und politischer Realismus) in: *Les Temps Modernes* Nr. 2, November 1945.

L'existentialisme et la sagesse des nations (Der Existentialismus und die Volksweisheit) in: *Les Temps Modernes* Nr. 3, Dezember 1945.

Œil pour œil (Auge um Auge) in: *Les Temps Modernes* Nr. 5, Februar 1946.
Littérature et métaphysique (Literatur und Metaphysik) in: *Les Temps Modernes* Nr. 7, April 1946.
Diese vier Artikel sind unter dem Titel *L'existentialisme et la sagesse des nations* bei Nagel, Paris 1948, als Buch erschienen.

La pensée de droite, aujourd'hui (Rechtes Denken, heute) in: *Les Temps Modernes* Nr. 112–113 (Teil 1.), Nr. 114–115 (Teil 2.), Juni–Juli 1955, und in: Simone de Beauvoir, *Privilèges*, Gallimard, Paris 1955.

Nachwort von Eva Groepler

Paris 1945: «Wir sind befreit ... Es ist vorbei ... Alles beginnt.» So hoffnungsvoll fängt Simone de Beauvoir den dritten Band ihrer Memoiren, *Der Lauf der Dinge*[1], an, der den Zeitraum von der Befreiung bis zum Ende des Algerienkrieges umfaßt, in dem diese fünf Aufsätze entstanden sind.

Albert Camus verkündete in seiner Zeitung *Combat* die Losung «Vom Widerstand zur Revolution» und gab damit nichts anderes als die allgemeine Aufbruchsstimmung wieder, Gaullisten, Kommunisten, Katholiken, alle verbrüderten sich miteinander, und für die kurze Zeit von knapp einem Jahr konnte der Eindruck entstehen, mit der Befreiung von der nationalsozialistischen Okkupation seien die reaktionären Kreise Frankreichs verschwunden. Von allen jetzt legal erscheinenden oder neugegründeten Zeitungen war der *Figaro* die einzige, die nichts mit der Résistance zu tun hatte. Die praktische Erfahrung von Krieg, Besetzung und Widerstand hatte viele Intellektuelle zum politischen Engagement gebracht. So hatten André Malraux, René Char und Roger Vailland am aktiven Widerstand teilgenommen, während Camus und Louis Aragon die illegale Presse mitaufbauten. Einen kurzlebigen Versuch organisierten Widerstands hatten auch Simone de Beauvoir und Jean-Paul Sartre mit ihrer Gruppe *Socialisme et Liberté* unternommen. Der Krieg hatte Simone de Beauvoir davon überzeugt, daß keiner sich aus der Politik heraushalten könne und daß es daher auch Aufgabe des Schriftstellers sei, Partei zu ergreifen: «Ich wußte jetzt, daß mein Schicksal mit dem aller anderen verknüpft war. Die Freiheit, die Unterdrückung, das Glück und das Leid der Menschen berührten mich zutiefst.»² Sie selbst hatte sich wie Sartre früher von dem vermeintlichen «Extremismus» oder «Negativismus» der kommunistischen Partei angezogen gefühlt, jedoch eine sozialistische Gesellschaft als Bedrohung der Freiheit abgelehnt. Der Krieg bewirkte den Wandel, beide hatten keinerlei Vorbehalte gegen die Sowjetunion und die KP mehr. Die Opfer, die das russische Volk gebracht hatte, schienen ihnen der Beweis dafür zu sein, daß die Machthaber seinen Willen verkörperten.

Tatsächlich hatte die KPF einen beträchtlichen Zuwachs von Intellektuellen erhalten. Am Ende des Krieges waren hunderttausend in den ihr nahestehenden Organisationen aktiv, unter ihnen so glanzvolle Namen wie Pablo Picasso, Frédéric Joliot-Curie, Louis Aragon, Paul Eluard. Aus den Wahlen vom Oktober 1945 ging die KPF mit 26 % der Stimmen als stärkste Partei hervor. Bis 1947 war sie mit mehreren Ministern an der Regierung beteiligt.

Anders als in Deutschland, wo die linke Intelligenz entweder deportiert oder ermordet worden war oder emigrieren mußte, konnte sie in Frankreich sowohl während der Résistance als auch nach dem Krieg eine einflußreiche Rolle spielen. André Malraux wurde Informationsminister de Gaulles, Aragon gab neben der Zeitung *Ce Soir* die Zeitschrift *Les lettres françaises* heraus, Camus leitete die in der Illegalität entstandene Zeitung *Combat*, und Sartre gründete *Les Temps Modernes*. Der Redaktion gehörte neben Simone de Beauvoir, Maurice Merleau-Ponty und Michel Leiris auch Raymond Aron an, der jedoch zwei Jahre später Leitartikler beim *Figaro* wurde, was er bis 1977 blieb.

Die öffentliche Diskussion unmittelbar nach dem Krieg wurde von den Prozessen gegen die Kollaborateure und von dem ökonomischen Wiederaufbau beherrscht. Kurz vor der Befreiung war Philippe Henriot, der von den deutschen Besatzern ernannte Informationsminister Vichys, in seinem Schlafzimmer von Résistance-Kämpfern erschossen worden. Gleich nach der Befreiung sollen etwa 10000 Kollaborateure nach Schnelljustizverfahren hingerichtet worden sein. Frauen, die man der Verbindung mit den deutschen Besatzern bezichtigte, wurden von aufgebrachten Mengen geschoren. Die erste Tat der provisorischen Regierung de Gaulles war die Auflösung der Résistance-Milizen und das Verbot der Ausnahmejustiz. Das Todesurteil gegen Pétain wurde von de Gaulle zwei Tage später in lebenslängliche Haft umgewandelt. Im Winter 1945 kehrten zwei Millionen Kriegsgefangene, Zwangsarbeiter und Deportierte zurück, von den 108000 deportierten Juden hatten 3500, von den 112000 politisch Deportierten 35000 überlebt. Zu dieser Zeit fanden viele weitere große Prozesse statt, unter anderem gegen Robert Brasillach, den Herausgeber von *Je suis partout*, und den Schriftsteller Paul Chack. Die Säuberungen lösten innerhalb des während der Résistance entstandenen nationalen Schriftstellerverbandes (CNE) erste Kontroversen zwischen den ehemaligen Widerstandskämpfern aus. Während François Mauriac Vergebung predigte und die Sympathisanten der KPF Strenge forderten, optierten Simone de Beauvoir, Sartre und Camus für einen Mittelweg: Rache sei zwar eitel, doch gewisse Menschen hätten in der Welt, die man aufbauen wollte, keinen Platz. Am Beispiel von Gaston Gallimard, der Drieu la Rochelle und andere Vichyisten verlegt hatte, wurde auch über die unterschiedliche Verantwortung von Verlegern und Schriftstellern gestritten. Alle CNE-Mitglieder verpflichteten sich jedoch, nicht in Zeitschriften zu publizieren, in denen ehemalige Kollaborateure schrieben.

Im Unterschied zu Albert Camus, der sich nach anfänglichem Zögern dazu entschloß, ein Gnadengesuch zugunsten von Brasillach zu unterschreiben, lehnten Simone de Beauvoir und Sartre das ab: «Durch mein Handwerk, meinen Beruf messe ich den Worten eine ungeheure Bedeutung bei … Es gibt Worte, die so mörderisch sind wie eine Gaskammer»[3], schrieb Simone de Beauvoir rückblickend. Daher weigerte sie sich, in Brasillachs Denunziationen ein bloßes «Gesinnungsdelikt» zu sehen, weil er damit der Gestapo direkt in die Hände gearbeitet hatte. Zu ihrem Aufsatz «Auge um Auge» erklärte sie später: «Ich rechtfertigte die Säuberung, ohne das einzig stichhaltige Argument anzuführen: Milizsoldaten, Mörder und Folterknechte muß man beseitigen, nicht um zu demonstrieren, daß der Mensch frei sei, sondern um zu verhindern, daß sie es wieder tun.»[4]

Im Herbst 1945 war der «Existentialismus» in aller Munde. Simone de Beauvoir und Sartre hatten sich zunächst über dieses Etikett geärgert, übernahmen es aber schließlich. Simone de Beauvoirs Roman *Das Blut der anderen*, der als Widerstandsliteratur gefeiert wurde, erreichte innerhalb von zwei Jahren zweiunddreißig Auflagen. Sartre hielt seinen aufsehenerregenden Vortrag «Ist der Existentialismus ein Humanismus?», sie einen ebenso beachteten über das Thema «Der Roman und die Metaphysik». Plötzlich standen beide im Rampenlicht. Der Ruhm brachte ihnen Haß von links wie von rechts ein. In Anknüpfung an die Ideologie des Vichy-

Regimes – «Arbeit, Familie, Vaterland» – setzte die Wochenzeitung *Samedi Soir* den Existentialismus mit dem Laster schlechthin gleich und warnte die französische Jugend vor seinem zersetzenden Einfluß, rief zur Verteidigung der französischen Kultur auf. Auch die KPF knüpfte an alte Ressentiments an: Roger Garaudy wetterte gegen die «Krankheit namens Existentialismus», und Jean Kanapa bezeichnete die Redaktion der *Temps Modernes* als Clique ratloser Bourgeois. Simone de Beauvoir jedoch kritisierte diese Zeit später als ihre «moralische Periode»: «Nach einem Krieg, der alles in Frage gestellt hatte, war es normal, daß man versuchte, Regeln und Grundlagen zu überprüfen. Frankreich befand sich zwischen zwei Machtblöcken, unser Schicksal wurde ohne uns entschieden; diese Passivität hinderte uns daran, die Praxis zum Gesetz zu erheben; ich wunderte mich also nicht über meine moralisierende Einstellung. Schwer begreiflich finde ich den Idealismus, der diesen Essays innewohnt. Eigentlich waren für mich die Menschen durch ihren Körper, ihre Bedürfnisse, ihre Tätigkeit definiert; denn ich stellte keine Formen, keine Werte höher als die Individuen aus Fleisch und Blut ... Warum schrieb ich ‹konkrete Freiheit› statt ‹Brot› und ordnete den Willen zum Leben dem Sinn des Lebens unter?»[5]

Ein Jahr nach der Befreiung warfen die Amerikaner Atombomben auf Hiroshima und Nagasaki, der Indochinakrieg begann, und in Frankreich zerbrach die antifaschistische Einheitsfront. 1947 schien man wieder zum Alten zurückgekehrt zu sein. Die amerikanische Truman-Doktrin der Eindämmung und des Rollback, begleitet vom McCarthyismus, forderte auch in Frankreich ihren Tribut als Gegenleistung zum Marshallplan: die KPF-Minister mußten gehen, und de Gaulle

feierte seine politische Rückkehr, gestützt auf die be-
rüchtigten Croix de Feu, auf Pétains Legionäre und auf
frühere Kollaborateure. Bei den Wahlen von 1947 erhielt das von ihm gegründete Rassemblement Populaire
Français 40 % der Stimmen. Im selben Jahr veranstal-
tete er in Verdun eine Hommage an Pétain, ein Jahr
später trat er für eine Totalamnestie ein; damit begannen die Rehabilitierung der Vichyisten und die Ge-
gensäuberung. Résistance-Mitglieder wurden wegen
summarischer Exekution während der Besatzungszeit
verurteilt.

Der Kalte Krieg verhärtete die Fronten zwischen
links und rechts. Die in diesen Jahren aufkommende
Atomkriegspsychose war von einem hysterischen Antikommunismus begleitet, der zur Angst vor einem unmittelbar bevorstehenden Einmarsch der Russen
führte. De Gaulle nannte die KPF nur noch die 5. Ko-
lonne oder auch «Separatisten», und gegen den achtwö-
chigen Grubenarbeiterstreik ließ der sozialdemokrati-
sche Innenminister Jules Moch die paramilitärischen
CRS-Truppen einsetzen, die zwei Arbeiter töteten.

Die Redaktion von *Les Temps Modernes* konnte einen
Monat lang eine Sendereihe im französischen Rund-
funk produzieren, die nach einem Vergleich Sartres
zwischen de Gaulles und Hitlers Schnurrbart abgesetzt
wurde. Der immer bedrohlicher werdende Kalte Krieg,
die Empörung nach dem Bekanntwerden der Stalin-
schen Repressionspolitik führten zur Entstehung einer
neutralistischen Bewegung, die nach einem dritten Weg
zwischen den beiden Blöcken suchte. Der Herausgeber
von *Le Monde*, Hugues Beuve-Méry, einer der führen-
den Sprecher dieser neutralistischen Bewegung, wurde
daraufhin im *Figaro* als «geschlechtsloses» Wesen bezeich-

net. 1948 war Sartre Mitgründer und Vorstandsmitglied des nur achtzehn Monate bestehenden Rassemblement Démocratique Révolutionnaire, das sich für ein blockfreies sozialistisches Europa einsetzte. Die dagegen von der Sowjetunion propagierte Zwei-Lager-Theorie führte jedoch bei der KPF zu einer Bunkermentalität. Auf einem internationalen Schriftstellerkongreß in Wrocław wetterte der sowjetische Schriftsteller Fadejew gegen Sartre, «diese Schreibmaschinenhyäne, diesen mit einem Füllfederhalter bewaffneten Schakal».

Als 1949 Simone de Beauvoirs Buch *Das andere Geschlecht* erschien, behauptete die KPF-Zeitschrift *Les Lettres Françaises*, darüber könne ein Renault-Arbeiter nur lachen, während Roger Nimier von *La Liberté de l'Esprit*, einer von Claude Mauriac gegründeten Zeitschrift zur Verteidigung der abendländischen Werte, Simone de Beauvoir als «neurotisches, unbefriedigtes, frigides Mannweib» bezeichnete. Der Vatikan setzte das Buch auf den Index und bedrohte alle Katholiken, die mit Kommunisten zusammenarbeiteten oder auch nur sympathisierten, mit der Exkommunikation.

Nach Beginn des Koreakriegs forderte Präsident Eisenhower in einer französischen Zeitschrift die Mitglieder der «freien Welt» dazu auf, sich bald in den Vororten von Leningrad zu treffen. Besorgnis und Empörung löste eine amerikanische Fiktionsreportage über die Zeit nach dem Atomkrieg aus, in der sich die überlebenden Russen in den Atombombenruinen Moskaus zu amerikanischen Kunstausstellungen drängten. Die Zeitschrift *La Nef* stellte bei der französischen Jugend nach einer Umfrage ein neues *Mal du siècle* aus Angst und Enttäuschung fest. Der Kalte Krieg nahm immer groteskere Formen an. Im Mai 1952 wurde nach der verbotenen

Demonstration gegen den amerikanischen Oberbefehlshaber in Korea, General Ridgway, der KPF-Fraktionsvorsitzende Jacques Duclos verhaftet. Zwei in seinem Auto gefundene Tauben, die zum Verzehr bestimmt waren, wurden als Brieftauben ausgegeben, die der KPF die Befehle Moskaus zu überbringen hätten. In dieser nicht nur lächerlichen, sondern auch besorgniserregenden Situation schrieb Sartre seinen Artikel «Die Kommunisten und der Frieden»[6], mit dem er für die KP und die Sowjetunion Partei ergriff. Im selben Jahr hatte er sich an der Kampagne zur Freilassung des Matrosen Henri Martin beteiligt, der wegen Verteilung von Flugblättern gegen den Indochinakrieg zu einer Zuchthausstrafe verurteilt worden war. Claude Lanzmann, der seit 1951 zur Redaktion der *Temps Modernes* gehörte, begrüßte diese Parteinahme für die KPF und forderte von Simone de Beauvoir Rechenschaft, während sie es bisher gewöhnt gewesen war, selber Rechenschaft zu fordern. «Tag für Tag mußte ich meine spontansten Reaktionen, das heißt meine ältesten Vorurteile, verteidigen. Nach und nach wurde mein Widerstand schwächer; ich liquidierte meinen idealistischen Moralismus und machte mir schließlich auch Sartres Gesichtspunkte zu eigen.»[7]

Die französische Niederlage bei Diên Biên Phu und der Algerienkrieg hatten ein Wiedererstarken des französischen Nationalismus zur Folge. Die rechtsradikale und offen antisemitische Poujadisten-Bewegung hatte erheblichen Zulauf und errang 1956 auf Anhieb 52 Abgeordnetensitze. Weil es Simone de Beauvoir in dieser Situation notwendig erschien, innerhalb der Linken zwischen wahren Bundesgenossen und Gegnern zu unterscheiden, machte sie sich an die Definition der Ideen, zu denen die Rechte sich jetzt bekannte: «Es hatte mir

Vergnügen gemacht, die die Frau umgebenden Mythen zu zerstören. Auch in diesem Fall handelte es sich darum, die Wahrheit herauszuschälen – Verteidigung der Privilegien durch die Privilegierten, die ihre Roheit hinter nebelhaften Systemen und Begriffen verstekken. Obwohl ich schon viel gelesen, viele Albernheiten geschluckt hatte, förderte ich immer neue zutage. Obwohl ich mich langweilte, war ich gut gelaunt, weil dieser blaue Dunst das ideologische Debakel der Privilegierten verriet ... Ihre Gedanken sind, sagte ich mir, nur Gegen-Gedanken. Die Zukunft sollte mir recht geben. Die ‹freie Welt› hat durch Kennedy und Franco, Salan und Malraux keine andere Selbstrechtfertigung oder Richtschnur ins Feld führen können, als dem Kommunismus Schach zu bieten. Sie ist außerstande, ein positives Gegenspiel zu liefern. Es ist ein kläglicher Anblick, wie die Regierung der USA verzweifelt nach Propagandathemen sucht: Sie kann die Welt nicht darüber hinwegtäuschen, daß die einzigen Interessen, die Amerika verteidigt, amerikanische Interessen sind.»[8] In der Ausgabe der *Temps Modernes* vom Juni/Juli 1955, in der ihr Aufsatz «Rechtes Denken, heute» erschien, wurde zur Unterstützung der algerischen Befreiungsbewegung FNL aufgerufen. Ein Jahr später wurde durch die sowjetische Intervention in Ungarn die kritische Solidarität Simone de Beauvoirs und Sartres mit der KP zum ersten Mal ernsthaft erschüttert. In den folgenden Jahren engagierte sich Simone de Beauvoir immer aktiver gegen den Algerienkrieg, nahm 1967 an dem Internationalen Russell-Tribunal zum Vietnamkrieg teil, solidarisierte sich mit der Bewegung vom Mai '68 und hatte einen entscheidenden Einfluß auf Entstehung und Entwicklung der internationalen Frauenbewegung gemäß den existentialistischen Grundüberzeugungen, denen sie ihr Leben lang treu blieb:

«Die Pantoffelphilosophie des Kleinbürgers, der, soweit er kann, zu leben vermeidet und den Ereignissen sowenig Bedeutung wie möglich beimißt, der sich entscheidet, ohne Ambitionen, ohne Liebe, ohne Begeisterung zu sein – diese Philosophie ist für uns die radikale Verneinung des Existenz.

Der Mensch ist weder ein Stein noch eine Pflanze, und er kann sich nicht seelenruhig durch seine bloße Anwesenheit auf der Welt rechtfertigen. Der Mensch ist nur dadurch ein Mensch, daß er sich weigert, passiv zu bleiben ... Existieren heißt für den Menschen, die Existenz neu schaffen ...

Wir halten den Menschen für frei: aber seine Freiheit ist nur in dem Maße real und konkret, wie sie engagiert ist, ein Ziel anstrebt und sich anstrengt, einige Veränderungen in der Welt zu bewirken.»[9]

[1] Simone de Beauvoir, *Der Lauf der Dinge*, Rowohlt Taschenbuch Verlag, Reinbek 1966, rororo 1250–1253, 11.

[2] Ebda., 12.

[3] Ebda., 29.

[4] Ebda., 74.

[5] Ebda., 73.

[6] Jean-Paul Sartre, *Krieg im Frieden 1*, Rowohlt Taschenbuch Verlag, Reinbek 1982, rororo 4904, 75 ff.

[7] *Der Lauf der Dinge*, 281.

[8] Ebda., 307.

[9] «Point de vue d'une existentialiste sur les Américains» in: Claude Francis / Fernande Gontier, *Les écrits de Simone de Beauvoir*, Gallimard, Paris 1979, 345 f.

Personenregister

237

238